# FiNALEonline.de

FiNALEonline.de ist die digitale Ergänzung zu deinem Arbeitsbuch. Hier findest du eine Vielzahl an Angeboten, die dich zusätzlich bei deiner Prüfungsvorbereitung in Mathematik unterstützen!

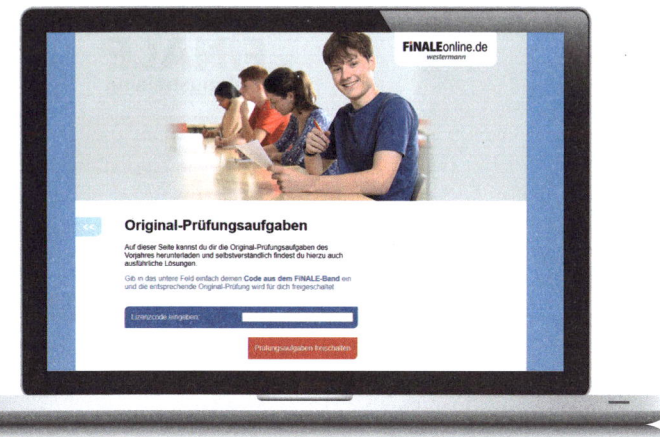

Das Plus für deine Prüfungsvorbereitung:

→ das Übungstagebuch zur Fortschritts- kontrolle

→ Original-Prüfungsaufgaben mit Lösungen (bitte Code von S. 4 eingeben)

→ Tipps zur Prüfungsvorbereitung, die das Lernen erleichtern

Online-Grundlagentraining

Du hast noch Lücken aus den vorherigen Schuljahren? Kein Problem! Das Online-Grundlagentraining auf FiNALEonline.de hilft dir dabei, wichtigen Lernstoff nachzuarbeiten und zu wiederholen. Und so funktioniert es:

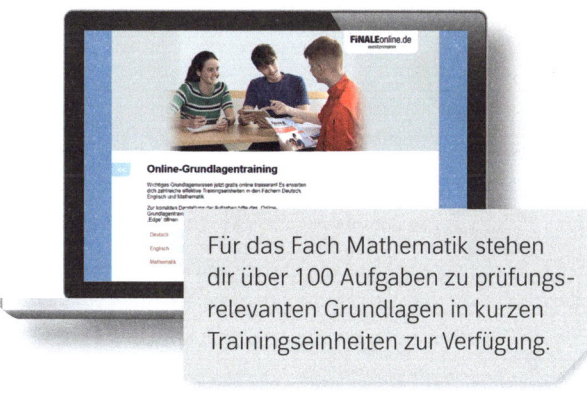

Unser Tipp für Lehrerinnen und Lehrer:
Nutzen Sie unsere viel- fältigen Arbeitsblätter auch für Ihren Unterricht.

Für Lehrerinnen und Lehrer:
Die Lehrerhandreichung für den optimalen Einsatz der Arbeitsbücher im Unterricht zum kosten- losen Download!

Für das Fach Mathematik stehen dir über 100 Aufgaben zu prüfungs- relevanten Grundlagen in kurzen Trainingseinheiten zur Verfügung.

Du übst lieber auf Papier? Dann klicke auf „PDF" und drucke dir die gewünschte Trainingseinheit einfach aus.

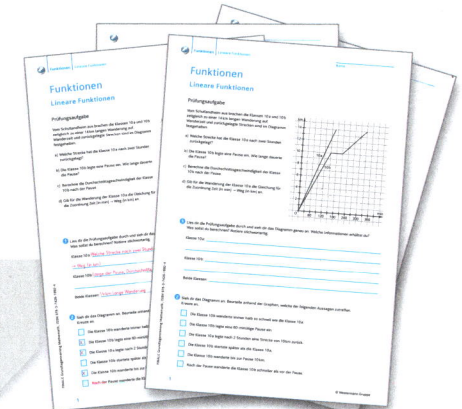

FiNALE Grundlagentraining Mathematik

Das FiNALE Grundlagentraining ist die ideale Ergänzung zu diesem Arbeitsbuch. Es bietet eine große Auswahl an Materialien, mit deren Hilfe du prüfungsrelevantes Grundlagenwissen auffrischen und aktiv trainieren kannst.

Folgende Inhalte werden in diesem Band behandelt:

→ Arithmetik/Algebra, Funktionen, Geometrie, Stochastik
→ die wichtigsten Begriffe und Symbole
→ Größen, Umrechnungen und Zehnerpotenzen

Mit Formelsammlung und anschaulichen Lösungen

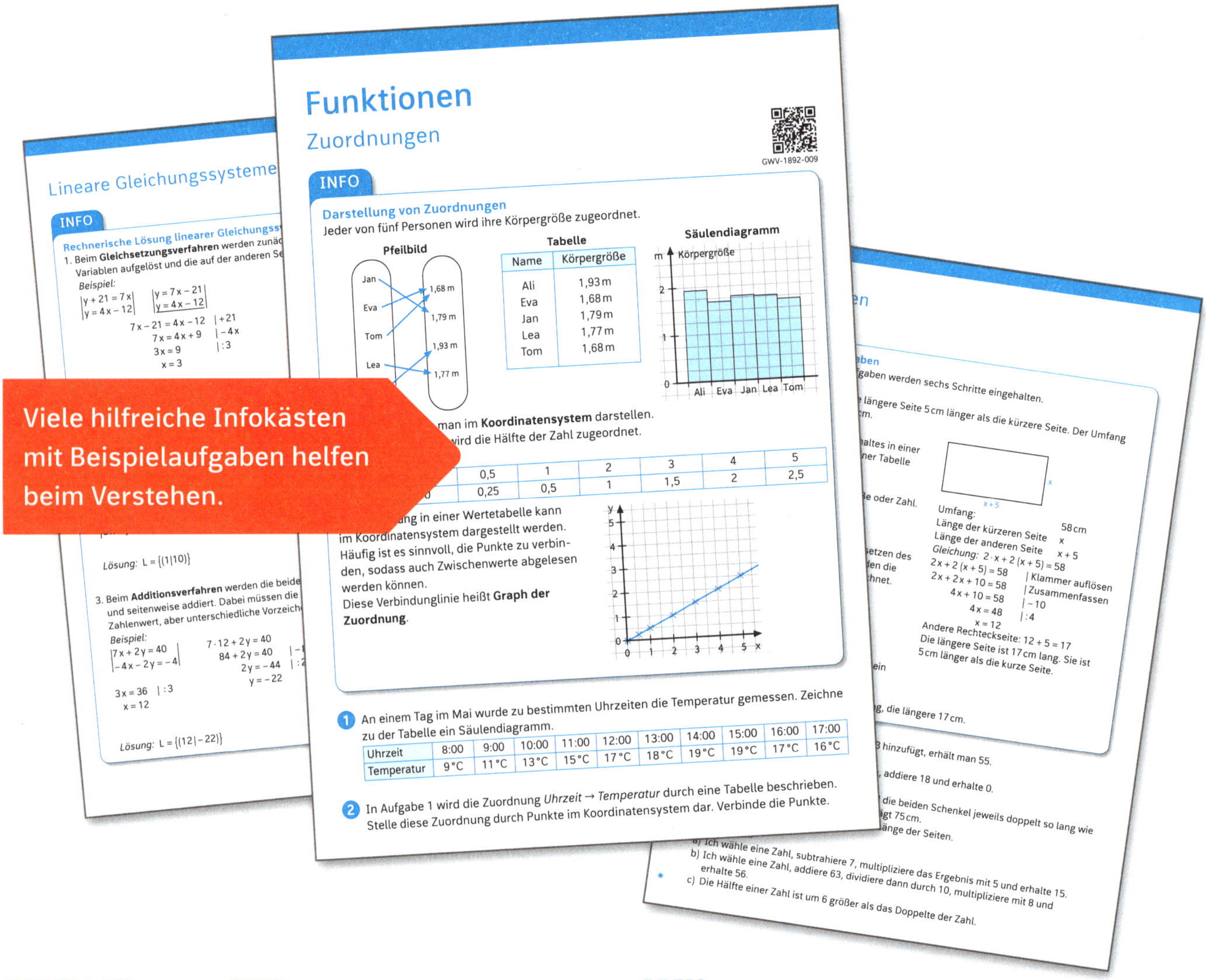

Viele hilfreiche Infokästen mit Beispielaufgaben helfen beim Verstehen.

BESTELL-NR.	TITEL	PREIS
978-3-7426-1892-4	FiNALE Grundlagentraining Mathematik	13,95 €

FiNALE Grundlagentraining gibt es auch für die Fächer Deutsch und Englisch.

westermann

FiNALE
Prüfungstraining

Niedersachsen

**Abschluss 10. Klasse
Integrierte Gesamtschule**

2024

Mathematik · G- und E-Kurs

Julia Hartmann
Jutta Klein

Liebe Schülerin, lieber Schüler,

sobald die Original-Prüfungsaufgaben zur Veröffentlichung freigegeben sind, können sie unter **www.finaleonline.de** zusammen mit ausführlichen Lösungen kostenlos heruntergeladen werden. Gib dazu einfach diesen Code ein:

MA5h8Km

Einfach mal reinschauen: www.finaleonline.de

Bildquellennachweis
|Alamy Stock Photo (RMB), Abingdon/Oxfordshire: Vdovin, Ivan 93.3. |Bundesministerium der Finanzen, Berlin: 77.1. |Doering, Svenja, Köln: 8.2. |Griese, Dietmar, Laatzen: 10.2, 10.4, 11.2, 11.4, 16.1, 17.1, 27.1, 28.2, 28.5, 28.7, 28.9, 29.1, 29.3, 29.5, 29.7, 30.1, 30.3, 30.4, 30.5, 30.7, 31.1, 31.3, 31.4, 31.5, 31.6, 31.8, 31.10, 32.1, 32.6, 32.8, 33.1, 33.6, 33.7, 34.1, 34.2, 34.5, 35.1, 35.3, 35.4, 35.6, 35.7, 36.1, 36.3, 36.4, 36.5, 36.6, 36.8, 37.1, 37.3, 37.4, 37.5, 37.7, 37.9. |Hartmann, Julia, Ilsede: 8.3, 44.3, 45.1, 45.2, 66.1. |Kilian, Ulrich - science & more redaktionsbüro, Frickingen: 92.1, 93.1, 93.2, 94.1, 95.1, 95.2, 96.1, 96.2, 97.1, 97.2, 98.2, 99.1, 100.1, 100.2, 101.1, 101.2, 101.4, 102.1, 102.3, 103.1, 104.1, 104.2, 105.1, 105.2, 106.1. |Klein, Jutta, Vechelde: 8.5, 9.3, 9.4. |Langner & Partner Werbeagentur GmbH, Hemmingen: 10.1, 10.3, 10.5, 11.1, 11.3, 11.5, 12.1, 13.1, 20.1, 20.2, 20.3, 20.4, 21.1, 22.1, 23.1, 24.1, 25.1, 25.2, 26.1, 26.2, 26.3, 26.4, 26.5, 27.2, 27.3, 27.4, 28.1, 28.3, 28.4, 28.6, 28.8, 28.10, 29.2, 29.4, 29.6, 29.8, 30.2, 30.6, 30.8, 31.7, 31.9, 31.11, 32.2, 32.3, 32.4, 32.5, 32.7, 32.9, 33.2, 33.3, 33.4, 33.5, 33.8, 34.3, 34.4, 34.6, 35.2, 35.5, 35.8, 35.9, 36.2, 36.7, 36.9, 37.2, 37.8, 37.10, 38.2, 39.2, 40.1, 41.1, 42.1, 43.1, 44.2, 46.1, 47.1, 48.1, 48.2, 48.3, 48.4, 48.5, 48.6, 49.4, 49.5, 49.6, 50.1, 50.2, 51.1, 51.2, 51.3, 52.1, 55.1, 58.1, 58.2, 59.1, 59.2, 60.1, 60.2, 60.3, 61.1, 61.2, 62.1, 62.2, 62.3, 63.1, 63.2, 64.1, 64.2, 64.3, 65.1, 67.2, 67.3, 68.1, 68.2, 69.1, 70.1, 71.1, 72.1, 74.1, 75.1, 76.1, 77.2, 77.3, 77.4, 78.1, 83.1, 83.2, 84.1, 85.1, 86.1, 87.1, 88.1, 88.2, 89.1, 89.2, 90.1, 91.1, 107.1, 107.2, 107.3, 107.4, 107.5, 107.6, 107.7, 107.8, 107.9, 107.10, 107.11, 107.12, 107.13, 107.14, 107.15, 107.16, 108.1, 108.2, 109.1, 109.2, 109.3, 109.4, 109.5, 109.6, 109.7, 109.8, 109.9, 109.10, 109.11, 109.12, 109.13, 109.14, 109.15, 109.16, 109.17, 109.18, 109.19, 110.1, 110.2, 110.3, 110.4, 111.1. |Minkus Images Fotodesignagentur, Isernhagen: 38.1, 39.1, 101.3. |OKAPIA KG - Michael Grzimek & Co., Frankfurt/M.: Naturbild AB/Halling, Sven 94.2. |Peter Wirtz Fotografie, Dormagen: Titel. |Schwarz, Thies, Hannover: 8.1, 9.1, 49.1, 49.2, 49.3. |Shutterstock.com, New York: Mortula, Luciano - LGM 67.1; Onlyshaynestockph 44.1. |stock.adobe.com, Dublin: Costina, Mircea 8.4; fotofuerst 98.1; Frozen Action 37.6; Kayhan, Hayati 9.2; LE2PAGE 31.2; softil 102.2.

© 2023 Westermann Lernwelten GmbH, Georg-Westermann-Allee 66, 38104 Braunschweig
www.westermann.de

Druck A[1] / Jahr 2023
Alle Drucke der Serie A sind im Unterricht parallel verwendbar.

Redaktion: Ulrike Klein
Kontakt: finale@westermanngruppe.de
Layout: LIO Design GmbH, Braunschweig
Umschlaggestaltung: Gingco.Net, Braunschweig
Umschlagfoto: Peter Wirtz, Dormagen
Illustrationen: Thies Schwarz, Hannover; Ulf Marckwort
Grafiken: Langner & Partner
Druck und Bindung: Westermann Druck GmbH, Georg-Westermann-Allee 66, 38104 Braunschweig

ISBN 978-3-07-**172432**-7

Liebe Schülerin, lieber Schüler,

am Ende der 10. Klasse wirst du für deinen Schulabschluss an der Integrierten Gesamtschule eine zentrale Prüfung in Mathematik ablegen müssen. Je nachdem, ob du den G-Kurs oder den E-Kurs besuchst, gibt es zwei verschiedene zentrale Prüfungen. Für alle Schülerinnen und Schüler in Niedersachsen in den entsprechenden Kursen sind diese Prüfungen aber gleich.

Wahrscheinlich bist du schon aufgeregt vor dieser Prüfung und vielen Schülerinnen und Schülern fällt sie auch nicht leicht. Die zentralen Abschlussprüfungen sind in vielerlei Hinsicht anders als normale Klassenarbeiten:

- Die Bearbeitungszeit ist deutlich länger, entsprechend ist natürlich auch der Umfang der Aufgaben größer.
- Es wird der Stoff der letzten Jahre abgeprüft, nicht nur der der letzten Unterrichtseinheit. Du musst also auch Themen präsent haben, die du vor recht langer Zeit gelernt hast.
- Es werden komplexe Aufgaben gestellt, die verschiedene Themen vereinigen. Du musst also manchmal unterschiedliche mathematische Gebiete (z. B. Gleichungen und Geometrie) kombinieren, um die Lösung zu finden.

Natürlich wirst du dich im Unterricht mit deinem Mathematiklehrer oder deiner Mathematiklehrerin auf die Prüfung vorbereiten. Aber es ist sicherlich hilfreich, wenn du dich auch darüber hinaus alleine auf diese wichtige Prüfung vorbereiten kannst. Dabei will dir dieses **FiNALE**-Arbeitsbuch helfen. Es umfasst vier Arbeitsteile.

Teil A: Basisaufgaben

Im ersten Teil kannst du zuerst einmal überprüfen, ob du noch alle Themengenbiete beherrschst, die für die Abschlussprüfung wichtig sind. Vielleicht weißt du schon gleich, welche Themen dir noch geläufig sind und bei welchen du nicht mehr so genau Bescheid weißt. Die Aufgaben behandeln dann die Basiskenntnisse der verschiedenen Bereiche. Wie bei allen Aufgaben in diesem Band ist angegeben, ob sie für den G-Kurs oder den E-Kurs gedacht sind, manche sind es auch für beide. Natürlich solltest du dich vor allem um die Aufgaben kümmern, die deinem Kurs entsprechen. Aber es schadet bestimmt auch nicht, sich einmal die des anderen Kurses anzusehen.

Bei einigen Aufgaben haben wir Tipps hinzugefügt. Wenn du alleine nicht gleich auf die Lösung kommst, schaffst du es vielleicht, mit den Tipps die Aufgabe zu lösen.

Da in der Prüfung ja ein Teil der Aufgaben ohne Taschenrechner gelöst werden muss, sind auch hier die meisten Aufgaben so konzipiert, dass du sie ohne Taschenrechner lösen kannst. Ist bei einer Aufgabe ein Taschenrechner unerlässlich, ist dies durch ein Symbol vor der Aufgabennummer deutlich gemacht.

Teil B: Komplexe Aufgaben – Musteraufgaben für die Abschlussprüfung

Die meisten Aufgaben in der Prüfung umfassen mehrere Themenbereiche und fordern von dir, dass du unterschiedliche Aufgabentypen kombinierst. Dies kannst du im zweiten Teil üben. Die Aufgaben sind zwar bestimmten Themenbereichen zugeordnet, du brauchst aber immer auch andere Kompetenzen, um zur Lösung zu kommen. Die Aufgaben entsprechen damit den Aufgaben in der Abschlussprüfung und eignen sich so sehr gut zur Vorbereitung.

Bei den Aufgaben sind oft schon Elemente zum Reinschreiben vorgegeben – ein Koordinatensystem, die Grundform eines Diagramms oder Ähnliches, manchmal auch Hinweise zu Rechenschritten. Vielleicht kommst du damit schneller auf die Lösung, vielleicht macht das Üben so ein wenig Spass. Auch wenn es diese Hinweise in der Prüfung natürlich nicht gibt, können sie in der Vorbereitung nützlich sein.

Teil C: Gemischte Übungsaufgaben

In der Prüfung steht nicht genau dabei, ob eine Aufgabe aus der Geometrie oder der Wahrscheinlichkeitsrechnung kommt. Das musst du dann selbst wissen. Um diesen Fall ein wenig zu üben, sind hier noch einmal Aufgaben „wild durcheinander" zusammengestellt. Weißt du auch, was zu tun ist, wenn du dich nicht schon vorher auf „Prozentrechnung" eingestellt hast? Wenn du auch diese Aufgaben gerechnet hast, bist du sicher fit für den letzten Teil – die Originalprüfung.

Teil D: Originalprüfungen

Hier findest du die Aufgaben der Zentralen Prüfung Mathematik 2022, sowohl für den G-Kurs als auch den E-Kurs. Ein wenig unterscheiden sich die Prüfungsaufgaben auch danach, welchen Taschenrechner ihr verwendet. In diesem Band sind beide Varianten angegeben. Wenn du dir unsicher bist, welchen Rechner ihr verwenden werdet, erkundige dich bei deinem Lehrer oder deiner Lehrerin. Auf alle Fälle kannst du hier sehen, was genau auf dich zukommen wird.

Wegen des Unterrichtsausfalls während der Corona-Pandemie wurden 2022 nicht alle Themen in der Abschlussprüfung abgefragt, es fehlten vor allem trigonometrische Berechnungen an Dreiecken – also alles mit Sinus und Kosinus. Zum Zeitpunkt der Drucklegung dieses Arbeitshefts war die zentrale Prüfung 2023 noch nicht geschrieben und es war auch noch nicht bekannt, welche Themen künftig vielleicht wegfallen. Hier musst du also zusammen mit deiner Lehrerin oder deinem Lehrer die aktuellen Entwicklungen verfolgen. Im Arbeitsheft werden weiterhin alle Themen behandelt!
Sobald die Abschlussarbeiten 2023 zur Veröffentlichung freigegeben sind, können sie zusammen mit ausführlichen Lösungen kostenlos im Internet unter www.finaleonline.de mit dem Codewort MA5h8Km heruntergeladen werden.

Auf alle Fälle solltest du vor der Prüfung einmal den „Ernstfall" proben und die gesamten Aufgaben „am Stück" in der vorgesehenen Zeit und mit den vorgesehenen Hilfsmitteln lösen. Vielleicht machst du das diesmal am besten mit den Originalaufgaben von 2023. Dann bist du auch darauf vorbereitet, dich eine recht lange Zeit am Stück konzentrieren zu müssen.

Formelsammlungen

Bei der Prüfung wird dir eine Formelsammlung zur Verfügung gestellt. Diese beiden Formelsammlungen für den G-Kurs und den E-Kurs findest du am Ende des Buches. Am besten verwendest du sie schon bei der Vorbereitung, dann bist du in der Prüfung mit ihr vertraut und findest schnell, was du brauchst.

Lösungen

In dem Arbeitsbuch liegt ein separates Lösungsheft. Darin findest du die Lösungen zu allen Übungsaufgaben der Teile A bis C und zu der Originalprüfung 2022. Bewahre Arbeitsbuch und Lösungsheft stets zusammen auf!

Basiskenntnisse

FiNALE ist ein Übungsbuch zur Prüfungsvorbereitung, kein Lehrbuch mit ausführlichen Erklärungen. Hast du noch Lücken aus den vorherigen Schuljahren? Dann empfehlen wir dir das FiNALE Grundlagentraining Mathematik (ISBN 978-3-7426-1892-4). Es bietet prüfungsrelevantes Grundlagenwissen zum Nachschlagen und Üben. Ergänzend dazu findest du unter www.finaleonline.de/grundlagentraining ein kostenloses Online-Training bestehend aus interaktiven Übungsaufgaben und Arbeitsblättern zum Ausdrucken. Wegen der zahlreichen Aufgaben zur Prüfungsvorbereitung empfehlen wir dir die Benutzung eines Übungstagebuchs, das du unter www.finaleonline.de mit dem Codewort MA5h8Km herunterladen kannst.

Das FiNALE-Team wünscht dir eine erfolgreiche Vorbereitung auf die Abschlussprüfung 2024!

Rechnen und Ordnen

G-Niveau

1

Die Karten zeigen Prozente, Brüche und Dezimalzahlen. Verbinde die Karten mit dem gleichen Wert. Ergänze, was fehlt.

25 %	%	12,5 %	15 %	60 %	3 %
$\frac{5}{50}$	$\frac{1}{8}$	$\frac{1}{4}$	$\frac{3}{20}$	$\frac{\square}{\square}$	$\frac{3}{5}$
	0,03	0,6	0,1	0,15	0,25

2 Ordne der Größe nach, beginne bei der kleinsten Zahl.

a) $0,3 \mid -0,5 \mid \frac{9}{10} \mid \frac{1}{2} \mid \frac{3}{4} \mid 1$

b) $0,7 \mid \frac{80}{100} \mid \frac{1}{2} \mid \frac{3}{5} \mid \frac{18}{20} \mid 0,4$

c) $-0,9 \mid -1\frac{1}{2} \mid -\frac{1}{3} \mid 0,1 \mid -\frac{1}{9} \mid -\frac{3}{4}$

3 Berechne

a) die Summe von $1\frac{1}{2}$ und 3,

b) die Differenz von 15,75 und 12,25,

c) den Quotienten der Zahlen 377 und 29,

d) das Produkt von -12 und -14.

4 Berechne.

a) $229 \cdot 45$

b) $0,2 \cdot 0,7$

c) $2028 : 13$

d) $3 \cdot (-2,5) - 2$

e) $7 \cdot (7 - 3) + 2,5 - 1$

f) $23,75 - 7,9 \cdot 3$

5 Berechne

$\frac{2}{9} \cdot 4$　　　　　$2\frac{1}{2} : 5$　　　　　$8 : \frac{2}{6}$

$\frac{3}{4} - \frac{1}{2}$　　　　　$3\frac{3}{4} - 2,4$　　　　　$\frac{2}{7} + \frac{3}{14}$

TIPP zu 3

Summand + Summand = Summe
Minuend − Subtrahend = Differenz

Dividend : Divisor = Quotient
Faktor · Faktor = Produkt

E-Niveau

1 Die Karten zeigen Prozente, Brüche und Dezimalzahlen. Verbinde die Karten mit dem gleichen Wert. Ergänze, was fehlt.

$412{,}5\%$	$33{,}\overline{3}\%$	$9{,}5\%$	15%	$\%$	175%
$\dfrac{5}{50}$	$\dfrac{19}{200}$	$4\dfrac{1}{8}$	$\dfrac{\square}{\square}$	$\dfrac{3}{20}$	$\dfrac{1}{3}$
$1{,}75$	$0{,}15$	$4{,}125$	$0{,}1$	$0{,}\overline{3}$	

2 Ordne der Größe nach, beginne bei der größten Zahl.

a) $0{,}3 \mid -0{,}45 \mid \dfrac{3}{4} \mid \dfrac{1}{2} \mid 1\dfrac{2}{5} \mid -\dfrac{1}{2} \mid \dfrac{1}{1}$

b) $-1\dfrac{1}{2} \mid -\dfrac{7}{5} \mid -0{,}6 \mid -1\dfrac{1}{8} \mid -1{,}2 \mid -\dfrac{3}{4}$

3 Berechne.

a) $\dfrac{3}{4}$ von 12

b) $\dfrac{2}{5}$ von $-3{,}5$

c) die Summe von $2{,}7$ und $-1{,}8$

d) die Differenz von $-6{,}5$ von $4{,}2$

e) den Quotienten von $-37{,}7$ und $-2{,}9$

f) das Produkt von $-1{,}2$ und $14{,}7$

g) Halbiere die Summe von $1{,}75$ und $23{,}25$.

h) Dividiere die 3. Potenz von -3 durch 9.

4 Welcher Bruch muss eingesetzt werden?

a) $\dfrac{2}{3} \cdot \blacksquare = \dfrac{8}{15}$

b) $\dfrac{3}{4} : \blacksquare = \dfrac{24}{8}$

c) $\blacksquare \cdot \dfrac{3}{7} = 1\dfrac{5}{7}$

d) $\blacksquare : \dfrac{5}{2} = 2$

e) $\dfrac{3}{5} \cdot \blacksquare = \dfrac{9}{10}$

f) $\dfrac{2}{3} : \blacksquare = \dfrac{4}{3}$

TIPP zu G5 und E4

Addition von Brüchen: Der Nenner muss gleich sein
Multiplikation von Brüchen: Zähler mal Zähler und Nenner mal Nenner
Division von Brüchen: Mit dem Kehrwert multiplizieren.

Schätzen

1 Schätze die Länge der abgebildeten Gegenstände.

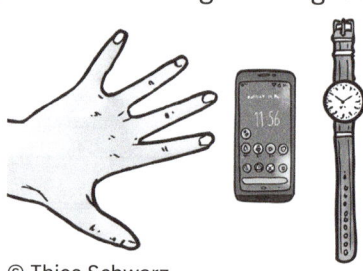

© Thies Schwarz

2 Wie viel Wasser passt maximal in eine Badewanne? Welche Maßangabe könnte stimmen?
Kreuze an.

☐ ca. 100 *l*

☐ ca. 500 *l*

☐ ca. 5 m³

☐ ca. 0,5 m³

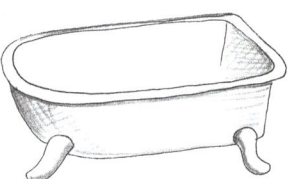

© Doering, Svenja, Köln

3 Schätze die Oberfläche eines Standardspielwürfels. Kreuze an.

☐ ca. 15 cm²

☐ ca. 1,5 dm²

☐ ca. 1500 mm²

☐ ca. 15 mm²

© Julia Hartmann, Ilsede

4 Ein 60 cm breites und 30 cm hohes Aquarium wird befüllt.
Wie viele Liter Wasser werden etwa benötigt?

© Mircea Costina

5 Schätze die Höhe des Denkmals.

© Jutta Klein, Vechelde

E-Niveau

1 Schätze das Volumen der Gegenstände und ordne nach der Größe.

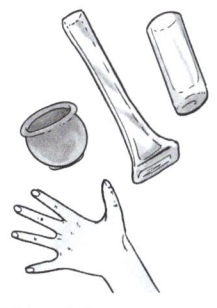

© Thies Schwarz

2 Schätze das Volumen eines Tennisballs. Kreuze an.

☐ ca. 0,144 dm³

☐ ca. 0,0144 m³

☐ ca. 144 cm³

☐ ca. 14,4 cm³

© Hayati Kayhan

3 Ein Pool mit 10 m Länge und 4 m Breite soll mit Wasser befüllt werden. Welche Wassermenge passt hinein? Kreuze an.

☐ ca. 1200 m³

☐ ca. 120 000 m³

☐ ca. 12 000 l

☐ ca. 120 000 l

4 Welches Volumen hat die Kugel auf der Säule?

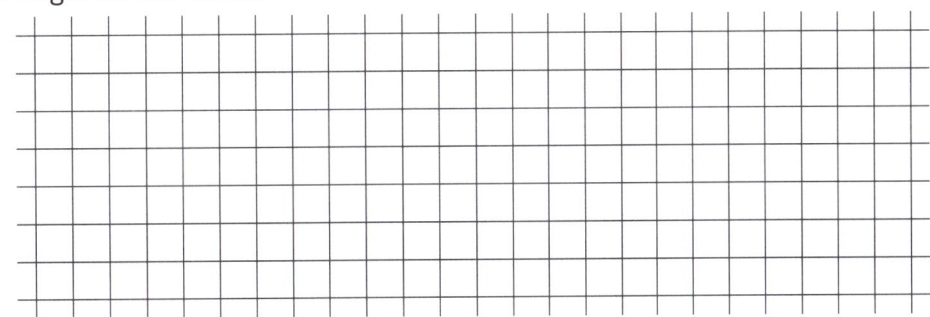

© Jutta Klein, Vechelde

5 Wie hoch ist dieser Kirchturm? Schätze.

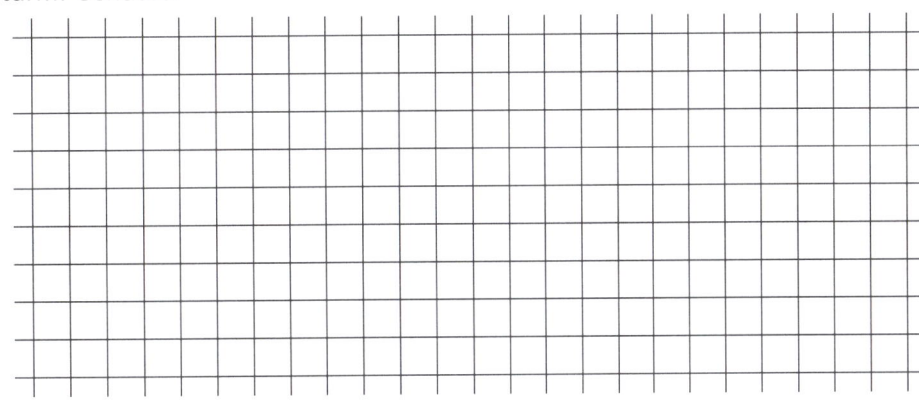

© Jutta Klein, Vechelde

Daten

G-Niveau

1

Nenne folgende Kennwerte aus dem Diagramm:
- Maximum
- Minimum
- Spannweite

Berechne das arithmetische Mittel. Erläutere, was die Kennwerte und das arithmetische Mittel in dieser Statistik bedeuten. Beurteile ob Antonias Daten aussagekräftig sind.

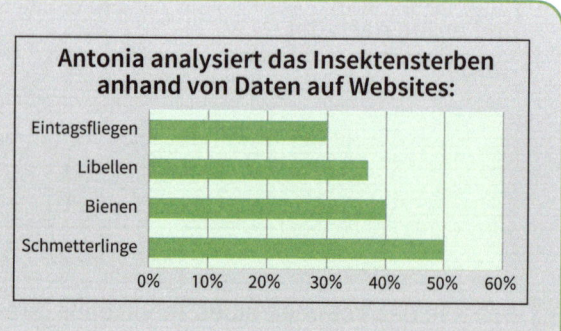

2 Jan macht ein Praktikum bei der Zeitung. Für einen Artikel führt er eine Umfrage zu Fußballvereinen durch. Hier sind seine Ergebnisse:

Verein	Fans (absolute Häufigkeit)	Relative Häufigkeit
Werder Bremen	46	
Borussia Dortmund	40	
FC Bayern München	69	
Arminia Bielefeld	14	
Hannover 96	30	
Hamburger SV	29	
FC Schalke 04	72	

a) Berechne die relative Häufigkeit und trage sie in die Tabelle ein.
b) Erstelle eine Rangliste und interpretiere sie.
c) Welche Vereine haben das Maximum/Minimum an Fans in Jans Stadt?
d) Erstelle mit den Daten ein Säulendiagramm und zeichne es rechts ein.
e) Berechne das arithmetische Mittel der absoluten Häufigkeit.

3 Bei einer Umfrage unter 200 Schülerinnen und Schülern ergab sich folgendes Bild:

liebstes Urlaubsland	Relative Häufigkeit	Absolute Häufigkeit	Grad
USA	2 %		
Spanien	35 %		
Frankreich	7 %		
Russland	10 %		
Türkei	20 %		
Niederlande	12 %		
Polen	14 %		

a) Berechne die absolute Häufigkeit für jedes Land.
b) Erstelle ein Kreisdiagramm. Berechne dazu die Gradzahlen der Sektoren.
c) Zeichne das Kreisdiagramm in die Vorlage rechts.

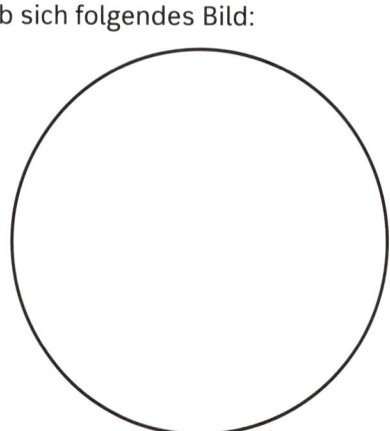

TIPP zu G3

Die Gesamtzahl der Befragten entspricht 100 %
360° entsprechen beim Kreisdiagramm 100 %.

E-Niveau

1

Nenne folgende Kennwerte aus dem Diagramm:
– Maximum
– Minimum
– Spannweite
Berechne das arithmetische Mittel. Erläutere, was die Kennwerte und das arithmetische Mittel in dieser Statistik bedeuten.
Beurteile, ob die Daten aussagekräftig sind.

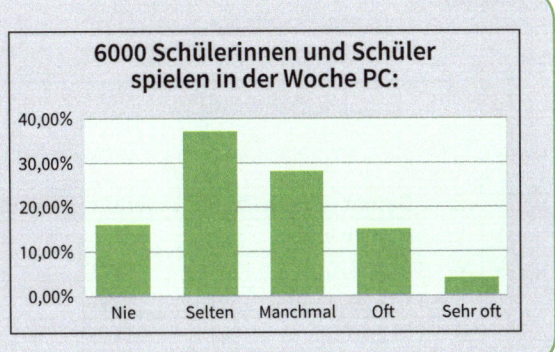

2 Dilan fragt für die Schülerzeitung alle 1480 Schülerinnen und Schüler ihrer Schule nach ihren Lesegewohnheiten.

Lesegerät	Relative Häufigkeit	Absolute Häufigkeit	Grad
Kindle	21,75 %		
iPad	12,02 %		
iPhone	2,97 %		
Android-Smartphone	3,99 %		
Android-Tablet	12,23 %		
Windows-Tablet	2,04 %		
Tolino	10 %		
Pocketbook	5 %		
Hardcover	5 %		
Taschenbuch	25 %		

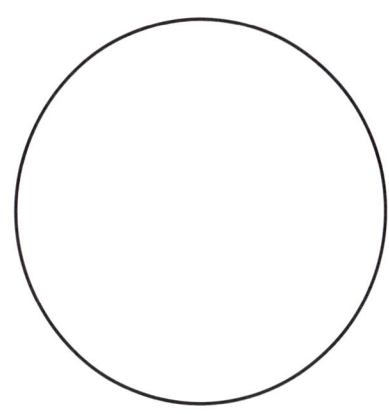

a) Berechne die fehlenden Angaben.
b) Zeichne ein Kreisdiagramm.

3 Im nebenstehenden Diagramm sind 12 Millionenstädte und ihre Einwohnerzahl im Jahr 2018 aufgeführt.

a) Nenne alle Kennwerte und erläutere sie.
b) Berechne die relative Anzahl der Bewohnerinnen und Bewohner der 12 Städte. Was sagen diese Zahlen aus? Beurteile, wie aussagekräftig sie sind.
c) Berechne das arithmetische Mittel der Bewohnerinnen und Bewohner.
d) Beurteile, ob die Daten aussagen, dass Delhi die beliebteste der 12 Städte ist.

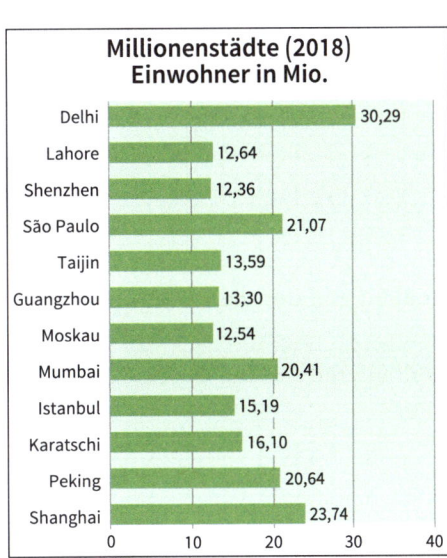

Umgang mit Tabellenkalkulation

G-Niveau

	A	B	C	D	E	F	G
1		Strom		Gas		Wasser	
2	Datum	Zählerstand	Differenz	Zählerstand	Differenz	Zählerstand	Differenz
3	31.12.2019	9302		34275		258	
4	31.12.2020	12594	3292	36500	2225	331	73
5	31.12.2021	15978	3384	691	2303	400	69
6	31.12.2022	19414	3436	2708	2017	471	71
7	31.12.2023	22879	3465	4816	2108	547	76
8							

Familie Meyer hat seit 2019 über ihre Zählerstände Buch geführt.

1 Beschreibe, was die Überschriften „Zählerstand" und „Differenz" bedeuten.

Zählerstand: _____

Differenz: _____

2 Beschreibe die Entwicklung des Stromverbrauchs mit eigenen Worten.

_____

_____

3 Der jährliche Stromverbrauch kann aus der Tabelle in Kilowattstunden (kWh) abgelesen werden. Eine kWh kostet 0,35 €. Hinzu kommt eine monatliche Grundgebühr in Höhe von 6,50 €. Wie viel muss Familie Meyer für das Jahr 2022 an Stromkosten zahlen?

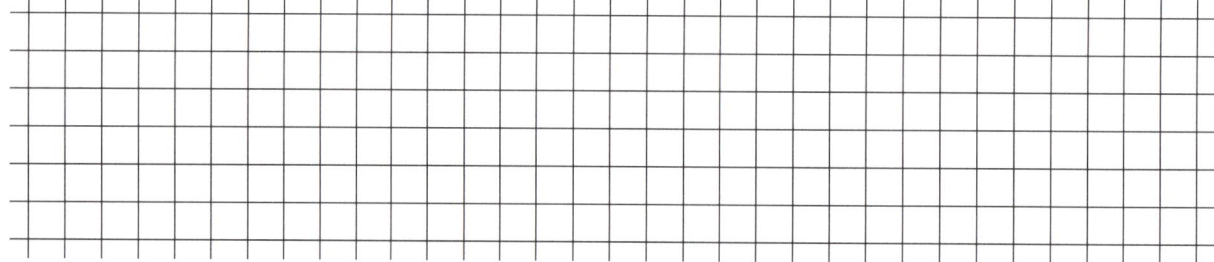

4 Gib die Formel an, mit der die Differenz in Zelle C4 berechnet wird. _____

5 Gib die Formel an, mit der der durchschnittliche **Wasserverbrauch** errechnet werden kann. Wie groß ist er?

E-Niveau

	A	B	C	D	E	F	G
		Strom		Gas		Wasser	
1							
2	Datum	Zählerstand	Differenz	Zählerstand	Differenz	Zählerstand	Differenz
3	31.12.2019	9302		34275		258	
4	31.12.2020	12594	3292	36500	2225	331	73
5	31.12.2021	15978	3384	691	2303	400	69
6	31.12.2022	19414	3436	2708	2017	471	71
7	31.12.2023	22879	3465	4816	2108	547	76
8							

Familie Meyer hat seit 2019 über ihre Zählerstände Buch geführt.

1 Beschreibe mit eigenen Worten, wie sich der Gasverbrauch über die Jahre entwickelt hat. Stelle Vermutungen an, wie es dazu kam.

_____

_____

2 Im Jahr 2021 wurde bei Familie Meyer der Gaszähler ausgetauscht. Ermittle den Zählerstand des alten Zählers zum Zeitpunkt des Austauschs.

_____

3 Der jährliche Gasverbrauch kann in der Tabelle in Kubikmetern (m^3) abgelesen werden. Die Abrechnung erfolgt jedoch in Kilowattstunden (kWh). Eine kWh kostet 9,36 Cent. Hinzu kommt ein Grundpreis von 9,50 € pro Monat. Der Brennwert von Gas (Anzahl kWh pro m^3) ist von der Zusammensetzung abhängig. Im Jahr 2022 entsprach 1 m^3 laut Energieversorger von Familie Meyer 9,842 kWh. Wie viel muss Familie Meyer für ihren Gasverbrauch von 2022 bezahlen?

4 Gib die Formel an, mit der der durchschnittliche Gasverbrauch errechnet werden kann. Wie groß ist er?

Formel: _____

Rechnung:

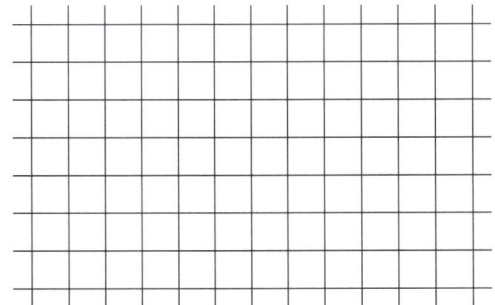

TIPP

Großbuchstabe = Name der Spalte

Zahl = Name der Zeile

B3 bedeutet Spalte B, Zeile 2

Berechnungen funktionieren in Excel so:

Jede Zeile fängt mit einem „="-Zeichen an.

+	–	*	/
Zellen addieren	Zellen subtrahieren	Zellen multiplizieren	Zellen dividieren

Beispiel für eine Formel einer Summe: =C6+C7

Prozentrechnung

G-Niveau

1

Was gehört zusammen? Ordne zu.

10 %   1   1,2 $\frac{3}{4}$ 0,1   75 %

120 % $\frac{1}{10}$ 0,75 $\frac{6}{5}$ 100 %

2 Ergänze die Tabelle.

Grundwert	94		100	250
Prozentsatz	10 %	25 %		
Prozentwert		4	3	50

3 Auf einen Preis von 436,50 € werden 3 % Rabatt gewährt. Wie viel ist das?

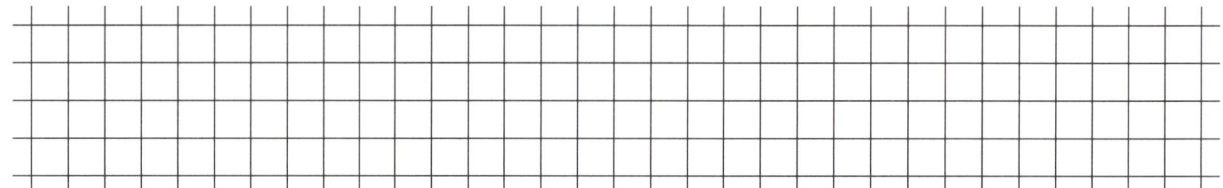

4 Bei einer 200 km langen Eisenbahnstrecke wurden 50 km neue Schienen verlegt. Wieviel Prozent sind neu?

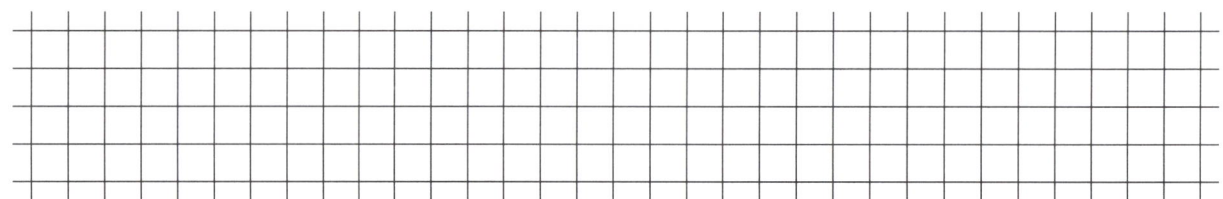

5 Ein Theater gibt 8 % seiner Karten als Freikarten aus. In der Zeitung stand daraufhin: „Jede 8. Karte war eine Freikarte." Korrigiere den Fehler in der Zeitungsmeldung.

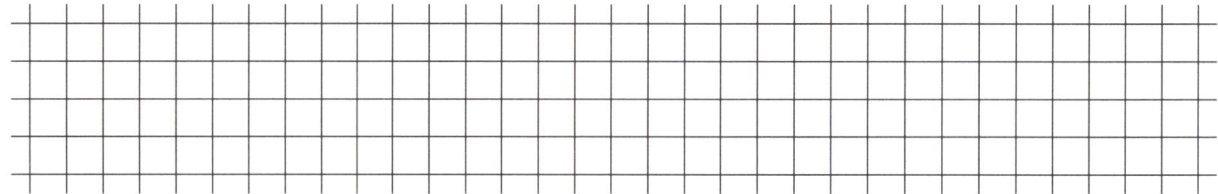

6 Familie Stein gewinnt 60 000 € im Lotto. Mit ihren Ersparnissen in Höhe von 39 000 € haben sie schon 55 % ihres Traumhauses finanziert. Berechne den Kaufpreis des Hauses.

> **TIPP**
> 100 % entsprechen dem Wert 1,0.
> Als Bruch entspricht es $\frac{100}{100}$.

E-Niveau

1

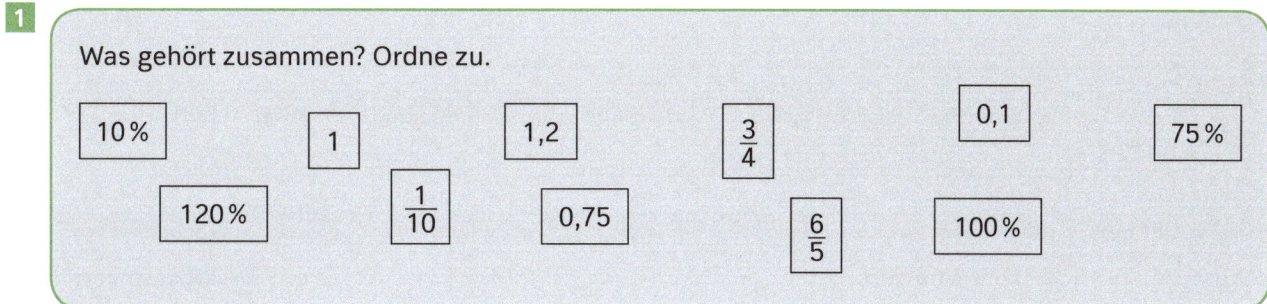

Was gehört zusammen? Ordne zu.

10 %   1   1,2 $\frac{3}{4}$ 0,1   75 %

120 % $\frac{1}{10}$ 0,75 $\frac{6}{5}$ 100 %

2 Ergänze die Tabelle.

Grundwert	220			1200
Prozentsatz	15 %	28 %	$\frac{1}{3}$ %	
Prozentwert		168	137	1800

3 Der Warenpreis einer Jeans beträgt 42 €. Gib den Endpreis bei 19 % Mehrwertsteuer an.

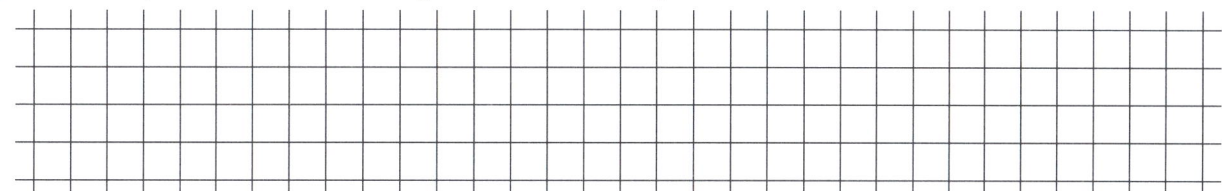

4 Der Preis eines Smartphones wurde von 180 € auf 153 € reduziert. Wieviel Prozent sind das?

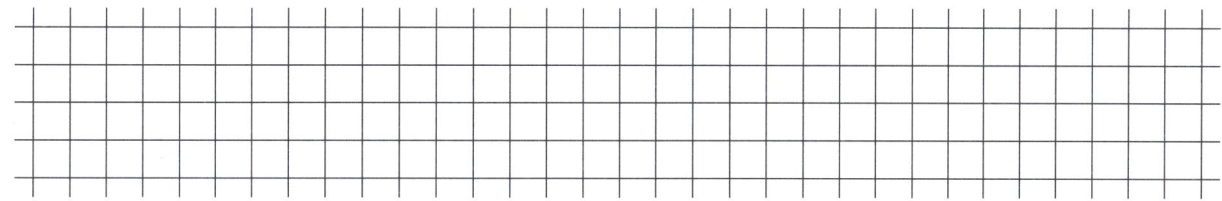

5 „Fuhr vor einem Jahr noch jeder zehnte Autofahrer zu schnell, so ist es mittlerweile nur noch jeder fünfte. Aber auch 5 % sind noch zu viel." Korrigiere den Fehler dieser Zeitungsmeldung.

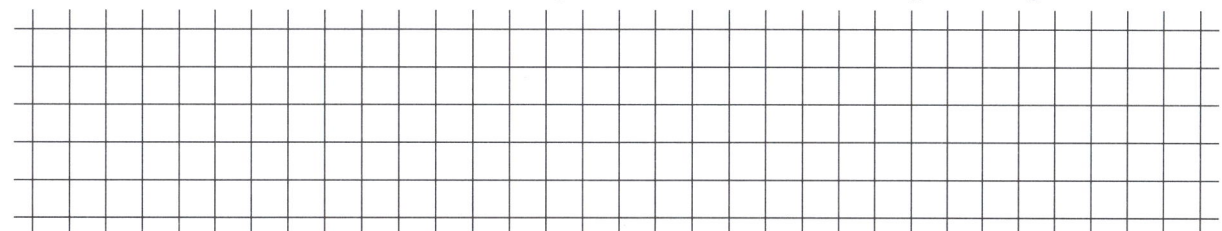

6 Aufgrund unvorhersehbarer Zusatzkosten erhöht sich ein Hauspreis um 3,5 %. Geplant war ein Kaufpreis von 330 000 €. Berechne den neuen Kaufpreis.

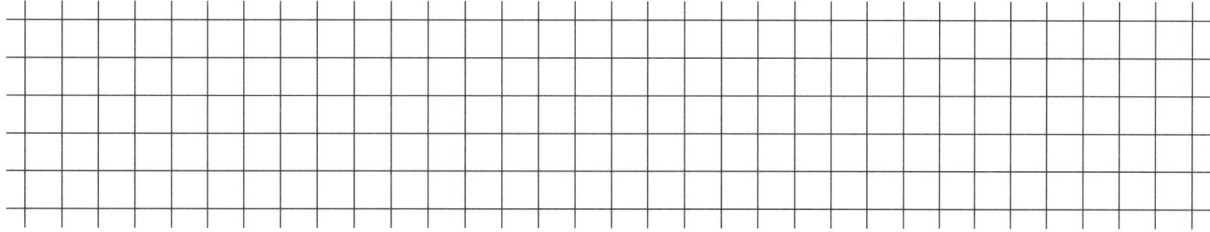

Zinsrechnung

G-Niveau

1 Zinsrechnung ist eine Anwendung der Prozentrechnung. Welche Begriffe entsprechen einander inhaltlich?

Zinsen		Zinssatz		Prozentsatz	

Grundwert Kapital Prozentwert

2 Lies die Texte. Trage die gegebenen Größen in die Tabelle ein und berechne die fehlende dritte Größe. Alle Angaben gelten für den Zeitraum eines Jahres.

a) Karo zahlt für ein Darlehen von 250 € 8 % Zinsen.

b) Maries Sparbuch bringt ihr 4,35 € Jahreszinsen. Der Zinssatz beträgt 3 %.

c) Für einen Kredit von 25 000 € werden nach einem Jahr 2375 € Zinsen fällig.

d) Melli bekommt für ihre Ersparnisse von 2000 € nach einem Jahr 30 € Zinsen.

	Kapital	Zinssatz	Zinsen
a)			
b)			
c)			
d)			

3 1850 € bringen 55,50 € Zinsen pro Jahr. Wie hoch ist der Zinssatz dieser Bank?

4 Ein Darlehen von 24 000€ wird mit 2 % verzinst. Wie viel Zinsen zahlt man im Jahr?

5 Ein Darlehen von 350 000€ wird mit 2,5% verzinst. Wie viel Zinsen zahlt man für 6 Monate?

6 Die Eltern von Svea haben anlässlich ihrer Geburt 5000 € zu einem Zinssatz von 4% angelegt. Auf welchen Betrag wächst das Guthaben in 18 Jahren?

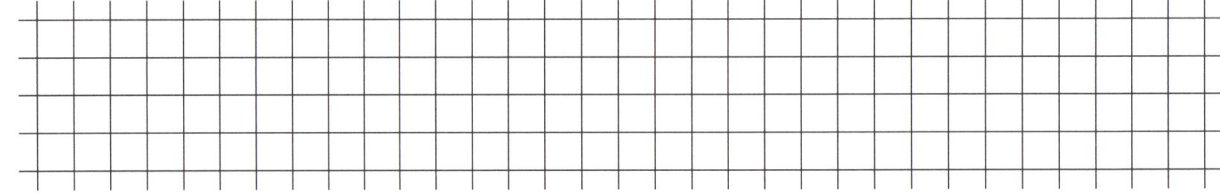

TIPP

Zu G6: Beachte den Zinseszins. Nutze die Formel: $K \cdot (1 + p\%)^n$ mit n = Anzahl der Jahre.

E-Niveau

1 Zinsrechnung ist eine Anwendung der Prozentrechnung. Welche Begriffe entsprechen einander inhaltlich?

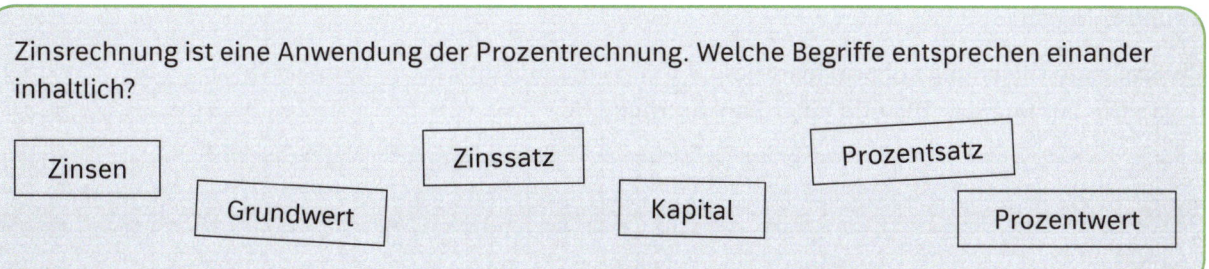

| Zinsen | Zinssatz | Prozentsatz |
| Grundwert | Kapital | Prozentwert |

2 Ergänze die Tabelle.

Kapital	320 €			1512 €
Zinssatz	2,8 %	5 %	12,5 %	
Zinsen		352,50 €	900,00 €	83,16 €

3 Für ihr neues Haus hat Familie Neuss einen Kredit aufgenommen. Sie zahlen 8750 € Zinsen pro Jahr bei einem Zinssatz von 3,5 %. Wieviel Geld haben sie sich von der Bank geliehen?

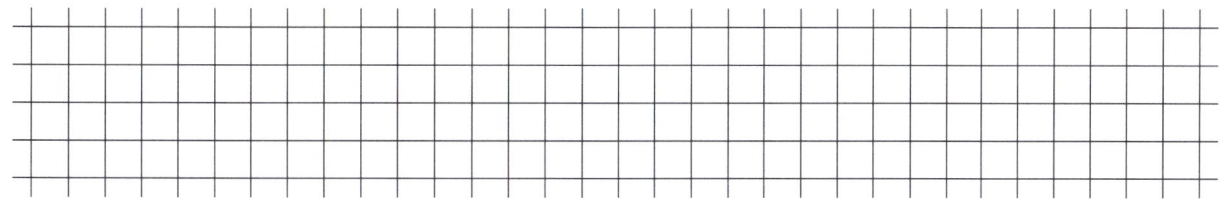

4 Zwei Banken vergeben je einen Kredit in Höhe von 7300 €. Nach 20 Tagen bucht Bank A 60 € ab. Bank B bucht nach 180 Tagen 608 € ab. Begründe rechnerisch, welche Bank das günstigere Angebot hat.

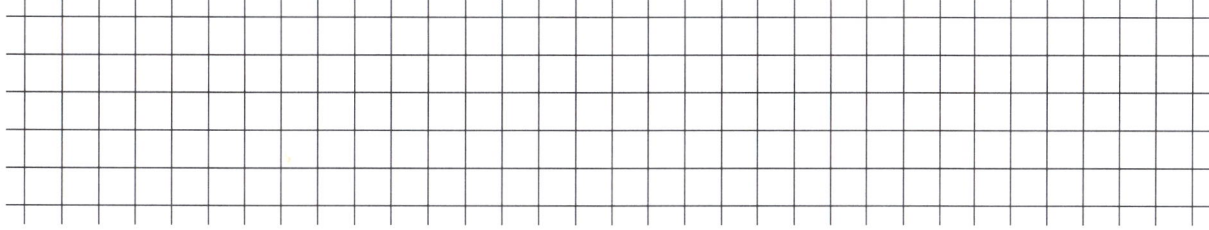

5 Die Zwillinge Lisa und Lena haben im Lotto gewonnen. Beide legen ihren Gewinn von 100 000 € mit einem Zinssatz von 5,5 % an.

a) Lisa hebt jedes Jahr ihre Zinsen ab. Wieviel Guthaben hat sie nach 6 Jahren?

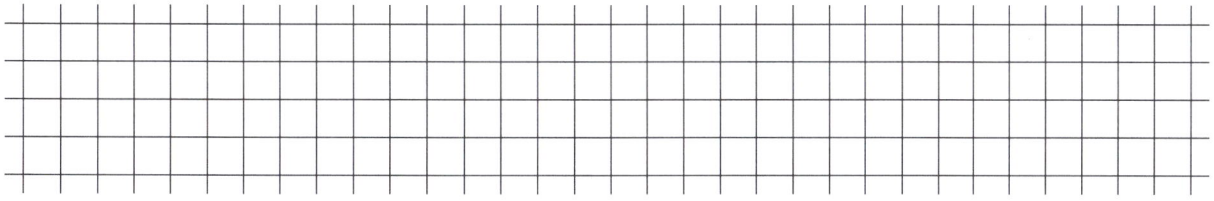

b) Lena hebt nichts ab. Wieviel Guthaben hat sie nach 6 Jahren?

Gleichungen und Gleichungssysteme

G- und E-Niveau

1 Stelle die Gleichung auf und löse sie.

a) Die Summe aus 135 und einer Zahl beträgt 276.

b) Vermehrt man die Summe aus einer Zahl und 76 um 34, so erhält man 123.

c) Die Differenz aus einer Zahl und 45 beträgt 859.

d) Multipliziert man die Summe aus einer Zahl und 14 mit 2, so erhält man 22.

G-Niveau

1 Löse die Gleichungen nach y auf.

a) $4{,}5y + 5 = 14$ b) $3y - 5 = 26 + 2y$

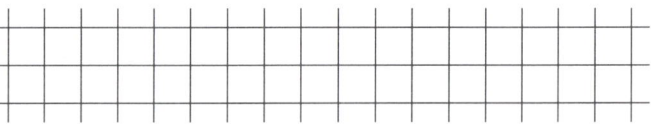

2 Ist die angegebene Zahl die Lösung der Gleichung?

a) $45 - 6y = 5y + 32$; $y = 2$ b) $4 \cdot (2x - 5) = 3x - 65$; $x = -9$

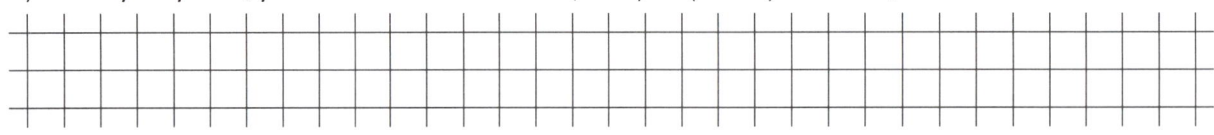

3 Wie viele Lösungen haben die Gleichungssysteme? Welche Lösung gehört zu welchem Gleichungssystem?

a)   I. $3x + 1 = 5y - 6$
     II. $2y + 5 = 4x + 5$

b)   I. $y - 6 = 2x$
     II. $2x + 5 = y$

c)   I. $y = 2x + 1$

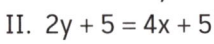
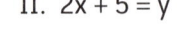

TIPP zu 1 und 1d

Der Begriff „eine Zahl" steht für eine Variable. In den Lösungen wird x verwendet.
Achte auf die richtige Klammerverwendung.

4 Phils Vater ist 7-mal so alt wie Phil. Zusammen sind sie 40 Jahre alt. Wie alt ist Phil, wie alt ist sein Vater?

E-Niveau

1 Löse die Gleichungen nach y auf.

a) $\frac{1}{2} y + 8 = 11$

b) $3 \cdot (2y - 7) - 11 = 15 - (8 - y)$

2 Finde die Fehler und korrigiere sie.

$$-(x - 5)^2 + 5 = -\frac{1}{2}(2x^2 - 20)$$
$$-(x^2 + 5x + 25) + 5 = -x^2 - 10$$
$$-x^2 - 5x - 25 + 5 = -x^2 - 10$$
$$-x^2 - 5x - 20 = -x^2 - 10 \qquad | + x^2$$
$$-5x - 20 = -10 \qquad | + 20$$
$$-5x = 10 \qquad | : (-5)$$
$$x = -2$$

3 Wie viele Lösungen haben die Gleichungssysteme? Welche Lösung gehört zu welchem Gleichungssystem?

a) I. $-3(2y - 1) = -\frac{11}{3}\left(x - \frac{2}{11}\right)$
   II. $\qquad 2x + 1 = 6y - 5$

b) I. $\qquad 4x = 6 - 2y$
   II. $\frac{1}{2} \cdot (4x + 2y) = 1$

c) I. $\qquad x^2 + 4 = (y + 2)(y - 2)$
   II. $(x + 1)(x - 1) = 2y^2 - 18$

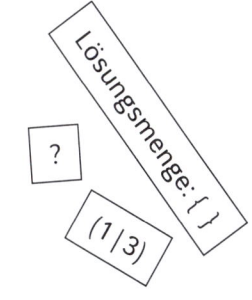

Lösungsmenge: { }

?

(1 | 3)

4 Oma Else liebt Zahlenrätsel. Else sagt: „Quadrierst du eine Zahl und zählst das Fünffache dieser Zahl hinzu, erhältst du eins weniger als meine Lieblingszahl. Du kannst aber auch diese erste Zahl quadrieren und dann verdoppeln und nun das Dreifache dieser Zahl hinzunehmen und du hast zwei weniger als meine Lieblingszahl." Welche Zahlen meint Else?

Zuordnungen

G- und E-Niveau

1

In welchen Beispielen handelt es sich um eine proportionale, antiproportionale oder um keine dieser Zuordnungen? Kreuze entsprechend an.

	proportional	antiproportional	keine
a) Kim kauft Äpfel: Menge Äpfel (kg) → Preis (€)			
b) Die Sehstärke im Alter: Alter (Jahre) → Sehstärke (Dioptrien)			
c) Ein Kuchen wird gleichmäßig auf die Gäste aufgeteilt: Anzahl der Gäste → Größe eines Stückes			
d) Auf dem Bau soll eine Fläche gefliest werden: Anzahl der Fliesenleger → Arbeitszeit (Std.)			
e) Janina ist Babysitterin: Anzahl der Betreuungsstunden → verdientes Geld (€)			

2 Welche dieser Graphen zeigen eine proportionale Zuordnung, welcher eine antiproportionale und welche keines von beiden?

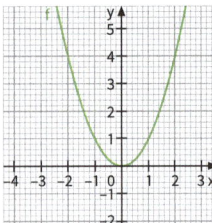

(A) _____

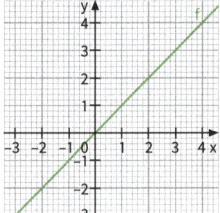

(B) _____

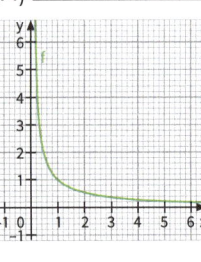

(C) _____

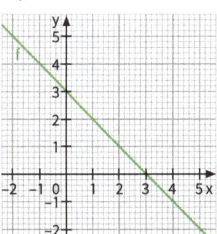

(D) _____

G-Niveau

1 Ist die Zuordnung proportional? Begründe! Falls ja, ergänze den fehlenden Wert.

Anzahl Bücher	Preis in €
1	7
3	21
5	35
7	

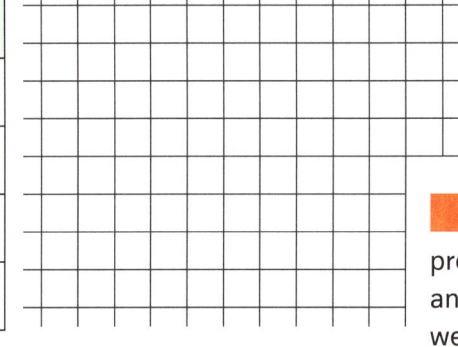

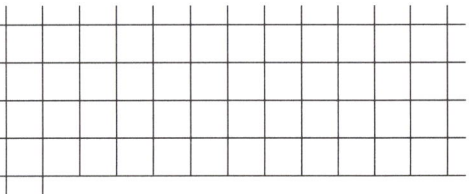

TIPPS

proportional: je mehr, desto mehr
antiproportional: je mehr, desto weniger

2 Elisabeth macht eine Radtour. Sie erreicht die 20-km-Marke nach zwei Stunden. Wie lange braucht sie für 30 km?

3 Auf einer Baustelle benötigen drei Arbeiter sechs Stunden für die Arbeit. Berechne, wie viele Stunden neun Arbeiter brauchen.

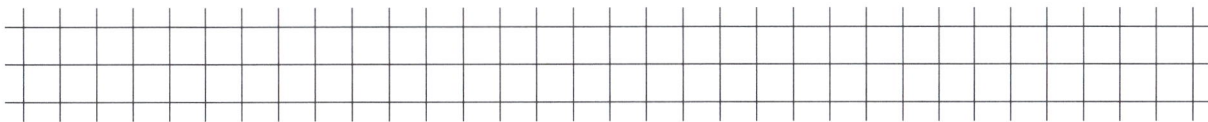

E-Niveau

1 Verändere einen Wert der Tabelle so, dass eine proportionale Zuordnung entsteht.

Zeit in Stunden	Weg in km
0,5	3
2	12
3	16
4,5	27

2 Zu Fuß benötigt Emre $1\frac{1}{4}$ Stunden für die 5 km nach Hause. Wie viele km schafft er in 1 Stunde?

3 Maik fährt mit seinem E-Bike. Es verbraucht pro 10 km 5 % Akkuladung.

a) Ergänze die fehlenden Werte.

gefahrene km	Akkuverbrauch in %
10	5
20	
30	
40	
	60

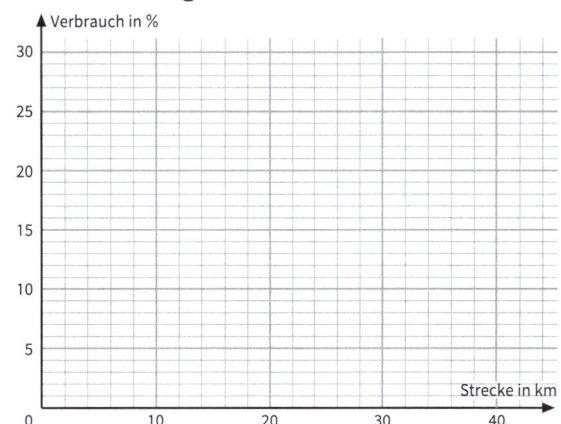

b) Wie viele km kann Maik fahren, bevor der Akku leer ist?

c) Stelle eine Gleichung zum Akkuverbrauch auf und zeichne den dazugehörigen Graphen in das Koordinatensystem oben.

Lineare Funktionen

G- und E-Niveau

1 Die folgenden Gleichungen beschreiben eine lineare Funktion. Gib die Steigung an.

a) $y = 4x - 1$ $\rightarrow m = $ _____

b) $y = 4 + 2x$ $\rightarrow m = $ _____

2 Bestimme die Steigung der folgenden Graphen mithilfe eines Steigungsdreiecks.

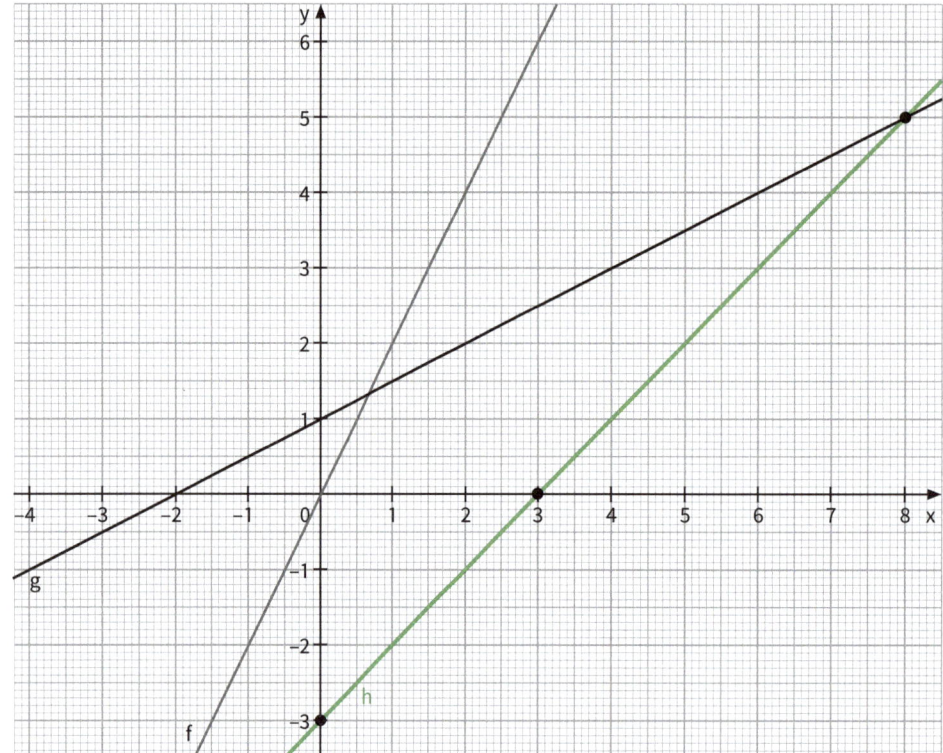

3 Ermittle rechnerisch die Funktionsgleichung einer linearen Funktion, die durch die Punkte (3 | 4) und (9 | 8) verläuft

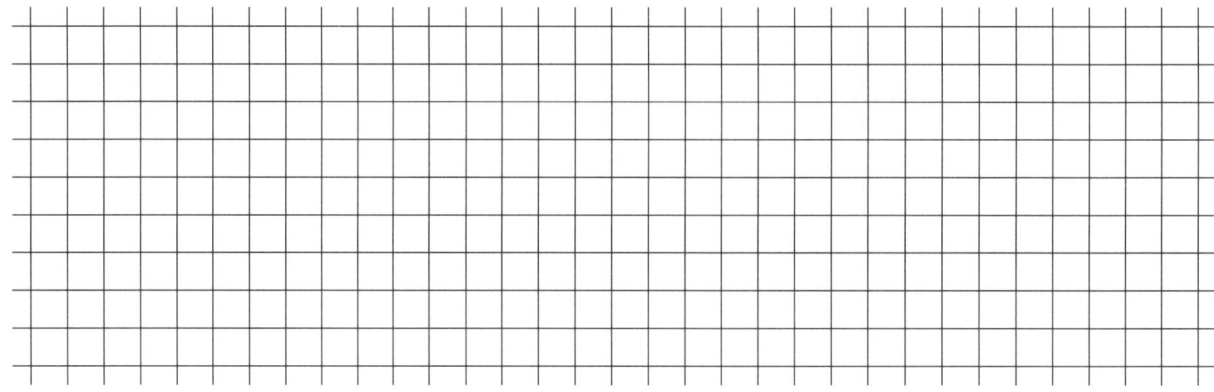

G-Niveau

4 Überprüfe zeichnerisch und rechnerisch: Kann der angegebene Punkt Schnittpunkt der zwei Geraden sein? $y_1 = 2x - 4$; $y_2 = -x + 2$; P (2|0)

E-Niveau

4 Bestimme zeichnerisch und rechnerisch den Schnittpunkt der beiden Geraden. $y_1 = -\frac{1}{4}x + 3$; $y_2 = 2\frac{3}{4}x - 3$

Quadratische Funktionen

G- und E-Niveau

1 Ergänze den folgenden Lückentext mit diesen Begriffen:
Gestaucht, gestreckt, Normalparabel, oben, unten, Scheitelpunkt, Schnittpunkt, weiter, weniger weit, x-Achse, y-Achse (Tipp: 3 Begriffe bleiben übrig.)

Der Graph einer quadratischen Funktion mit der Gleichung $y = ax^2$ ist eine zur _____

symmetrische Parabel mit dem _____ (0|0). Der Graph der Funktion $y = x^2$ heißt

_____. Ist a > 1, so sind die Parabeln _____ geöffnet als die

Normalparabel. Man sagt, die Parabel ist _____. Wenn a negativ ist, ergibt sich als

Graph eine nach _____ geöffnete Parabel.

2 Wie verläuft der Graph der Funktion $y = m \cdot x^2$, wenn x = 0 ist?

G-Niveau   **E-Niveau**

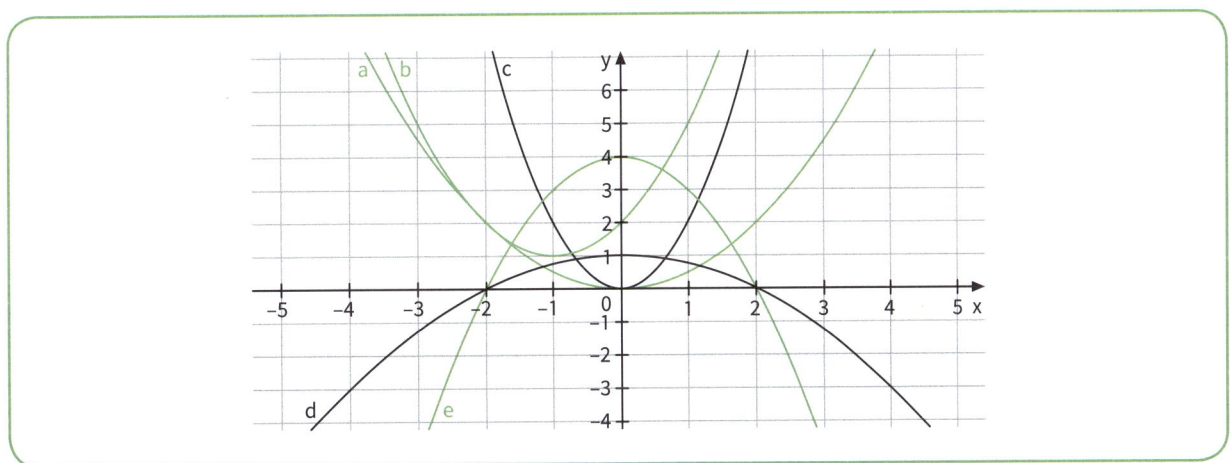

3 Ordne zu.
$f(x) = 2x^2$; $g(x) = -x^2 + 4$; $h(x) = -0{,}25x^2 + 1$

3 Ordne zu.
$f(x) = -\frac{1}{4}x^2 + 1$, $g(x) = x^2 + 2x + 2$, $h(x) = 2x^2$

4 Lies den Scheitelpunkt und die Nullstellen von Graph d ab.

4 Lies den Scheitelpunkt und die Nullstellen von Graph b ab. Bestimme zusätzlich rechnerisch den Schnittpunkt mit der y-Achse.

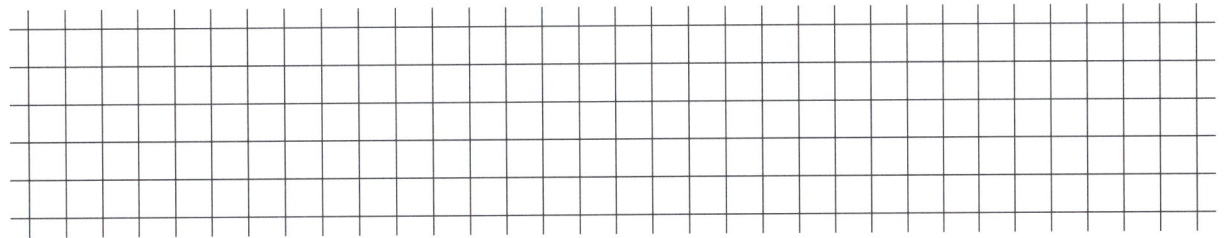

5 Stelle die Funktionsgleichung des Graphen a auf.

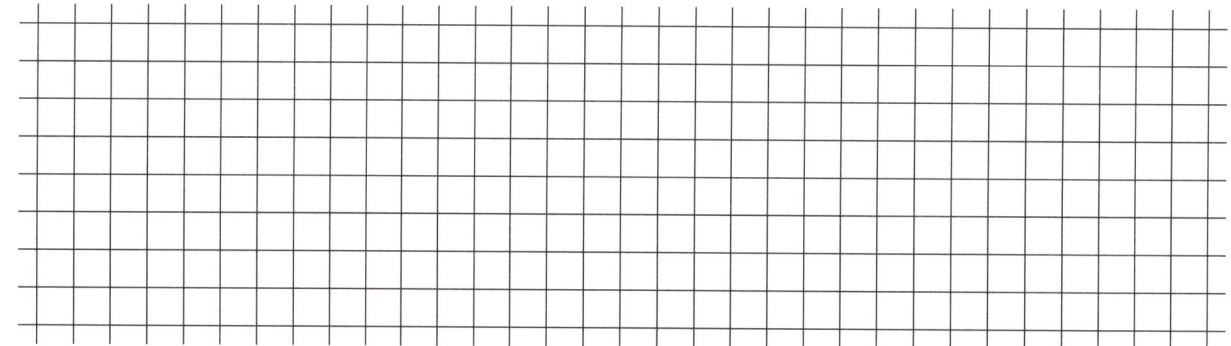

6 Vervollständige die Wertetabelle, ermittle die Funktionsgleichung und zeichne den Graphen in das Koordinatensystem unten.

G-Niveau

x	−2	−1	0	1	2
f(x)	2			0,5	2

E-Niveau

x	−2	−1	0	1	2
f(x)	−4		0	−1	

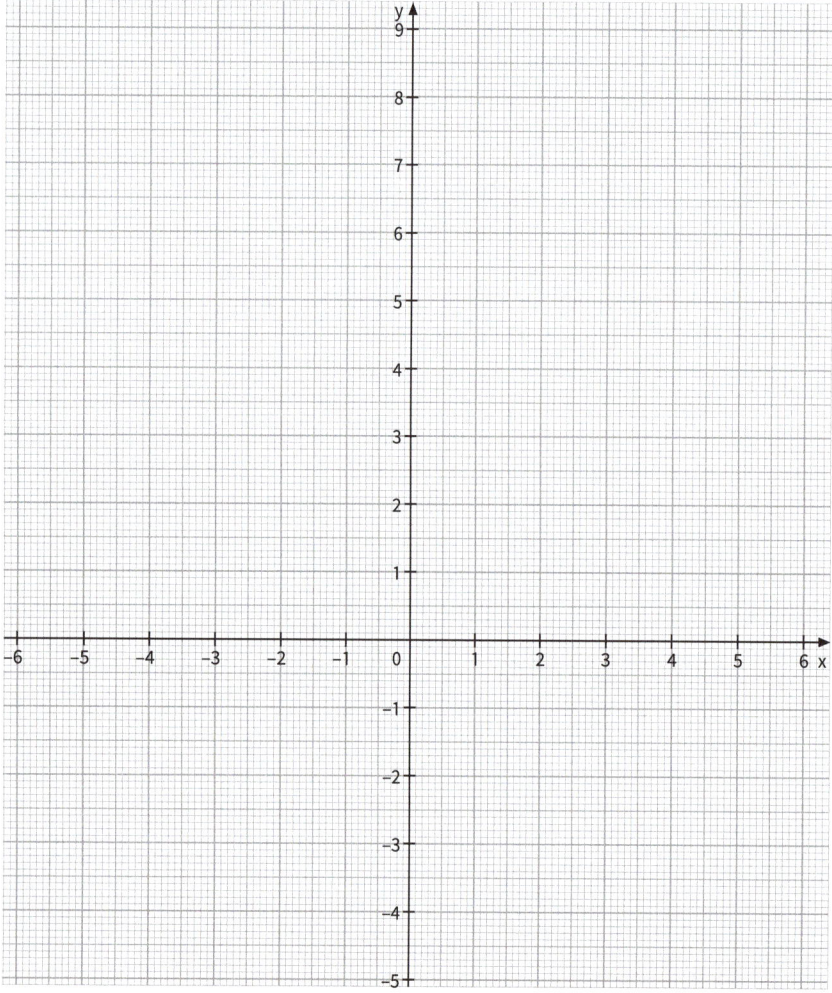

TIPP zu 5

Wie unterscheidet sich der Graph von einer Normalparabel.

Exponentialfunktionen

nur für das E-Niveau relevant

1 Ordne den Graphen die zugehörigen Funktionsgleichungen zu.

Funktionsgleichung	Buchstabe
$f(x) = 1{,}5^x$	
$g(x) = 2{,}5^x$	
$h(x) = 0{,}5^x$	
$i(x) = 3 \cdot 0{,}9^x$	

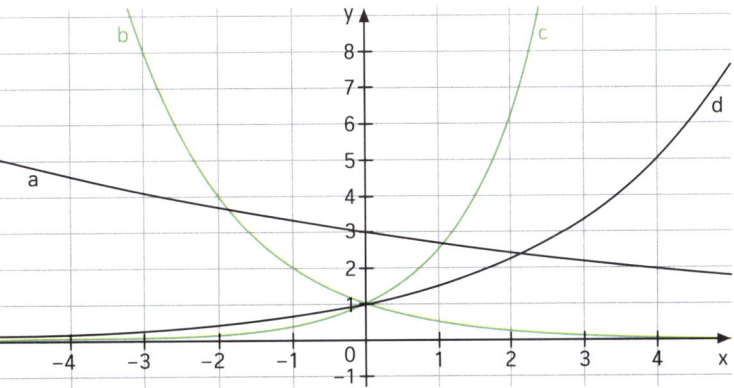

2 Interpretiere den Wert a in Bezug auf das Wachstum in den folgenden beiden Exponentialfunktionen der Form $f(x) = a^x$. Gib auch den jeweiligen Wachstumsprozentsatz an.

a) $f(x) = 1{,}25^x$ Wachstumsprozentsatz: _____   Bedeutung: _____

b) $g(x) = 0{,}25^x$ Wachstumsprozentsatz: _____   Bedeutung: _____

3 Bestimme die Gleichung der Exponentialfunktion $f(x) = c \cdot a^x$, die durch die Punkte P(6|4) und Q(4|8) verläuft.

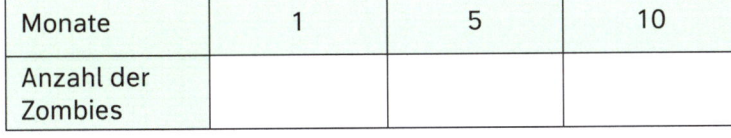

4 Bei einer Zombieapokalypse beißt jeder Zombie mindestens vier weitere Menschen pro Monat und infiziert sie so mit dem Zombievirus.

a) Bei Ausbruch der Seuche werden zwei Menschen infiziert. Wie viele sind nach einem Monat, fünf Monaten, zehn Monaten infiziert, wenn keiner der Infizierten stirbt oder geheilt wird?

Monate	1	5	10
Anzahl der Zombies			

b) Bestimme den Wachstumsfaktor und erstelle eine Funktionsgleichung

c) Zeichne einen Graphen, der das Wachstum grafisch darstellt.

d) Erläutere, weshalb kein lineares Wachstum vorliegt.

5 Auf der Autobahn gab es einen Gefahrgut-Unfall. Die Anwohner müssen die Fenster schließen. Es wurden 1,45 Mikrogramm Gift pro m³ Luft gemessen. Zum Glück sinkt die Menge des Giftes pro Stunde um 50 %.

Berechne, nach wie vielen Stunden das Gift bis auf 0,15 Mikrogramm gesunken ist und die Anwohner die Fenster wieder öffnen dürfen.

TIPPS

1. Bei Exponentialfunkionen geht es oft um Wachstums- oder Zerfallprozesse.
2. Gleichung einer Exponentialfunktion: $f(x) = c \cdot a^x$; $c \neq 0$; $a \neq 1$ und immer $a > 0$

Ebene Geometrie – Rechtecke und Trapeze

G-Niveau

1 Bei einem Quadrat soll die Fläche 64 cm² betragen. Gib die Seitenlängen a an.

2 Berechne den Umfang und den Flächeninhalt des abgebildeten Rechtecks.

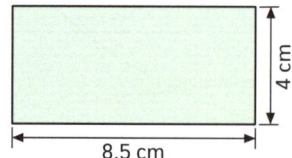

3 Das ist die Skizze vom neuen Kaninchenauslauf. Er soll mit 0,5 m hohem Maschendraht eingezäunt werden.

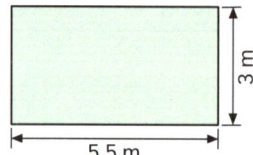

a) Wie lang muss der Maschendraht sein?
b) Wie viel Quadratmeter ist die Zaunfläche groß?

4 a) Wie groß ist die abgebildete Fläche insgesamt?
b) Wie groß ist der Umfang?

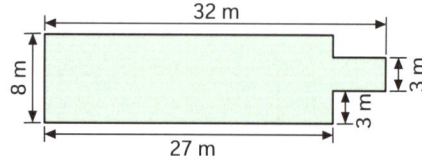

5 Berechne den Flächeninhalt des abgebildeten Trapezes.

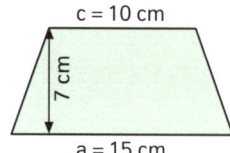

6 Berechne den Flächeninhalt des abgebildeten Parallelogramms.

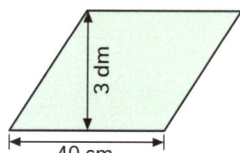

E-Niveau

 **1** Bei einem Quadrat soll die Fläche 72,25 cm² betragen. Gib die Seitenlängen a an.

2 Wie groß ist der Flächeninhalt des abgebildeten Rechtecks? Der Umfang beträgt 38 m.

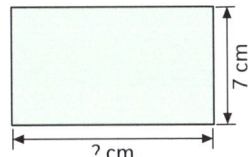

3 Ullas rechteckiges Grundstück ist 850 m² groß. Es hat eine Länge von 25 m.
  a) Wie breit ist ihr Grundstück?
  b) Wie lang muss ihr neuer Zaun werden, wenn zwei Zauntüren von jeweils einem Meter vorgesehen sind?
  c) Welche Fläche hätte der 2 m hohe Lattenzaun dann?
  d) Wie teuer ist der Zaun, wenn 1 m² einen Preis von 3,50 € hat?

4 a) Wie groß ist die abgebildete Fläche insgesamt?
  b) Wie groß ist der Umfang?

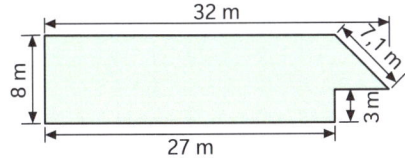

5 Der Schulhof wird umgestaltet. Die blaue Fläche soll eine Sitzecke werden. Die gesamte Fläche wird gepflastert.
  a) Berechne wieviel Meter Holz als Umrandung für die Sitzecke benötigt werden.
  b) Wieviel m² Pflastersteine werden benötigt?

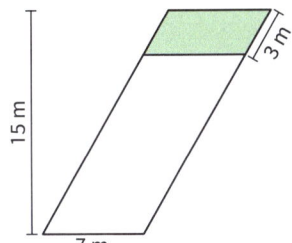

29

Ebene Geometrie – Dreiecke

G-Niveau

1 Ordne die gegebenen Dreiecke den Kategorien zu.

spitzwinklig	stumpfwinklig	rechtwinklig

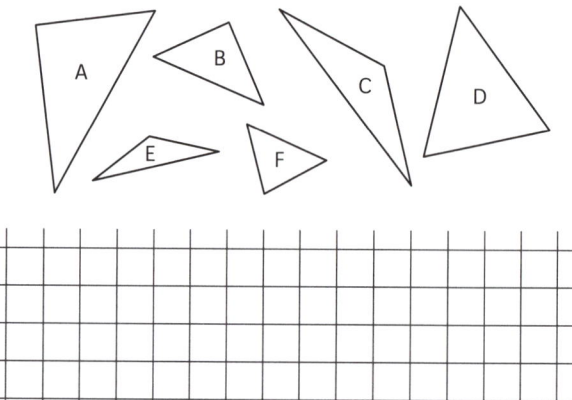

2 Miss die Winkel α und β im abgebildeten Dreieck und ergänze γ mithilfe einer Rechnung.

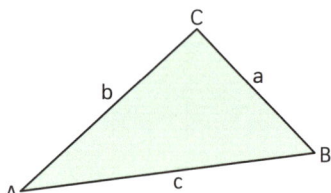

3 Konstruiere je ein Dreieck zu den vorgegebenen Werten.

a) $\alpha = 65°$; $\beta = 90°$; $c = 7{,}5$ cm
b) $a = 2{,}8$ cm; $b = 5{,}9$ cm; $\gamma = 81°$
c) $a = 5$ cm; $b = 5$ cm; $c = 6$ cm

4 Berechne die Fläche des abgebildeten Dreiecks mit den Maßen $c = 6$ cm und $h_c = 3$ cm.

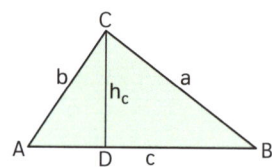

5 Das abgebildete Dreieck besitzt folgende Maße:

$c_2 = 2$ cm
$b = 4{,}69$ cm
$h_c = 2{,}45$ cm

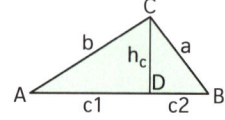

Berechne die Längen der Seiten a und c_1.

6 Berechne die fehlenden Werte im Rechteck

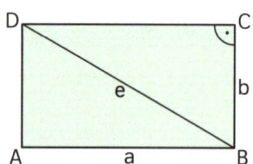

	a)	b)	c)
a	12 cm		502 mm
b	16 cm	24 cm	
e			881,83 mm
A		792 cm²	

7 Berechne die Fläche des Drachens.

geg.:
$a = 21{,}63$ cm
$AE = 12$ cm
$e = 40$ cm

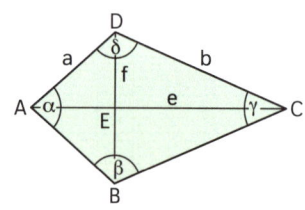

TIPP

Stelle zunächst alle Formeln zusammen, die du für Dreiecke kennst. Welche gelten nur für rechtwinklige?

E-Niveau

1 Konstruiere je ein Dreieck zu den vorgegebenen Werten und gib jeweils an, ob es sich dabei um ein spitzwinkliges, rechtwinkliges oder stumpfwinkliges Dreieck handelt. Miss fehlende Winkel nach.

a) $\alpha = 67°$; $\beta = 93°$; $c = 9{,}5$ cm

b) $a = 7{,}5$ cm; $b = 9{,}2$ cm; $\gamma = 63°$

c) $a = 12$ cm; $b = 15$ cm; $c = 10$ cm

2 Berechne den Flächeninhalt des blauen Quadrats und die Seitenlänge c.

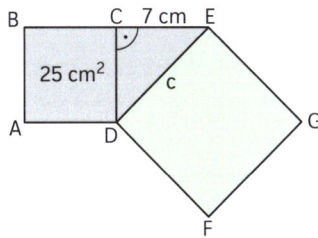

3 Für diesen Drachen wird eine neue Mittelstange (f) benötigt. Wie lang muss sie sein?

$c = 24$ cm
$a = 42$ cm
$e = 40$ cm

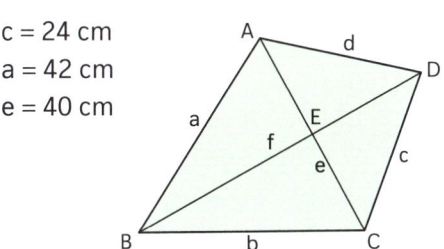

4 Berechne jeweils die Länge der Seite x.

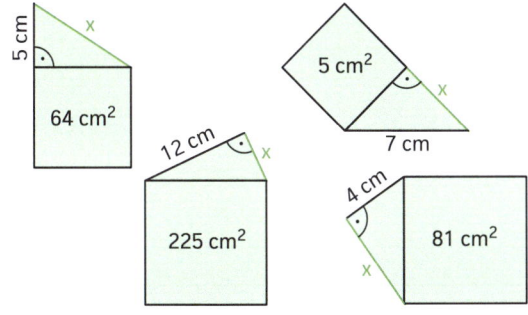

5 Berechne die Raumdiagonale d im Prisma. Es ist: $a = 8$ cm; $b = 5$ cm; $v = 5$ cm; $w = 12$ cm

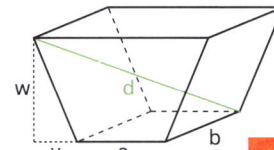

TIPP zu 5

Überlege zunächst, in welchem Dreieck du die gesuchte Größe berechnen kannst.

31

Ebene Geometrie – Kreise

1 Berechne jeweils den Umfang und den Flächeninhalt, wenn 1 Kästchen 2 cm breit ist.

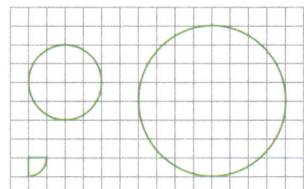

2 Ein Traktorreifen hat einen Durchmesser von 24 Zoll. (1 Zoll = 2,54 cm)
Wie groß ist der Abrollumfang in cm?

3 Till will für das Schulfest eine große Zielscheibe zum Bälle-Werfen basteln. Von seinem Vater bekommt er ein Brett in der Größe 54 cm x 54 cm, auf das er einen möglichst großen Kreis malen möchte. Berechne die Fläche, die er dafür ausmalen muss.

4 Berechne die fehlenden Angaben in der Tabelle.

	U	A	d	r
a)				12 cm
b)			14 dm	
c)		250 m²		
d)	67 cm			

6 Berechne den Flächeninhalt der blauen Fläche.

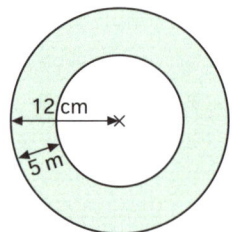

7 Aynurs Mutter hat eine runde Tischdecke mit einer Fläche von 1,90 m². Der neue Tisch hat einen Radius von r = 75 cm. Bedeckt die Tischdecke den ganzen Tisch?

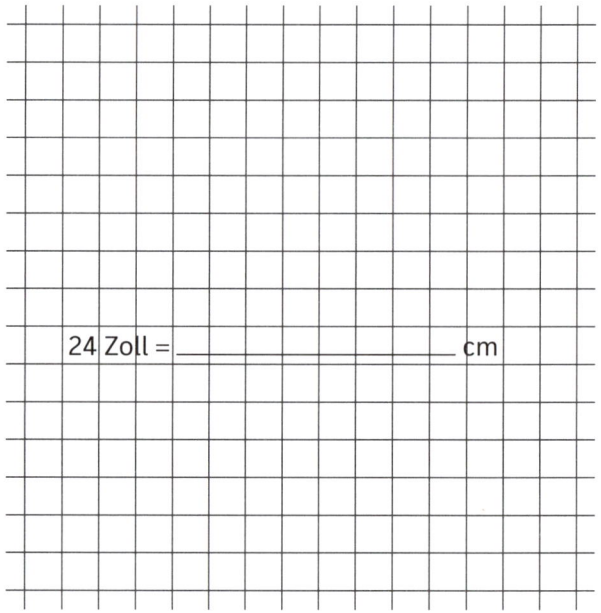

24 Zoll = _____ cm

5 Berechne den Flächeninhalt und den Umfang der zusammengesetzten Figuren.

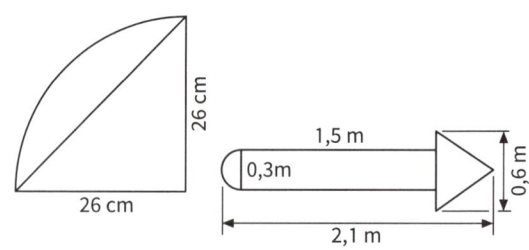

$A_{großerKreis} =$ _____

$A_{kleinerKreis} =$ _____

$A_{Ring} =$ _____

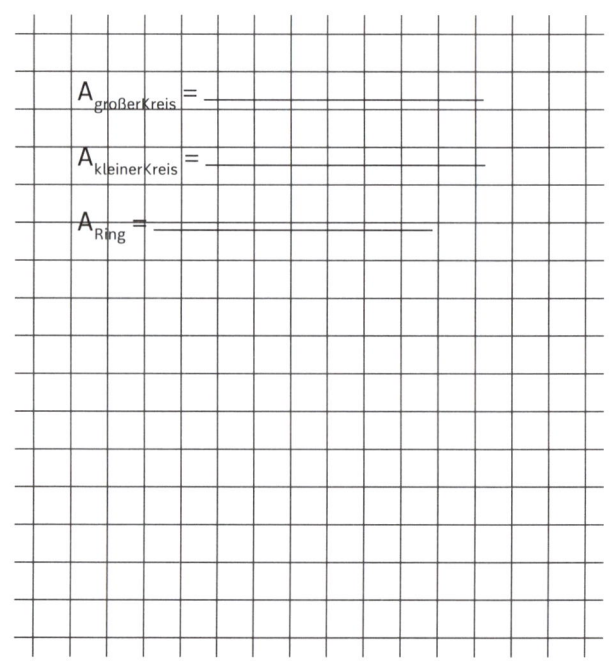

E-Niveau

1 Berechne den Umfang des Riesenrads „London Eye", das einen Durchmesser von 135 Metern hat.

2 Die Werbefirma „Brigth Side" soll ein Werbebanner für das „London Eye" erstellen. Die Firma will eine Seite des „London Eye" im Maßstab 1:5 auf ein riesiges rundes Banner drucken. Beschrifte die Skizze des Banners mit den Maßen und berechne, wie viel m² Stoff die Firma bedrucken lassen müsste.

3 Ein Traktorreifen hat einen Durchmesser von 34 Zoll. (1 Zoll = 2,54 cm). Wie oft umrundet eine im Reifen steckende Reißzwecke den Reifen, wenn der Traktor 254 Meter weit fährt?

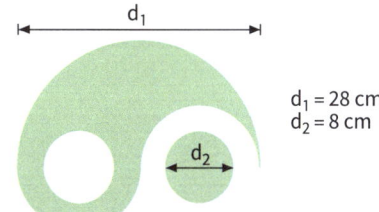

34 Zoll = _____ cm

4 Berechne die fehlenden Angaben in der Tabelle.

	U	A	d	r
a)				96 cm
b)			0,5 dm	
c)		75,5 m²		
d)	75,5 cm			

5 Berechne den Flächeninhalt und den Umfang der aus Kreisen und Halbkreisen konstruierten blauen Figur.

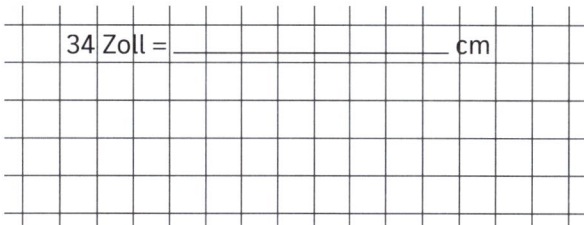

$d_1 = 28$ cm
$d_2 = 8$ cm

Wie verändern sich U und A, wenn sich d_1 und d_2 verändern?

6 Berechne den Flächeninhalt der blauen Fläche.

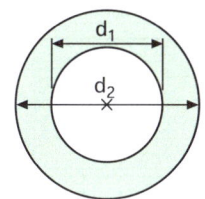

$d_1 = 9$ cm
$d_2 = 22$ cm

7 Berechne den Flächeninhalt des Kreissektors A_s und die Länge des Kreisbogens b.
$\alpha = 280°$
$r = 5$ cm

Trigonometrie

G-Niveau

1 Drücke den Sinus, Kosinus und Tangens durch das richtige Seitenverhältnis aus.

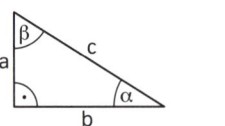

$\sin \alpha =$ _____

$\sin \beta =$ _____

$\sin \alpha =$ _____

$\sin \gamma =$ _____

$\tan \gamma =$ _____

$\tan \beta =$ _____

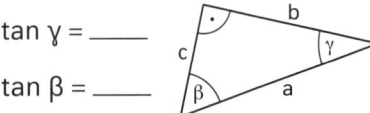

2 Berechne die fehlenden Seiten.

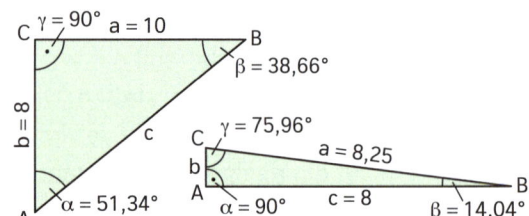

3 Berechne die fehlenden Größen. Zeichne auch eine Planfigur.

			Planfigur:
a)	a = 4,5 cm; b = ? c = ? α = 38° β = ? γ = 90°		Planfigur:
b)	a = 3 cm; b = 7 cm c = ? α = 23,2° β = ? γ = 90°		Planfigur:
c)	a = 5 cm; b = 8 cm c = 9,44 cm α = ? β = 58° γ = ?		Planfigur:

4 Die Höhe eines Baumes soll berechnet werden.

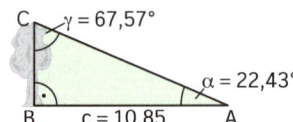

5 Wie breit ist der Fluss an der Stelle zwischen den Punkten B und C, wenn die Entfernung zwischen A und B 100 m beträgt?

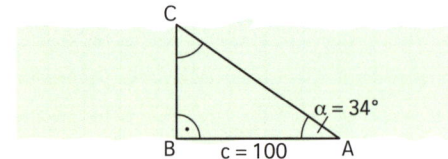

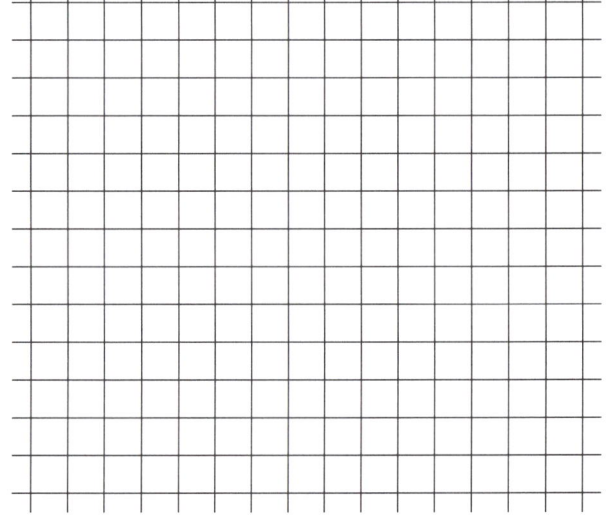

E-Niveau

1 Sind die Seitenverhältnisse korrekt ausgedrückt? Verbessere, wenn nötig.

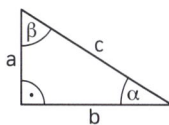

$$\sin \alpha = \frac{a}{c}$$

$$\cos \beta = \frac{a}{b}$$

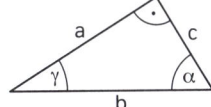

$$\sin \alpha = \frac{c}{b}$$

$$\tan \alpha = \frac{a}{b}$$

$$\sin \beta = \frac{c}{b}$$

$$\cos \gamma = \frac{c}{a}$$

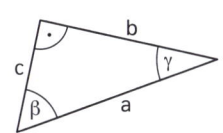

2 Berechne die fehlenden Seiten beim ersten Dreieck mithilfe des Sinussatzes und beim zweiten mit dem Kosinussatz.

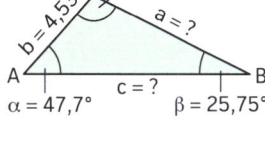
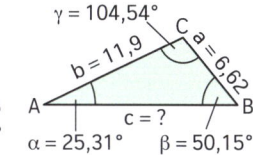

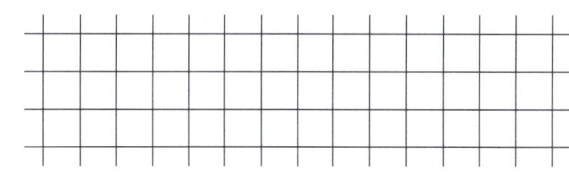

3 Berechne die fehlenden Größen.

	a)	b)	c)
a in cm	2,5	6,5	
b in cm			2,7
c in cm		6,89	
α	18,43°		65,04°
β			24,96°
γ	90°	90°	

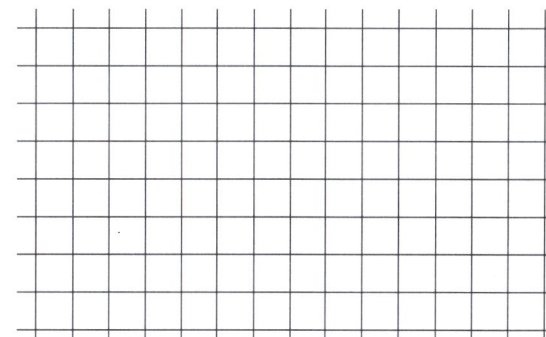

4 Ein 1,80 m großer Mann steht in genau 100 Metern Entfernung vor einem Burgturm. Er misst einen Hohenwinkel von 44°.
a) Wie hoch ist der Burgturm?
b) Wie würde sich ein Messfehler von 2° auswirken?

Skizze:

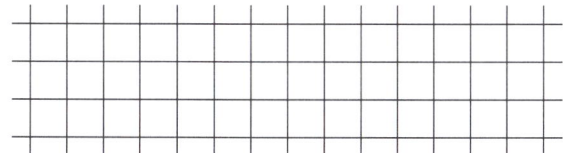

5 Bestimme mithilfe der Strahlensätze die Breite des Flusses bei b mit c = 100 m, d = 40 m und $b_1 = 8$ m.

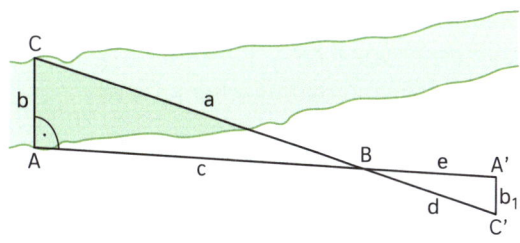

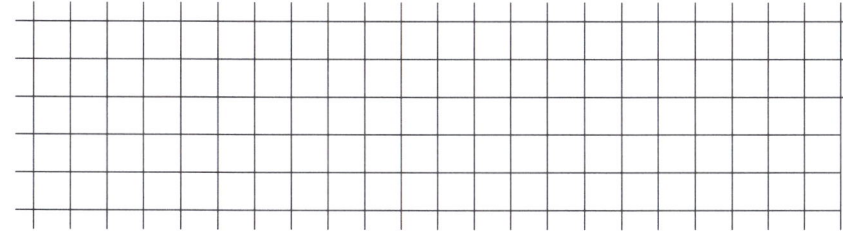

TIPP zu 4

Suche rechtwinklige Dreiecke.

Räumliche Geometrie – Quader, Zylinder, Prisma

G-Niveau

1 Zeichne das Schrägbild eines Quaders mit folgenden Kantenlängen:
a = 4 cm; b = 2 cm; c = 3 cm

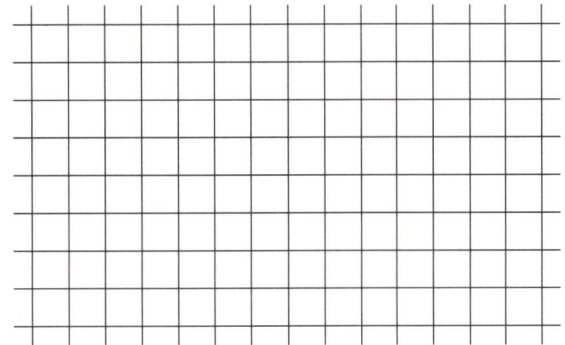

2 Eine quaderförmige Kerze hat ein Volumen von 4200 cm³. Zwei ihrer Seiten sind
a = 15 cm und c = 14 cm lang.
Die Kerze wird in einen Karton verpackt.
Berechne den Flächeninhalt, den dieser Karton mindestens haben muss.

4200 = _____

b = _____

O = _____

_____

3 Eine Firma stellt Tafelschwämme mit den Maßen 200 mm x 120 mm x 50 mm her.
a) Zeichne das Quadernetz verkleinert und berechne das Volumen des Schwamms.
b) Berechne das Gewicht eines Schwamms, wenn 1m³ 35kg wiegt?
c) Berechne das Gewicht des Schaumstoffblocks (2 m x 2 m x 0,5 m), aus dem die Schwämme geschnitten werden.

4 Berechne die Raumdiagonale d im Quader.

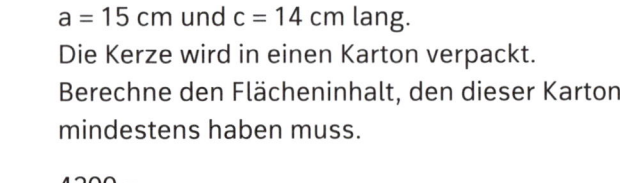

geg.:
a = 37 cm
b = 18 cm
c = 15 cm

5 In welche Vase passt mehr Wasser?

h = 25 cm
d = 10 cm
a = 8 cm

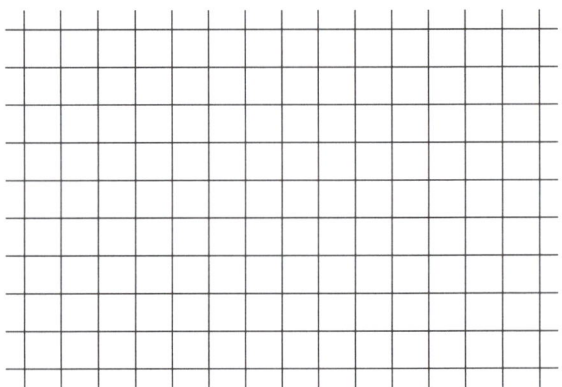

6 Hannah möchte ihrer Mutter zum Geburtstag eine Vase von 16 cm Höhe und mit einem Durchmesser von 8 cm schenken.
Welche Fläche hat das Geschenkpapier mindestens?
Zeichne das zugehörige Körpernetz im Maßstab 1:4.

7 Die Abschlussklasse will für das Abschlusszelten ein eigenes Zelt bestellen. Es soll die abgebildeten Maße haben.
a) Berechne die Fläche, die die Zeltplane (incl. Boden) hat.
b) Berechne, wie viel Volumen das Zelt besitzt.

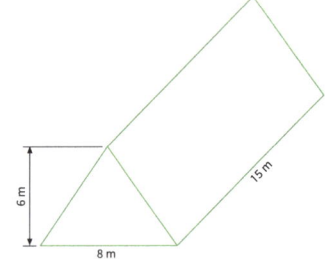

E-Niveau

1 Ergänze folgende Abbildung so, dass es ein Schrägbild eines zusammengesetzten Körpers ergibt.

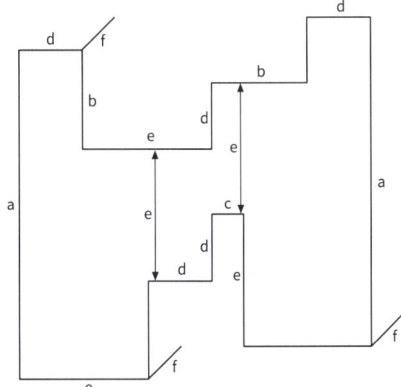

Folgende Maße sind gegeben:
a = 22 cm; b = 6,6 cm; c = 2,2 cm;
d = 4,4 cm; e = 8,8 cm; f = 4 cm

a) Beschrifte alle unbeschrifteten Kanten mit neuen Variablen und berechne deren Länge.
b) Berechne das Volumen des Körpers.

2 Dieser zusammengesetzte Körper hat ein Volumen von 1672 cm³ und es ist
a = 20 cm; b = 8 cm; c = 8 cm; d = 7 cm.
Wie groß ist die Oberfläche des Körpers?

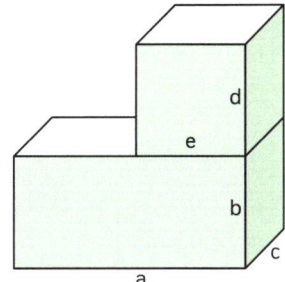

3 Für eine Supermarktkette sollen zu Weihnachten dicke, runde Kerzen hergestellt werden, die eine Brenndauer von 40 Stunden und einen Durchmesser von 60 mm haben. Pro Stunde brennt eine so dicke Kerze um 3 mm herunter.

a) Berechne das Volumen, das die Gussform haben muss.
b) Die Kerzen sollen eine passende Kartonverpackung erhalten. Welche Fläche muss die Pappe mindestens besitzen?
c) Zeichne das Körpernetz.

4 Ermittle rechnerisch, in welche der Vasen mehr Wasser passt.

h = 15 cm
d = 7 cm
a = 6,5 cm
g = 11 cm
h_g = 3 cm

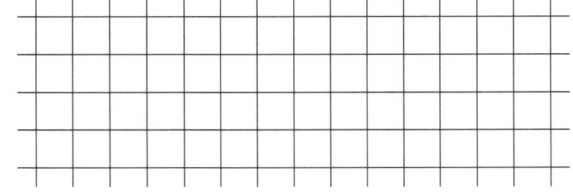

5 Firma Nonsense stellt besondere Schreibtischdekorationen her. Ein Artikel ist ein Stifthalter aus Glas in Form eines Dreiecksprismas. Berechne das Volumen und die Oberfläche des Objekts.

h_z = 9 cm
d = 6 cm
h = 13 cm
h_g = 8 cm
g = 11 cm

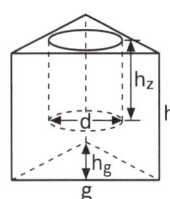

Räumliche Geometrie – Kegel, Pyramide, Kugel

G-Niveau

1 Designerin Melanie Mut bringt zum Meeting zwei neue Designvorschläge für eine Pralinenschachtel mit.
   a) Berechne das Volumen und die Oberfläche beider Verpackungen.

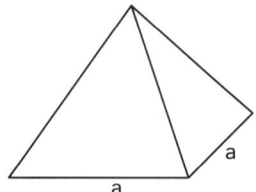

geg.:
a = 10 cm
h = 12 cm

geg.:
d = 10 cm
h = 12 cm

   b) Beurteile, welche Verpackung der Pralinenhersteller wohl auswählen wird.

---

2 Berechne die fehlenden Werte der quadratischen Pyramiden.

Volumen	Höhe	Grundseite
1250 cm³	25 cm	
25 cm³		5 cm
	29 m	27 m

3 Berechne jeweils Oberfläche und Volumen der unterschiedlichen Kugeln.

r	d	O	V
			7238,229 cm³
75,5 mm			
	26,4 cm		
		172,03 m²	

4 Ein UEFA-Fußball hat den Radius von ca. 11 cm.
   a) Berechne die Fläche des Materials.
   b) Wie viel Luft kann in den Ball gepumpt werden?

5 Eine Schachtel enthält kugelförmige Pralinen.
   a) Wie viele Pralinen enthält die Schachtel?
   b) Welchen Radius hat jede einzelne Praline?
   c) Berechne das Volumen einer einzelnen Praline und aller Pralinen zusammen.

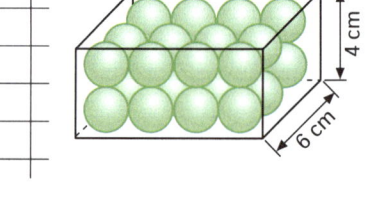

6 Berechne das Volumen und die Oberfläche des Lippenstifts.

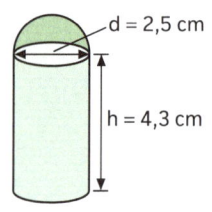

d = 2,5 cm

h = 4,3 cm

TIPP zu 6

Aus welchen Teilkörpern besteht die Figur?

E-Niveau

1 a) Berechne das Volumen und die Oberfläche dieser zwei Kekspackungen.

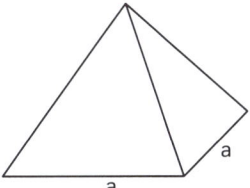 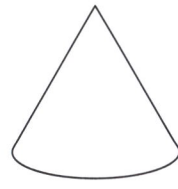

geg.:
a = 10,5 cm
h = 12,3 cm

geg.:
d = 10,5 cm
h = 12,3 cm

b) Beurteile, welche Version für den Kunden besser ist und welche für den Hersteller.

_____

_____

2 Wie lang ist die Seite a bzw. der Radius r?
Quadratische Pyramide
V = 6000 cm³; h = 180 mm

_____

Kegel
V = 209,44 cm³; h = 8 cm

_____

3 Berechne jeweils Oberfläche und Volumen der unterschiedlichen Kugeln.

r	d	O	V
			8784,53 cm³
13,75 cm			
	59,9 mm		
		2616,63 mm²	

4 Der Berliner Fernsehturm besitzt eine Aussichtsplattform in Form einer Kugel. Ihr Volumen beträgt ca. 17 000 m³. Berechne Durchmesser und Oberfläche der riesigen Kugel.

5 Diese Tennisbälle wurden in einem eckigen Karton geliefert.
   a) Berechne das Volumen des Kartons, wenn jeder Tennisball einen Radius von 3,30 cm hat.
   b) Berechne, wie viel Prozent Luft im Karton bleibt.

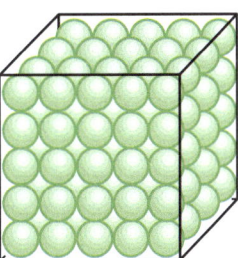

6 Berechne das Volumen und die Oberfläche der Kekspackung.

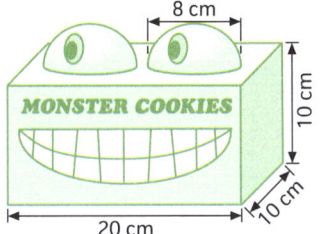

Wahrscheinlichkeitsrechnung

G-Niveau

1 Ein Glücksrad hat zehn gleich große Flächen, die mit den Zahlen 1 bis 10 nummeriert sind.
Berechne die Wahrscheinlichkeit, eine ungerade Zahl zu drehen.

2 Ein Standardspielwürfel wird geworfen.
   a) Ermittle die Wahrscheinlichkeit eine gerade Zahl zu würfeln.
   b) Berechne die Wahrscheinlichkeit eine 4 zu würfeln.

© Minkus Images

3 Beim Münzwurf ist die Wahrscheinlichkeit für Kopf oder Zahl identisch. Stelle drei Würfe hintereinander in einem Baumdiagramm dar. Gib die Wahrscheinlichkeiten zu jedem Wurf an.

4 Wie groß ist die Wahrscheinlichkeit, dass Heiligabend und Silvester auf den gleichen Wochentag fallen?

5 In einer Lostrommel befinden sich 60 Gewinne und 40 Nieten.
Felix zieht ein Los. Wie groß ist die Wahrscheinlichkeit, einen Gewinn zu ziehen?

E-Niveau

1 Ein Glücksrad hat zehn gleich große Flächen, die mit den Zahlen 1 bis 10 nummeriert sind.
a) Berechne die Wahrscheinlichkeit, eine ungerade Zahl zu drehen.
b) Wie groß ist die Wahrscheinlichkeit, eine 3 oder 9 zu drehen?

2 Ein Dodekaederwürfel (zwölfseitiger Würfel) wird geworfen.
a) Bestimme die Wahrscheinlichkeit eine 5 oder 7 zu würfeln.
b) Wie groß ist die Wahrscheinlichkeit bei zwei Würfen hintereinander eine 12 zu würfeln?

© Minkus Images

3 Beim Münzwurf ist die Wahrscheinlichkeit Kopf oder Zahl zu werfen identisch. Stelle drei Würfe mit Ergebnis Kopf hintereinander in einem Baumdiagramm dar und beschrifte jeden Wurf mit seiner Wahrscheinlichkeit als Bruch.

4 Wie groß ist die Wahrscheinlichkeit, dass Heiligabend und Silvester auf den gleichen Wochentag fallen?

5 In einer Lostrommel befinden sich 33 Gewinne und 44 Nieten. Felix zieht ein Los. Wie groß ist die Wahrscheinlichkeit, einen Gewinn zu ziehen.

6 An einer Integrierten Gesamtschule schreiben alle Schüler der 10. Klassen (30 Jungen und 40 Mädchen) einen Mathetest. 23 Jungen bestehen den Test. Insgesamt bestehen 54 Schüler den Test. Stelle alle Wahrscheinlichkeiten in einer Vierfeldertafel dar.

			Gesamt
Gesamt			

Häuser verklinkern

G-Niveau

Das Gartenhaus von Familie Meyer soll verklinkert werden.
Frau Meyer bestellt im Baustoffhandel die Klinker aus dem Prospekt.

Das Gartenhaus hat eine Länge von 4 Metern und eine Breite von 3 Metern. Es ist 2,50 Meter hoch und besitzt ein Flachdach.
Es gibt eine Tür mit den Maßen 1,5 m x 2 m und zwei Fenster mit den Maßen 1 m x 1 m.

Fassadenklinker Naturrot Massiv
Maße:
240 mm x 115 mm x 71 mm
1,25 € pro Stück
Palette: 376 Stück

a) Berechne die Anzahl der Paletten, die Frau Meyer bestellen muss, um das Haus mit den Klinkern zu verkleiden. Die Fugenhöhe kannst du vernachlässigen.

Seitenflächen des Hauses (ohne Fenster):

_____

Front und Rückseite des Hauses (ohne Fenster):

_____

Fläche der Fenster: _____

Fläche der Tür: _____

Skizze des Gartenhauses:

Gesamtfläche der Hauswände (ohne Fenster und Tür): _____

Benötigte Steine pro m²: _____

Benötigte Steine für das gesamte Gartenhaus: _____ Paletten: _____

b) Berechne den Preis für die Steine.

Anzahl der Paletten · Anzahl der Steine pro Palette = _____

Kosten: _____

c) Bestimme, wie viel Prozent Verschnitt sich Familie Meyer erlauben kann, ohne noch eine weitere Palette Steine zu bestellen.

100 % ≅

E-Niveau

Das Haus von Familie Sucu soll verklinkert werden.
Frau Sucu kauft im Baustoffhandel die Klinker aus dem Prospekt.

Fassadenklinker Karminrot Massiv

Maße:
240 mm x 115 mm x 71 mm

1,75 € pro Stück

Palette: 376 Stück

Das Haus hat eine Länge von 12 Metern und eine Breite von 7 Metern. Es ist 9 Meter hoch und besitzt ein Flachdach.
Es gibt eine Tür mit den Maßen 1,5 m x 2 m und zwölf Fenster mit den Maßen 1,2 m x 1,5 m.

a) Die Fugenhöhe beträgt 20 % der Höhe und Breite eines Steins. Berechne zunächst die Anzahl Steine für einen Quadratmeter und bestimme damit anschließend die Anzahl der Paletten, die Frau Sucu kaufen muss, um das Haus mit den Klinkern zu verkleiden.

20 % der Stein-Höhe und -Breite: _____

Anzahl der Steine pro m^2:

_____

Skizze des Hauses:

Berechnung der Flächen des Hauses (abzüglich der Fenster und der Tür):

b) Berechne den Preis für die Steine.

c) Bestimme, wie viel Prozent Verschnitt sich Familie Sucu erlauben kann, ohne noch eine weitere Palette Steine zu bestellen.

d) Herr Sucu besitzt einen kleinen Lkw, der 20 Tonnen zuladen darf. Berechne die Anzahl der Touren, die er einplanen muss, um die Klinker für das Haus zu holen. Die Steine wiegen 2000 kg pro m^3.

43

Preiserhöhungen, Preissenkungen

G-Niveau

In einem Prospekt sieht Herr Müller folgendes Angebot:

Der neue 4K Ultra HD Fernseher mit 40 Zoll Bildschirmdiagonale !
jetzt für
799 €
statt
999 €
Ratenkaufangebot:
24 Monatsraten *à 35 €*

a) Wie viele Euro kann man hier sparen?
   Wieviel Prozent des Originalpreises sind das?

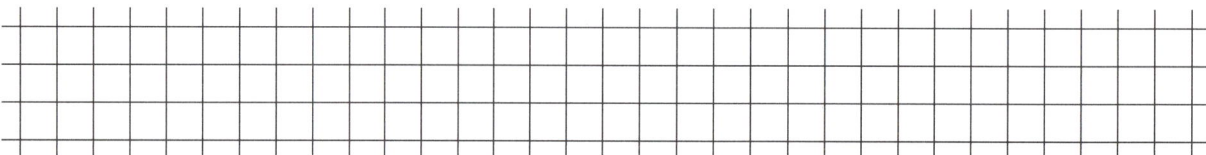

b) Der Angebotspreis enthält 19 % Mehrwertsteuer. Berechne die Steuer in Euro.

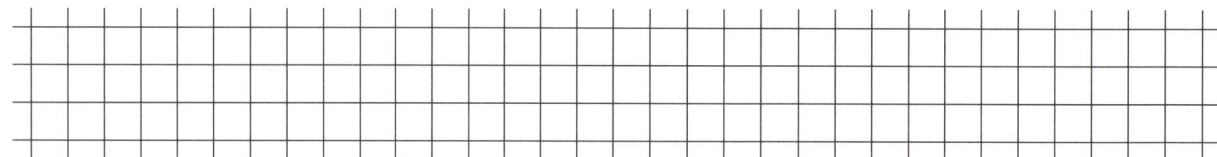

c) Bewerte das Ratenkaufangebot. Begründe deine Antwort.

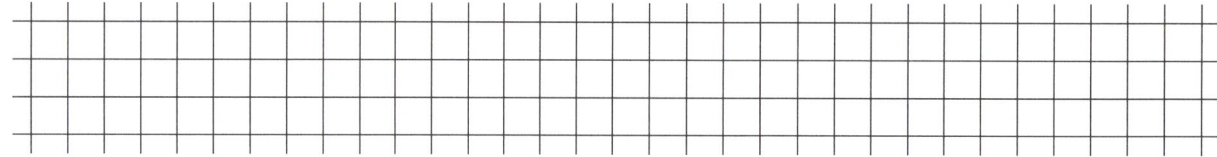

Tipp: Um eine prozentuale Veränderung zu berechnen, verwende den Dreisatz. Mache eine Probe.

Kredit und Zinsen

G-Niveau

Diese Werbung hängt in einer Bank.

a) Berechne die Zinsen für das erste Jahr bei beiden Varianten.

> **Erfüllen Sie sich den Traum von Ihrem Eigenheim!**
>
> *Darlehen 1:*   *Darlehen 2:*
> 100 000€   100 000 €
> 2 % effektiver Jahreszins   1,5 % effektiver Jahreszins
> 10 Jahre Zinsfestschreibung 20 Jahre Zinsfestschreibung

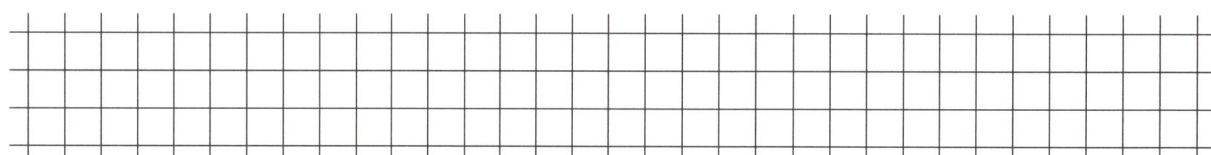

b) Begründe, für welches Darlehen du dich entscheiden würdest.

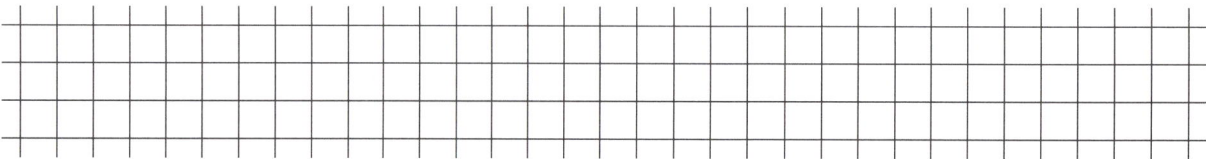

Tipp zu a): Formel: $Z = K \cdot \frac{p}{100}$
zu b): Zinsfestschreibung ist der Zeitraum, in dem sich die Zinsen nicht verändern. Im Anschluss an diesen Zeitraum werden sie den aktuellen Zinsen angepasst.

E-Niveau

In einem Möbelhaus gibt es eine Rabattaktion, bei der man die 19 % Mehrwertsteuer geschenkt bekommt. Familie Andersen möchte ein Sofa, einen Esstisch und 6 Stühle der Linie Elegant kaufen.

Linie *Elegant*

Sofa **499 €**
Esstisch **219 €**
Stuhl **55 €**

a) Berechne, was Familie Andersen zahlen muss.

b) Bei Barzahlung erhält die Familie weitere 3 % Skonto. Berechne den Barkaufpreis.

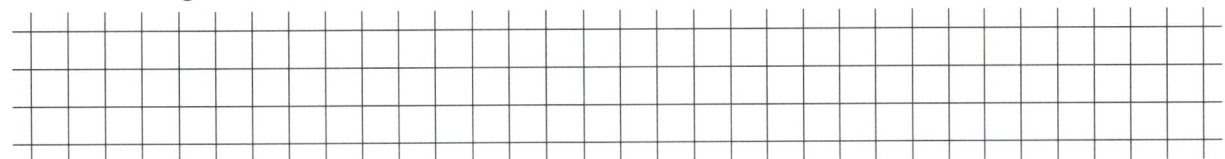

c) Wieviel Euro des Originalkaufpreises spart Familie Andersen beim Barkauf insgesamt? Berechne auch den gesparten Prozentsatz.

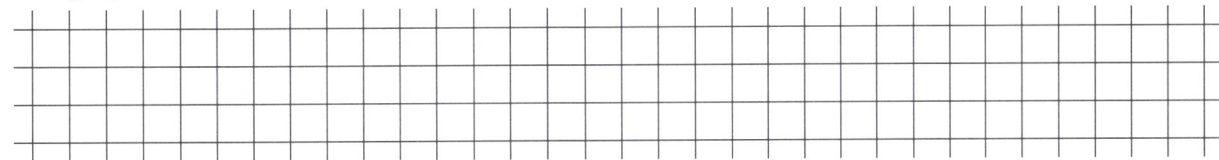

Tipp: Skonto bedeutet Rabatt

Kredit und Zinsen

E-Niveau

Diese Werbung hängt in einer Bank.

a) Berechne die Zinsen für das erste Jahr bei beiden Varianten.

> **Erfüllen Sie sich den Traum von Ihrem Eigenheim!**
>
> *Darlehen 1:*
> 250 000 €
> 2,1 % effektiver Jahreszins
> 10 Jahre Zinsfestschreibung
>
> *Darlehen 2:*
> 250 000 €
> 1,35 % effektiver Jahreszins
> 20 Jahre Zinsfestschreibung

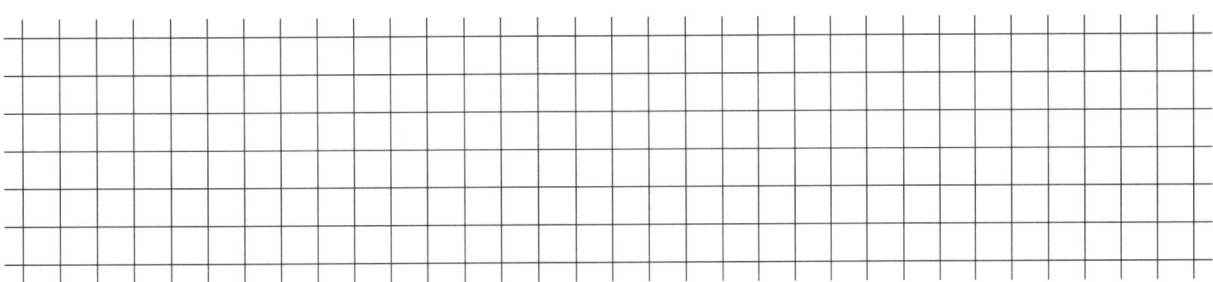

b) Begründe, für welches Darlehen du dich entscheiden würdest.

Tipp zu a): Formel: $Z = K \cdot \frac{p}{100}$
zu b): Zinsfestschreibung ist der Zeitraum, in dem sich die Zinsen nicht verändern. Im Anschluss an diesen Zeitraum werden sie den aktuellen Zinsen angepasst.

Größen abschätzen

G-Niveau

a) Diese Bronzestatue des Hundes Hachikō, dem treuesten Hund Japans, steht unweit des Bahnhofs Shibuya in Tokio.
Der Granitblock, auf dem die Statue aufgestellt wurde, steht auf einem Sockel, der eine Höhe von ca. 20 Zentimetern hat. Bestimme das ungefähre Gewicht des Granitblocks, auf dem die Statue steht. Granit wiegt $2{,}8\ \frac{t}{m^3}$.

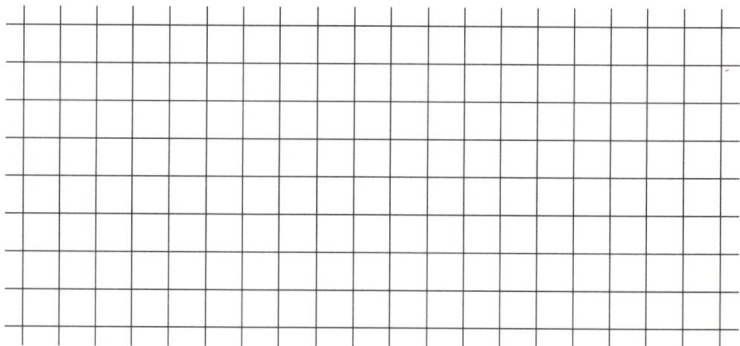

Tipp: Wie breit sind die Fliesen am unteren Sockel?

b) Ein toter Blauwal wurde nahe einer Kleinstadt am Strand angespült. Die Gemeinde möchte den toten Wal so schnell wie möglich beseitigen. Ein Bauunternehmer bietet seinen Kran an, mit dem der Meeressäuger auf ein Schleppboot gehoben werden könnte. Der Kran kann maximal 150 Tonnen heben. Schätze, ob der Kran den Wal heben kann.

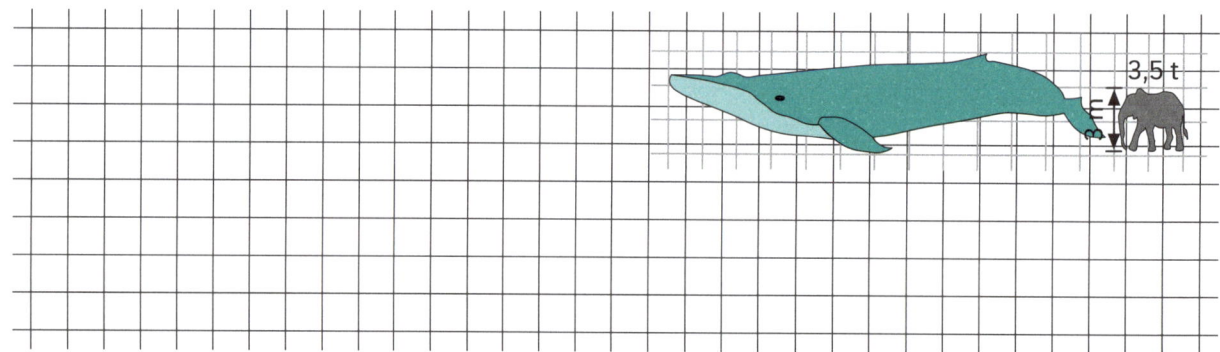

Tipp: Wie viele Elefanten passen über- und nebeneinander in den Wal? Zeichne es ein. Beachte, dass ein Wal breiter ist als ein Elefant.

c) Michael kauft sich in einem Café diesen Crêpe mit Eis, Erdbeeren und Schokokeksen darin. Er bezahlt 5 €. Hinterher fragt er sich, wie viele Milliliter Eis wohl in den Crêpe passen und wie teuer es wäre, diese Süßspeise zu Hause nachzumachen. Berechne die ungefähren Kosten.

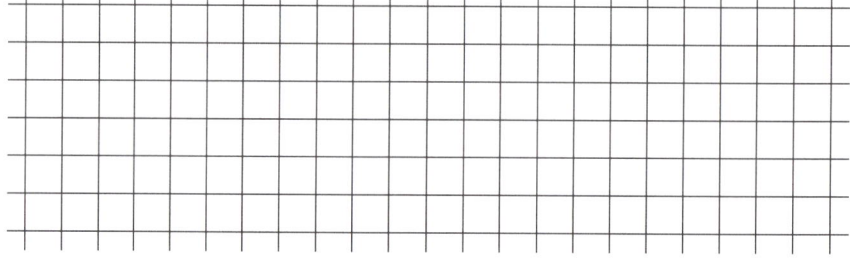

E-Niveau

© Julia Hartmann, Ilsede

Tipp: Zerlege das Entenhaus in einen Kegel und zwei Halbkugeln.

a) Mayu fotografiert in einem Park in ihrer Stadt dieses Entenhaus. Es ist ungefähr 2 Meter hoch und wurde in Einzelteilen aus Beton gegossen.

Sie weiß, dass 1 m³ Beton aus Kies 2,3 Tonnen wiegt. Berechne das ungefähre Gewicht der oberen 3 Elemente. Gehe davon aus, dass die verschiedenen Körper massiv sind.

Skizze des Hauses:

b) Ein Konsumforscher vermutet, dass die Shibuya-Kreuzung in Tokio an Sonntagen von einem Viertel der sonst üblichen Menschenmenge frequentiert wird. An Regentagen sind es zusätzlich nochmal 25 % weniger Menschen.

Das Bild rechts wurde an einem regnerischen Sonntag aufgenommen. Der Forscher schätzt, dass 20 % der Personen, die die Kreuzung überqueren, hinterher in einem der Cafés ein Getränk trinken.

Falls diese Theorie stimmt, wie viel Geld würden die Cafés an sonnigen Tagen (zusammen) nach einer Ampelphase einnehmen, wenn ein Getränk umgerechnet 4 € kostet?

© Julia Hartmann, Ilsede

Tipp: Schätze die Anzahl der Personen auf der Kreuzung.
Berechne nun die Anzahl der Personen bei Sonnenwetter und bestimme, wie viele Personen es unter der Woche bei sonnigem Wetter sind. Wie viele Personen trinken ein Getränk?

47

Daten und Diagramme

G-Niveau

Die Zahl der Privatbesucherinnen und -besucher der Frankfurter Buchmesse schwankt von Jahr zu Jahr.

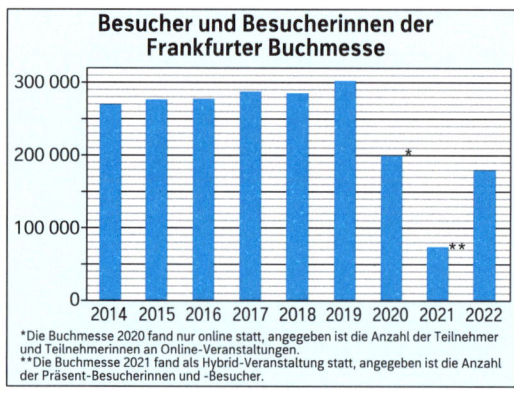

a) Lies die Kennwerte (Maximum, Minimum, Spannweite, Median) ab und erkläre, was diese Werte jeweils bedeuten.

Maximum: _____

Minimum: _____

Spannweite: _____

Median: _____

b) Ein Ticket kostete für Privatbesucher 2018 genau 22 €. Wie viel Prozent mehr Einnahmen hatten die Veranstalter 2018 im Vergleich zu 2014 gehabt? Gehe davon aus, dass das Ticket 2014 ebenfalls 22 € kostete.

Anzahl der Besucher 2014: _____ Anzahl der Besucher 2018: _____

c) Berechne die durchschnittliche Besucherzahl der Frankfurter Buchmesse zwischen 2014 und 2022. Überlege dann, ob dieser Wert hier sinnvoll ist. Beachte dazu auch die Fußnoten im Diagramm.

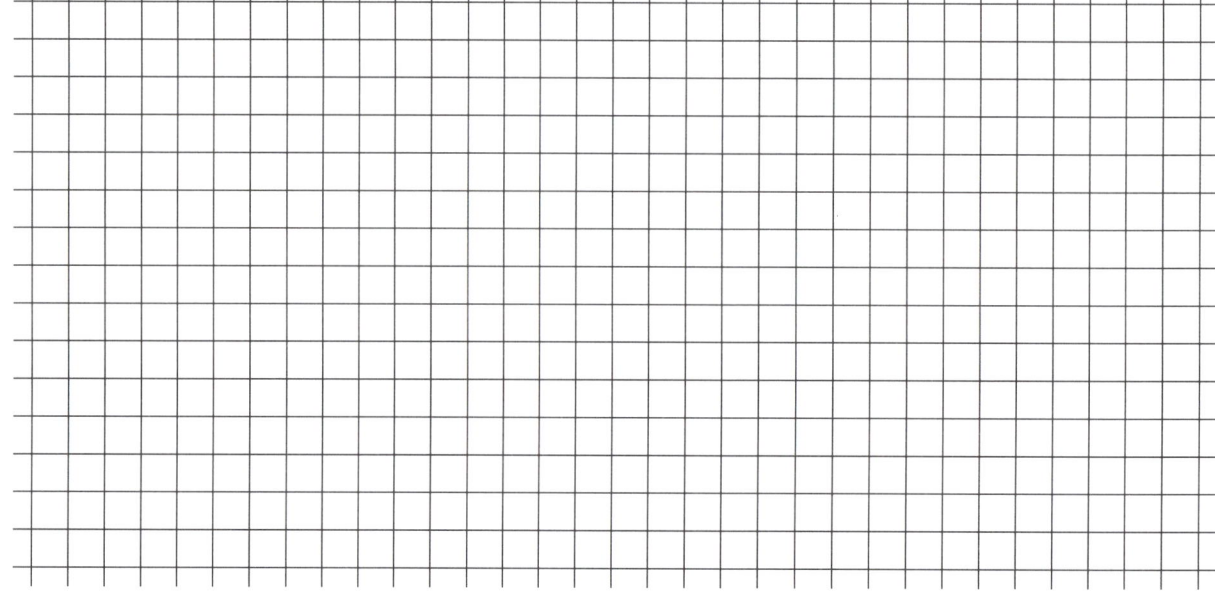

E-Niveau

Die Grafik gibt an, wir viel Prozent aller Einwohner der 10 größten ost- und westdeutschen Städte 2015 in einer Wohnung oder einem Haus wohnten, die ihnen selber gehören (Eigentumsquoten).

Top 10 West		Top 10 Ost	
Hamburg	23,3	Berlin	14,8
München	23,8	Dresden	13,7
Köln	26,0	Leipzig	11,1
Frankfurt a.M.	19,2	Chemnitz	14,5
Stuttgart	30,5	Halle / Saale	13,9
Düsseldorf	22,7	Magdeburg	16,0
Dortmund	26,4	Erfurt	19,9
Essen	25,7	Rostock	13,0
Bremen	38,4	Potsdam	15,3
Hannover	37,4	Jena	20,4

a) Lies die Kennwerte (Maximum, Minimum, Spannweite, Median) für Ost und West ab und erkläre, was diese Werte jeweils bedeuten.

Maximum: _____

Minimum: _____

Spannweite: _____

Median: _____

b) Berechne jeweils den Durchschnitt der Eigentumsquoten in Ost und West.
Vergleiche sie miteinander.

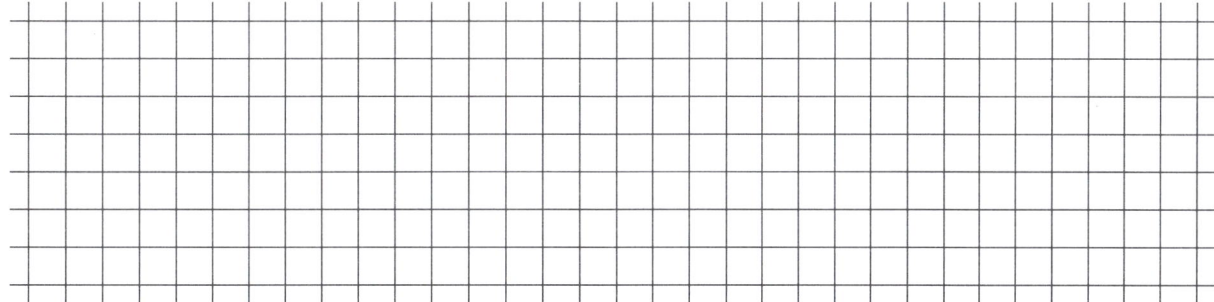

c) Hannover hatte 2015 genau 538 068 Einwohner. Wie viele Einwohner besaßen demnach 2015 Eigentum?

d) Beurteile, ob es sinnvoller wäre, die Angaben nicht in Prozenten, sondern in Einwohnerzahlen zu machen.

_____

_____

_____

_____

Ein Swimmingpool wird gefüllt

Swimmingpools werden gleichmäßig schnell mit Wasser befüllt. Die Füllhöhe soll in Graphen dargestellt werden.

G-Niveau

a) Begründe, warum beide Graphen im Ursprung beginnen müssen.
b) Welcher Graph passt zu welchem Pool?
c) Zeichne einen passenden Graphen für den verbliebenen Pool.

E-Niveau

a) Begründe, warum alle Graphen im Ursprung beginnen müssen und warum man nur den 1. Quadranten des Koordinatensystems benötigt.
b) Ordne die Graphen den Pools zu.
c) Zeichne selbst den Graphen zu dem verbliebenen Pool.

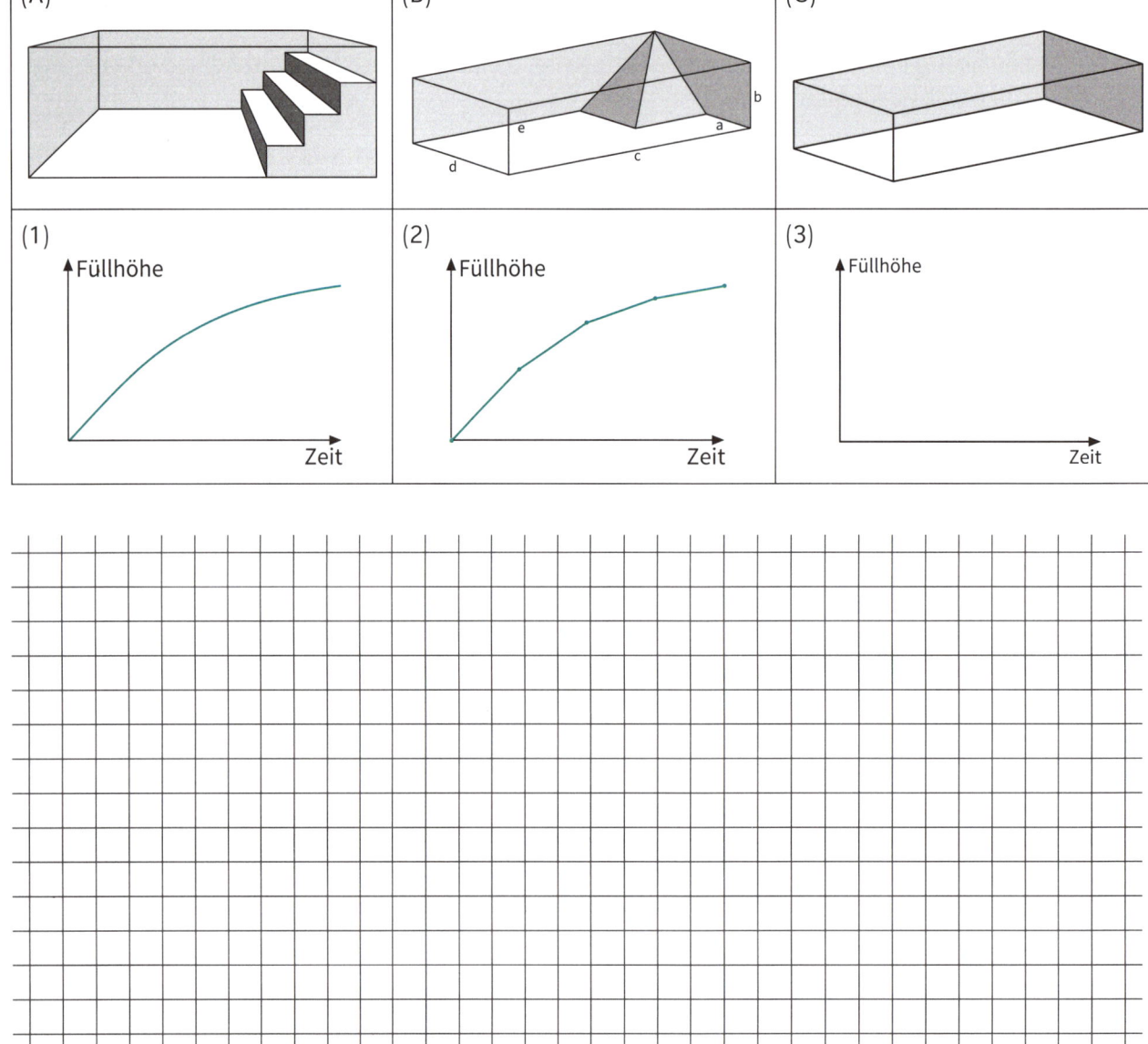

Tipp: zu a): Der Ursprung eines Koordinatensystems ist der Nullpunkt für x und y.
zu b): Der Pool mit Stufe hat einen Graphen, der ebenfalls in Stufen verläuft.
zu c): Die Befüllung des 3. Pools verläuft linear.

Wasser läuft in Flaschen

G-Niveau

Clara hat 3 Gefäße vor sich. In jedes Gefäß wird gleichmäßig Wasser eingegossen. Clara zeichnet Graphen, die veranschaulichen sollen, wie sich die Füllhöhe im Gefäß mit der Zeit verändert.

a) Begründe, warum es richtig ist, im Ursprung mit dem Graphen zu beginnen.
b) Welcher Graph gehört zu welchem Gefäß?
c) Es bleibt ein Gefäß übrig. Zeichne selbst einen passenden Graphen.

E-Niveau

Clara hat 3 Gefäße vor sich. In jedes Gefäß wird gleichmäßig Wasser eingegossen. Clara zeichnet Graphen, die veranschaulichen sollen, wie sich die Füllhöhe im Gefäß mit der Zeit verändert.

a) Begründe, warum es richtig ist, im Ursprung mit dem Graphen zu beginnen und als Koordinatensystem nur den 1. Quadranten zu wählen.
b) Welcher Graph gehört zu welchem Gefäß? Begründe.
c) Es bleibt ein Gefäß übrig. Zeichne selbst einen passenden Graphen.

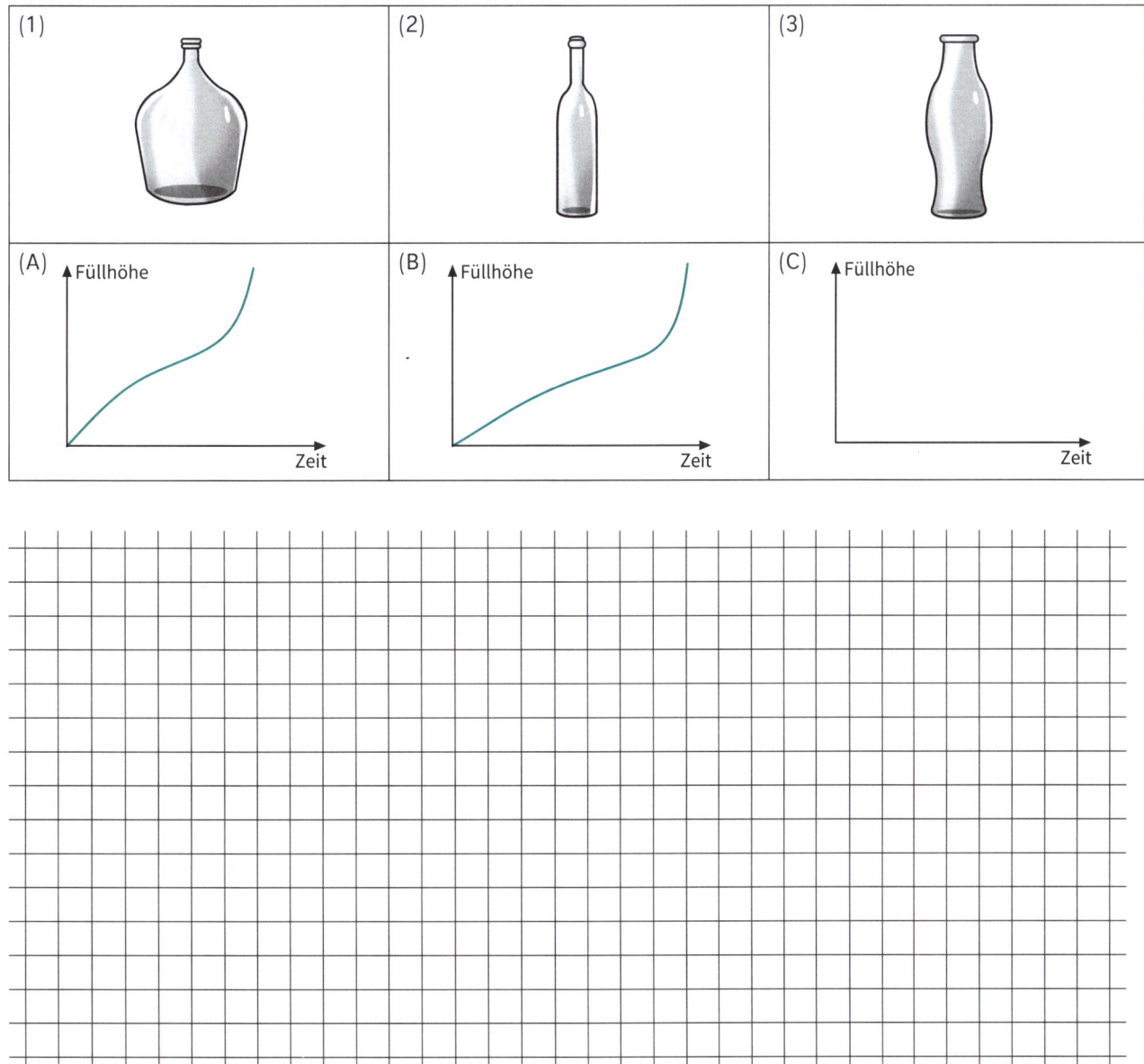

(1)　　(2)　　(3)

(A) Füllhöhe / Zeit　　(B) Füllhöhe / Zeit　　(C) Füllhöhe / Zeit

Telefontarife 1

G- und E-Niveau

Betrachte den Graphen. Welches der Angebote für Telefontarife wird dort dargestellt? Begründe!

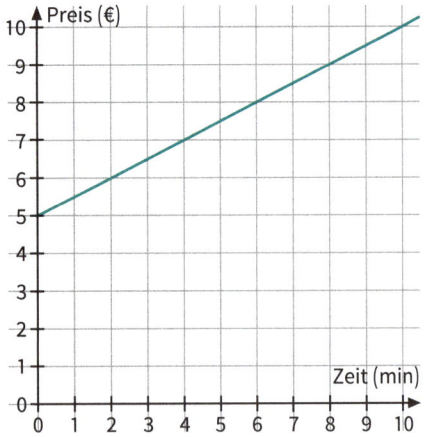

Angebot A.
0,25 € die Minute plus 5 € Grundgebühr.

Angebot B:
0,5 € die Minute, dafür keine Grundgebühr und einen bunten Hut.

Angebot C:
0,5 € pro Minute plus 5 € Grundgebühr.

Tipp: Die Grundgebühr ergibt den y-Achsenabschnitt und die Steigung ergibt sich aus dem Preis pro Kilowattstunde.

E-Scooter mieten

G- und E-Niveau

Elisa möchte sich einen E-Scooter leihen. Die Grundgebühr beträgt 1 €, dazu fallen 0,50 € pro Stunde an.

a) Stelle eine passende Funktionsgleichung zum Tarif auf.

b) Beschrifte das Koordinatensystem und zeichne den Graphen zu diesem Tarif.

c) Wie lange kann Elisa den Scooter mieten, wenn sie 20 € zur Verfügung hat?

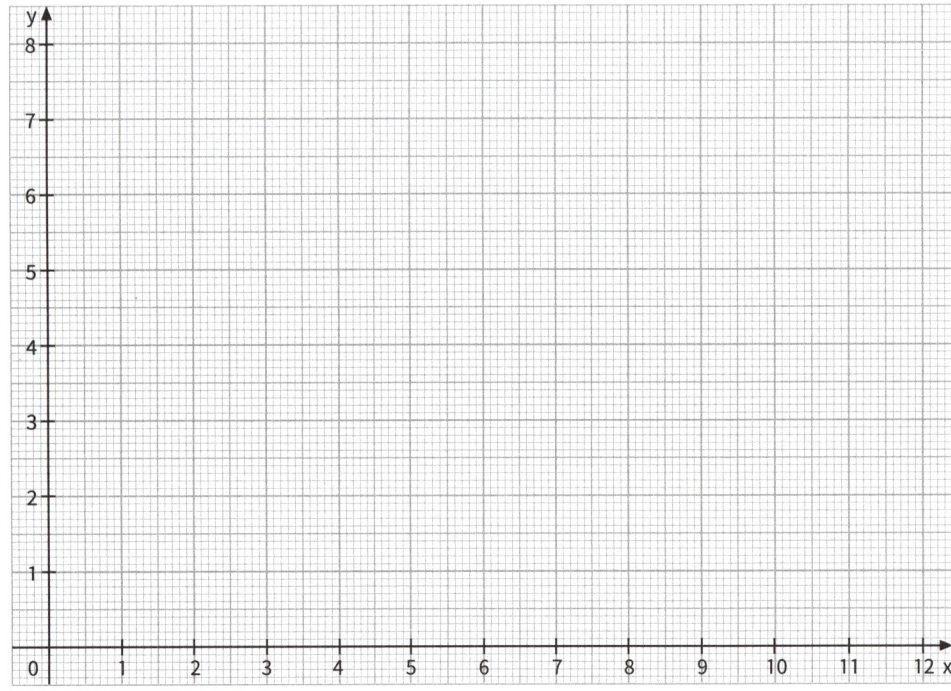

Telefontarife 2

G-Niveau

Folgendes Angebot für das Telefonieren (Festnetz) wird gemacht.

Leketon: monatlicher Grundpreis: **18 €**, 3 Cent pro Minute Telefonat

a) Stelle eine Funktionsgleichung auf, mit der du die Kosten bezogen auf die Länge der Telefonate ermitteln kannst.

b) Kevin hat sich ein weiteres Angebot eingeholt, es handelt sich um eine Flat. Mit 30 € ist im Monat alles abgegolten, was Kevin an Gesprächen führt. Wie lange könne er für 30 € bei Leketon telefonieren?

c) 30 € sind für Kevin viel Geld. Darum überlegt er, unter welchen Voraussetzungen er lieber die Flat oder lieber das Leketon-Angebot nehmen sollte. Hilf ihm und gib ihm einen genauen Anhaltspunkt, ab wann welches Angebot für ihn besser ist.
(Löse zeichnerisch und rechnerisch).

E-Niveau

Folgendes Angebot für das Telefonieren (Festnetz) wird gemacht.

Leketon: monatlicher Grundpreis: **18 €**, 3 Cent pro Minute Telefonat

a) Acki möchte dieses Angebot mit seinem aktuellen Vertrag vergleichen, findet ihn aber auf die Schnelle nicht. Er weiß aber noch, dass er im Vormonat für 60 Minuten 18,40 € bezahlt hat und davor für 90 Minuten 19,60 €. Bestimme den Grundpreis und den Preis pro Minute bei seinem aktuellen Vertrag.

b) Vergleiche beide Angebote miteinander. Ab wann ist welches Angebot besser? (Löse zeichnerisch und rechnerisch.)

c) Acki sieht ein Angebot für eine Flatrate, die ihn 25 € im Monat kosten würde. Damit könnte er telefonieren so lange er will. Wie lange könnte er beim Angebot von Leketon für 25 € telefonieren?

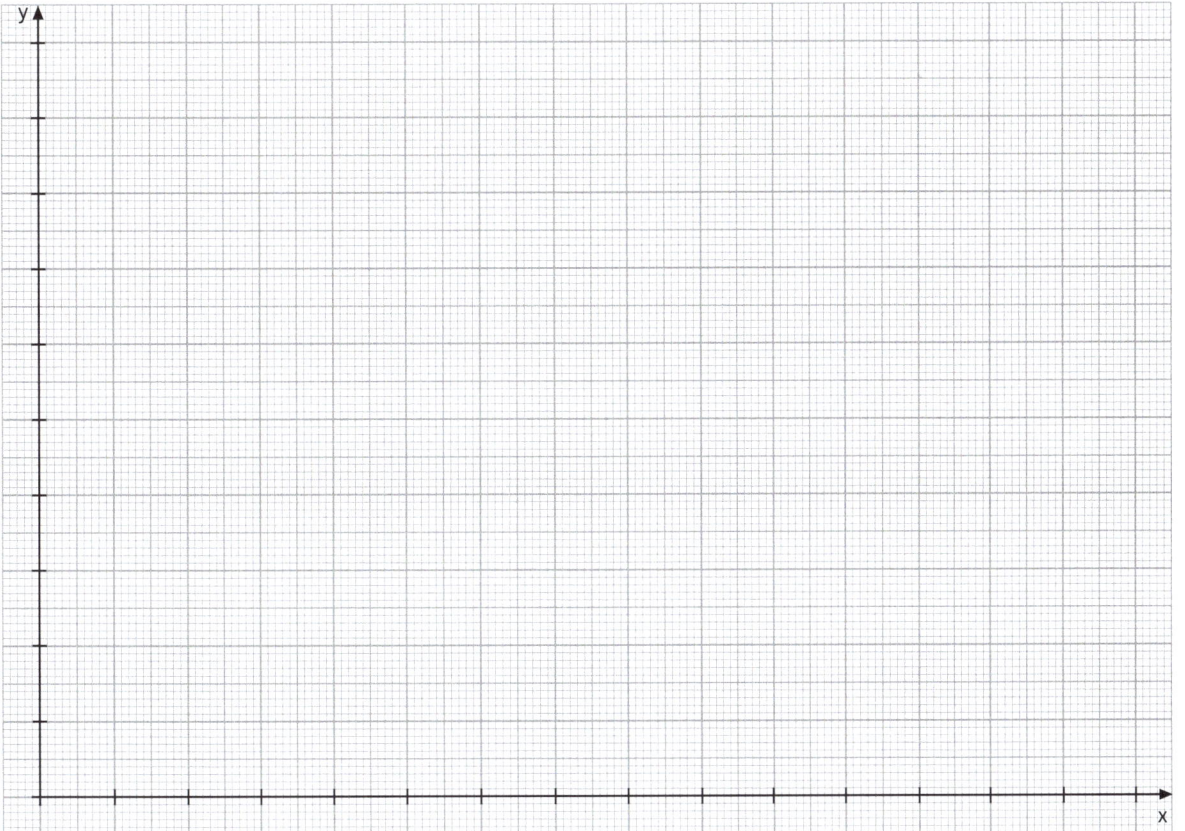

Tipp: Achte auf die Einheiten in der Gleichung und überlege dir zunächst, wie du die Achsen des Koordinatensystems einteilst.

Flugbahnen

G-Niveau

Hamza ist in seinem Verein der beste Torschütze. Dafür trainiert er hart. Wenn er nicht gerade in der Schule oder beim Training ist, übt er Zielschießen im Hof hinter dem Haus. Heute schießt er einen Ball von einem Punkt in ein paar Metern Entfernung zum Haus in einem Parabelbogen nach oben in Richtung Hauswand. Der Ball fliegt knapp am Baum vorbei, der dort 4 m hoch und 2 m breit ist und dann weiter nach oben, genau in das anvisierte (geöffnete) Fenster in 6 Metern Höhe.

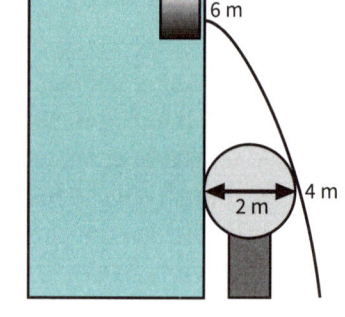

a) Stelle eine Funktion zur Berechnung der Flugbahn auf.
Punkte, durch die die Flugbahn verläuft:

P_1 (_____ | _____)

P_2 (_____ | _____)

Grundgleichung: _____

Rechnung:

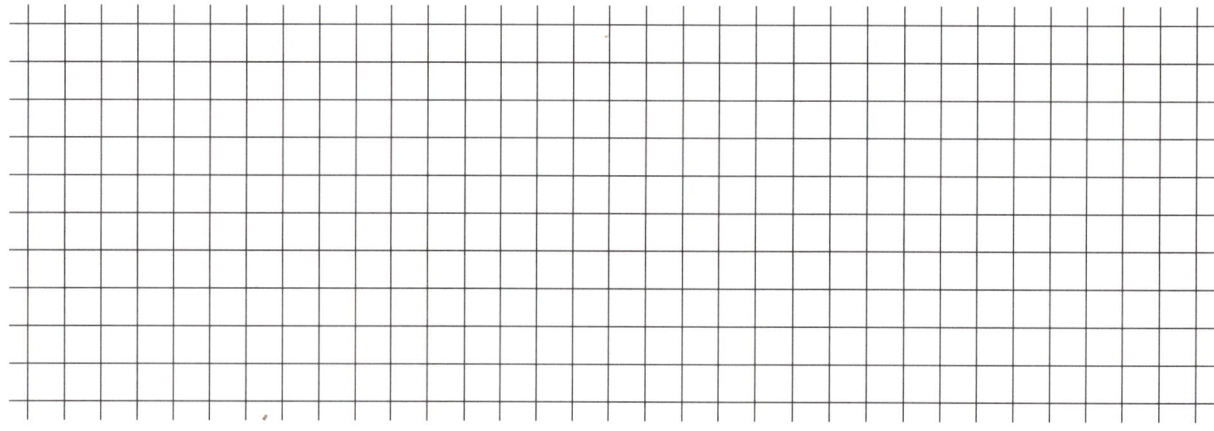

Lösung: _____

b) In welcher Entfernung zum Haus steht Hamza?

Gesucht: _____

Rechnung:

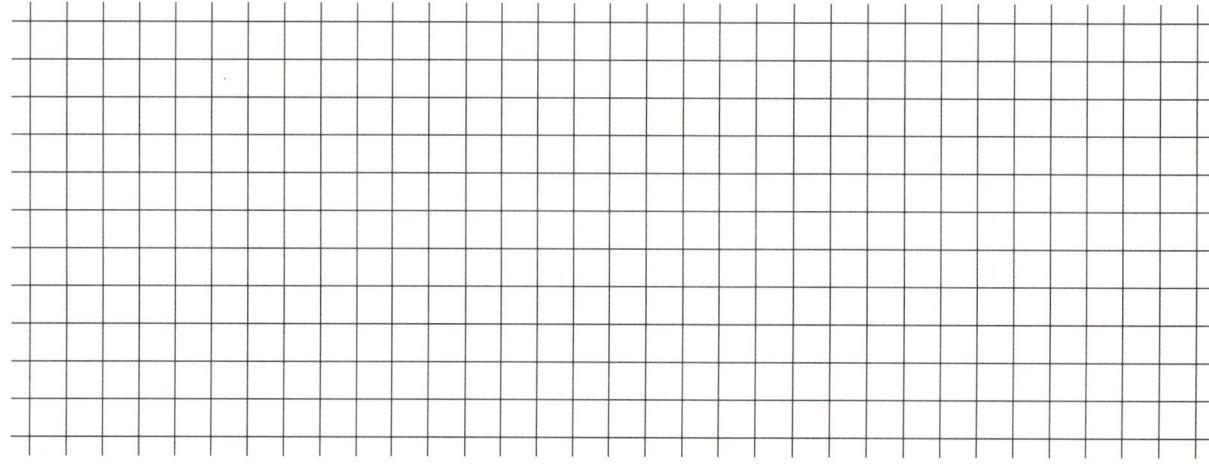

Lösung: _____

E-Niveau

Björn ist der beste Torwart, den sein Verein jemals hatte. Neben seinen Qualitäten im Tor kann Björn einen Ball sehr weit ins Feld werfen. Mit seiner besonderen Technik schafft er es, den Ball mit der Flugbahn einer nach unten geöffneten Parabel zu werfen.

Nach 18 Metern erreicht der Ball mit 3,5 Metern seinen höchsten Punkt. Sein Trainer berechnet nach einem Spiel die Flugbahn des Balls, um herauszufinden, ab welcher Entfernung 2 Meter große Gegenspieler den Ball mit dem Kopf erreichen können.

Er bestimmt die Funktionsgleichung: $f(x) = -0{,}108x^2 + 0{,}39x$

a) Überprüfe rechnerisch, ob das stimmt und korrigiere ggf. die oben angegebene Funktionsgleichung.

Allgemeine Gleichung: _____

ges.: a, b

b) In welcher Entfernung zu Björn können 2 Meter große Spieler den Ball mit dem Kopf erreichen?

c) Marc, ein Spieler der eigenen Mannschaft, stellt sich in 37 Metern Entfernung zu Paul auf den Platz, doch der Ball fällt ein Stück weiter vorne auf den Boden und ein gegnerischer Spieler schnappt ihm den Ball weg.
Der Trainer sagt zu Björn: „Hättest du so geworfen, dass der Ball überall genau einen Meter höher fliegt, dann wäre er Marc genau vor die Füße gefallen." Überprüfe rechnerisch, ob das stimmt und korrigiere diese Aussage.

Gleichungen und Zahlenrätsel

G- und E-Niveau

Stelle eine Gleichung auf und löse sie.

1 a) Die Summe aus dem Quadrat einer Zahl und der Zahl ergibt 272.

b) Addiert man zu einer Zahl 3 und quadriert die Summe, so erhält man 441.

c) Die Seitenlängen eines Rechtecks unterscheiden sich um 12 cm. Der Flächeninhalt des Rechtecks beträgt 325 cm². Wie lang sind die Seiten?

2 Überprüfe den Lösungsweg. Finde den Fehler und korrigiere ihn.

a) $x^2 - x + 6 = (30 + 1) - x$

$x^2 - x + 6 = 31 - x$ $\qquad | + x$

$x^2 + 6 = 31$ $\qquad | - 6$

$x^2 = 25$ $\qquad | \sqrt{}$

$x = 5$

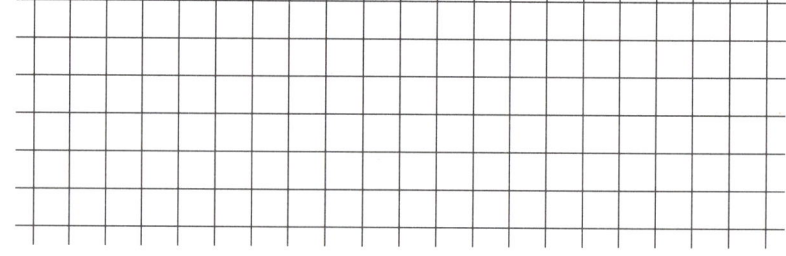

b) $(x - 8)(x - 8) = 0$

$x^2 - 8x + 8x + 64 = 0$

$x^2 + 64 = 0$ $\qquad | - 64$

$x^2 = -64$ $\qquad | \sqrt{}$

$x = \pm 8$

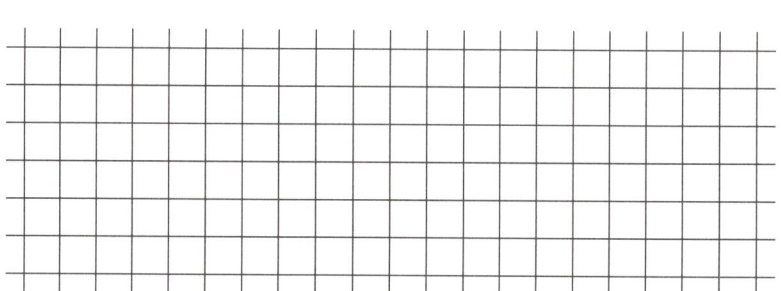

3 G-Niveau

Löse die Gleichungen.
a) $x^2 - 49 = 0$
b) $100 + x^2 = 0$

E-Niveau

Löse die Gleichungen.
a) $x^2 + 12x + 36 = 0$
b) $x^2 - 8x = 0$

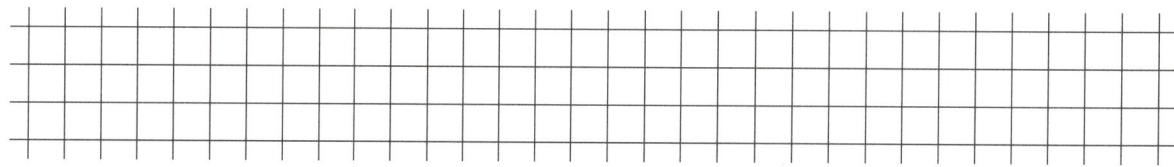

Tipp zu 1: Bringe die Gleichungen in die Normalform und löse mit der pq-Formel.
zu 2: Beim Ziehen der Wurzel aus einer positiven Zahl ergeben sich zwei mögliche Lösungen.
zu 3: Im Bereich des Reellen kann man aus negativen Zahlen keine Wurzel ziehen.

FiNALE
Prüfungstraining

Niedersachsen

**Abschluss 10. Klasse
Integrierte Gesamtschule**
Mathematik · G- und E-Kurs

2024

Lösungen

Julia Hartmann
Jutta Klein

l: 30 cm,
137,17 cm³
0,014 m³

Basisaufgaben

6

Rechnen und Ordnen

G-Niveau

1 $25\% = \frac{1}{4} = 0{,}25$; $10\% = \frac{5}{50} = 0{,}1$;

$12{,}5\% = \frac{1}{8} = 0{,}125$; $15\% = \frac{3}{20} = 0{,}15$;

$60\% = \frac{3}{5} = 0{,}6$; $3\% = \frac{3}{100} = 0{,}03$

2 a) $-0{,}5 < 0{,}3 < \frac{1}{2} < \frac{3}{4} < \frac{9}{10} < 1$

b) $0{,}4 < \frac{1}{2} < \frac{3}{5} < 0{,}7 < \frac{80}{100} < \frac{18}{20}$

c) $-1\frac{1}{2} < -0{,}9 < -\frac{3}{4} < -\frac{1}{3} < -\frac{1}{9} < 0{,}1$

3 a) $1\frac{1}{2} + 3 = 4\frac{1}{2}$

b) $15{,}75 - 12{,}25 = 3{,}5$

c) $377 : 29 = 13$

d) $(-12) \cdot (-14) = 168$

4 a) $10\,305$ b) $0{,}14$ c) 156 d) $-9{,}5$
e) $29{,}5$ f) $0{,}05$

5 $\frac{2}{9} \cdot 4 = \frac{8}{9}$ $2\frac{1}{2} : 5 = \frac{1}{2}$ $8 : \frac{2}{6} = 24$

$\frac{3}{4} - \frac{1}{2} = \frac{1}{4}$ $3\frac{3}{4} - 2{,}4 = 1{,}35$ $\frac{2}{7} + \frac{3}{14} = \frac{1}{2}$

E-Niveau

1 $412{,}5\% = 4\frac{1}{8} = 4{,}125$; $33{,}\overline{3}\% = \frac{1}{3} = 0{,}\overline{3}$;

$9{,}5\% = \frac{19}{200} = 0{,}095$; $15\% = \frac{3}{20} = 0{,}15$;

$10\% = \frac{5}{50} = 0{,}1$; $175\% = 1\frac{3}{4} = 1{,}75$

2 a) $-\frac{1}{2} < -0{,}45 < 0{,}3 < \frac{1}{2} < \frac{3}{4} < \frac{1}{1} < 1\frac{2}{5}$

b) $-1\frac{1}{2} < -\frac{7}{5} < -1{,}2 < -1\frac{1}{8} < -\frac{3}{4} < -0{,}6$

3 a) $\frac{3}{4} \cdot 12 = 9$ b) $\frac{2}{5} \cdot (-3{,}5) = -1{,}4$

c) $2{,}7 + (-1{,}8) = 0{,}9$

d) $-6{,}5 - 4{,}2 = -10{,}7$

e) $(-37{,}7) : (-2{,}9) = 13$

f) $(-1{,}2) \cdot 14{,}7 = -17{,}64$

g) $\frac{1}{2} \cdot (1{,}75 + 23{,}25) = 12{,}5$

h) $\frac{(-3)^3}{9} = -3$

4 a) $\frac{2}{3} \cdot \frac{4}{5} = \frac{8}{15}$ b) $\frac{3}{4} : \frac{2}{8} = \frac{24}{8}$

c) $\frac{4}{1} \cdot \frac{3}{7} = 1\frac{5}{7}$ d) $\frac{10}{2} : \frac{5}{2} = 2$

e) $\frac{3}{5} \cdot \frac{3}{2} = \frac{9}{10}$ f) $\frac{2}{3} : \frac{1}{2} = \frac{4}{3}$

8

Schätzen

Beim Schätzen kommt es nicht darauf an, die genauen Ergebnisse zu erraten, sondern mithilfe bekannter Größen das Ergebnis ungefähr zu ermitteln.

G-Niveau

1 Handspanne eines Erwachsenen: ca. 20 cm; also: Länge Handy: ca. 12 cm; Länge Uhr: ca. 22 cm

2 Es ist $0{,}1\ m^3 = 100\ l$ oder $1\ dm^3 = 1$ Liter. Maße Badewanne: ca. 180 cm lang (18 dm); ca. 50 cm hoch (5 dm), ca. 50 cm breit (5 dm). Mit $5 \cdot 5 \cdot 18 = 450$ passt am besten $500\ l = 0{,}5\ m^3$.

3 $6 \cdot 1{,}5\ cm \cdot 1{,}5\ cm = 13{,}5\ cm^2 \approx 14\ cm^2$ Am besten passt also $15\ cm^2$ oder $1500\ mm^2$

4 Maße: Breite 60 cm, Höhe 30 cm, Tiefe 30 cm (geschätzt), damit ergibt sich ein Volumen von etwa $54\,000\ cm^3 = 54\ dm^3 = 54\ l$.

5 Eine Stufe ist ca. 16 cm hoch. Das gesamte Denkmal ist etwa 19 Mal so hoch wie eine Stufe.
$16\ cm \cdot 19 = 304\ cm$, das Denkmal ist also etwa 3 m hoch.

E-Niveau

1 Handspanne eines Erwachsenen: ca. 20 cm. Der Becher ist etwa kugelförmig, $d \approx 10\ cm$; $V \approx 524\ cm^3$; die lange Vase ist zylinderförmig: $d \approx 4\ cm$, $h \approx 28\ cm$; $V \approx 352\ cm^3$; das Glas ist ebenfalls zylinderförmig: $d \approx 6\ cm$, $h \approx 15\ cm$; $V \approx 424\ cm^3$

2 Ein Tennisball hat einen Durchmesser von 6,5 cm. Der Radius ist demnach $r = 3{,}25\ cm$, sein Volumen $V \approx 143{,}8\ cm^3$. Die korrekten Antworten sind also „ca. 0,144 dm³" und „ca. 144 cm³".

3 Länge 10 m, Breite 4 m, geschätzte Tief 3 m; $V = 10\ m \cdot 4\ m \cdot 3\ m = 120\ m^3$ $120\ m^3 = 120\,000\ l$: Die Antwort „ca. 120 000 l" ist richtig.

4 Geschätzter Durchmesser der Kuge also $r = 15\ cm$. $V = \frac{4}{3} \cdot \pi \cdot r^3 = \frac{4}{3} \cdot \pi \cdot (15\ cm)^3 = 14$ Das Volumen etwa $14\,000\ cm^3 =$

5 Das Eingangstor ist in der Realität ca. 3 m hoch. Die Kirche ist ca. 8,5-mal so hoch wie das Tor, also 3 m · 8,5 = 25,5 m. Der Kirchturm ist ca. 25 m hoch.

10 Daten

G-Niveau

1 Maximum (höchster Wert): 50 %, Minimum (kleinster Wert): 30 %, Spannweite (Unterschied zwischen Maximum und Minimum): 20 %; arithmetisches Mittel: 39,5 %
Die Daten sind so nicht aussagekräftig. Es wird weder angegeben, in welchem Zeitraum der Rückgang erfolgte, noch ist klar, ob sich die Prozentzahlen auf den Rückgang oder den restlichen Bestand der Insektenart beziehen.

2 a) Summe der Fans: 300
relative Häufigkeiten
Werder Bremen: 15,$\overline{3}$ %; Borussia Dortmund: 13,$\overline{3}$ %; FC Bayern München: 23 %; Arminia Bielefeld: 4,$\overline{6}$ %; Hannover 96: 10 %; Hamburger SV: 9,$\overline{6}$ %; FC Schalke 04: 24 %
b) Rangliste: FC Schalke 04 – FC Bayern München – Werder Bremen – Borussia Dortmund – Hannover 96 – Hamburger SV – Arminia Bielefeld
Demnach ist Schalke 04 der beliebteste Verein in Jans Stadt, dicht gefolgt vom FC Bayern München und Werder Bremen. Arminia Bielefeld wurde am seltensten genannt.
c) Maximum: Schalke 04; Minimum: Arminia Bielefeld
d)

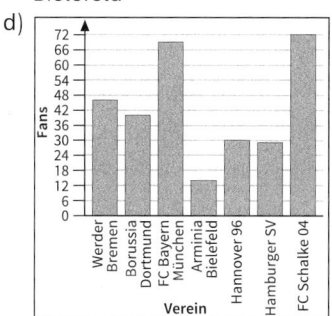

e) 42,86

3 a) Absolute Häufigkeiten: USA: 4; Spanien: 70; Frankreich: 14; Russland: 20; Türkei: 40; Niederlande: 24; Polen: 28
b) Sektoren: USA: 7,2°; Spanien: 126°; Frankreich: 25,2°; Russland: 36°; Türkei: 72°; Niederlande: 43,2°; Polen: 50,4°

E-Niveau

1 Maximum (höchster Wert): 37 %; Minimum (niedrigster Wert): 4 %; Spannweite (Abstand zwischen dem höchsten und dem niedrigsten Wert): 33 %; arithmetisches Mittel (durchschnittliche Prozentzahl): 20 %
Die Daten sind relativ aussagekräftig, da viele Schülerinnen und Schüler befragt wurden und alle relevanten Informationen angegeben wurden, z. B. der Zeitraum, auf den sich die Aussage bezieht.

2 a) Absolute Häufigkeiten: Kindle: 322; iPad: 178; iPhone: 44; Android-Smartphone: 59; Android-Tablet: 181, Windows-Tablet: 30; Tolino: 148; Pocketbook: 74; Hardcover: 74; Taschenbuch: 370
Grad: Kindle: 78,3°; iPad: 43,3°; iPhone: 10,7°; Android-Smartphone: 14,4°; Android-Tablet: 44°, Windows-Tablet: 7,3°; Tolino: 36°; Pocketbook: 18°; Hardcover: 18°; Taschenbuch: 90°
b)

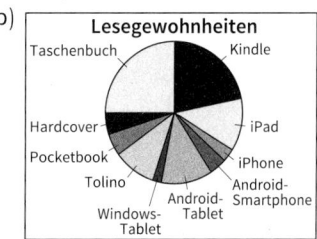

3 a) Maximum: Die größte aufgeführte Stadt ist Delhi mit 30,29 Mio. Einwohnern. Minimum: Die kleinste aufgeführte Stadt ist Shenzhen mit 12,36 Mio. Einwohnern. Spannweite: 17,93 Mio. Einwohner (Unterschied zwischen niedrigster und höchster Einwohnerzahl)
b) Summe: 211,69 Mio. Einwohner; relative Häufigkeiten: Dehli: 14,31 %; Lahore: 5,97 %; Shenzhen: 5,84 %; Sao Paulo: 9,95 %; Taijin: 6,42 %; Guangzhou: 6,28 %; Moskau: 5,92 %; Mumbai: 9,64 %; Istanbul: 7,18 %; Karachi: 7,61 %; Peking: 9,67 %; Shanghai: 11,21 %.
Diese Prozentwerte geben an, welcher Anteil der gesamten Bewohner aller dieser Städte in jeder einzelnen Stadt wohnt. Da die Auswahl dieser Städte aber willkürlich ist, bedeuten diese Zahlen nicht allzu viel.

c)

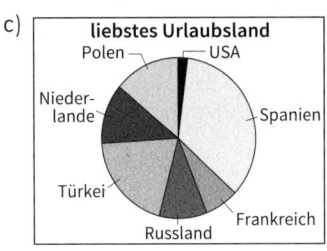

liebstes Urlaubsland
Polen · USA · Spanien · Frankreich · Russland · Türkei · Niederlande

c) arithmetisches Mittel: 17,64 Mio. Einwohner (durchschnittliche Einwohnerzahl)

d) Nein, denn die Anzahl Menschen, die in einer Stadt wohnen, gibt keine Information darüber, ob sie sich dort wohlfühlen oder die Stadt mögen.

12 Umgang mit Tabellenkalkulation

G-Niveau

1 Zählerstand: Die Anzeige des Zählers am Tag der Ablesung
Differenz: Die seit dem letzten Ablesen verbrauchte Energiemenge

2 Der Stromverbrauch steigt von Jahr zu Jahr an, der Anstieg verlangsamt sich aber.

3 Grundgebühr: 6,50 € · 12 = 78 €; Verbrauch:

$0,35 \frac{€}{kWh} \cdot 3436 \, kWh = 1202,60 \, €$;

78 € + 1202,60 € = 1280,60 €;
Familie Meyer muss 1280,60 € zahlen.

4 C4 =B4 – B3

5 Formel für den durchschnittlichen Wasserverbrauch:
=Mittelwert(G4:G7) oder
=Summe(G4:G7)/Anzahl(G4:G7)
Durchschnittsverbrauch:
(73 + 69 + 71 + 76) : 4 = 72,25

E-Niveau

1 Der Gasverbrauch unterliegt Schwankungen, er ist mal höher und mal niedriger, zuletzt eher etwas niedriger. Ursache könnte die schwankende Witterung sein. Vielleicht hat die Familie auch seit 2022 versucht, Gas zu sparen.

2 2303 – 691 = 1612: Mit dem alten Zähler wurden noch 1612 Einheiten gezählt.
36 500 + 1612 = 38 112: Der Zähler wurde bei einem Stand von 38 112 ausgetauscht.

3 Grundgebühr: 9,50 € · 12 = 114 €
Verbrauch: 2017 m³, also 19 851,314 kWh;

$0,0936 \frac{€}{kWh} \cdot 19 851,314 \, kWh = 1858,08 \, €$

Summe: 114 € + 1858,08 € = 1972,08 €:
Die Familie muss 1972,08 € bezahlen.

4 Formel für den durchschnittlichen Gasverbrauch:
=Mittelwert(E4:E7) oder
=Summe(E4:E7)/Anzahl(E4:E7)
Durchschnittsverbrauch:
(2225 + 2303 + 2017 + 2108) : 4 = 2163,25

14 Prozentrechnung

G-Niveau

1 $10 \% = \frac{1}{10} = 0,1$; $120 \% = 1,2 = \frac{6}{5}$; $1 = 100 \%$;

$0,75 = \frac{3}{4} = 75 \%$

2

Grundwert	94	16	100	250
Prozentsatz	10 %	25 %	3 %	20 %
Prozentwert	9,4	4	3	50

3 $\frac{3}{100} \cdot 436,50 \, € = 13,095 \, €$: Der Rabatt beträgt etwa 13 €.

4 Es wurde ein Viertel der Schienen neu verlegt, also 25 %.

E-Niveau

1 $10 \% = \frac{1}{10} = 0,1$; $120 \% = 1,2 = \frac{6}{5}$; $1 = 100 \%$;

$0,75 = \frac{3}{4} = 75 \%$

2

Grundwert	220	600	41 100	1200
Prozentsatz	15 %	28 %	$\frac{1}{3}$ %	150 %
Prozentwert	33	168	137	1800

3 $42 \, € \cdot \frac{119}{100} = 49,98 \, €$

4 $\frac{153 \, €}{180 \, €} = 0,85$. Der neue Preis beträgt 85 % des alten, dieser wurde also um 15 % reduziert.

5 8 % bedeutet 8 Freikarten pro 100 aus-gegebenen. Da $\frac{100}{8} = 12,5$, ist das etwas weniger als jede 12.

6 vorhandenes Geld:
60 000 € + 39 000 € = 99 000 €;
$\frac{99\,000}{0,55}$ = 180 000 €.
Das Traumhaus kostet 180 000 €.

5 „Jeder fünfte Autofahrer" bedeutet einer von fünf, also 20 von 100 und damit 20 %. 5 % entspricht fünf von 100 und ist damit jeder 20. "Jeder zehnte Autofahrer" ist einer von zehn, also 10 % und damit weniger als jeder fünfte.

6 330 000 € · $\frac{3,5}{100}$ = 11 550 €: Die Zusatz-kosten betragen 11 550 €, der neue Preis also 341 550 €.

16 Zinsrechnung

G-Niveau

1 Zinsen $\triangleq$ Prozentwert; Grundwert $\triangleq$ Kapital; Zinssatz $\triangleq$ Prozentsatz

2 a) Kapital: 250 €; Zinssatz: 8 %; Zinsen: 20 €
b) Kapital: 145 €; Zinssatz: 3 %; Zinsen: 4,35 €
c) Kapital: 25 000 €; Zinssatz: 9,5 %; Zinsen: 2375 €
d) Kapital: 2000 €; Zinssatz: 1,5 %; Zinsen: 30 €

3 3 %

4 480 €

5 4375 €

6 $K_{18} = 5000\,€ \cdot (1 + 0,04)^{18} = 10\,129,1\,€$

E-Niveau

1 Zinsen $\triangleq$ Prozentwert; Grundwert $\triangleq$ Kapital; Zinssatz $\triangleq$ Prozentsatz

2

Kapital	320 €	7050 €	7200 €	1512 €
Zinssatz	2,8 %	5 %	12,5 %	5,5 %
Zinsen	8,96 €	352,50 €	900,00 €	83,16 €

3 250 000 €

4 Bank A: Jahreszinsen 1080 €, Zinssatz 14,8 %
Bank B: Jahreszinsen 1216 €, Zinssatz 16,66 %.
Das Angebot von Bank A ist besser.

5 a) Da Lisa jedes Jahr ihre Zinsen in Höhe von 5500 € abhebt, bleibt ihr Guthaben bei 100 000 €. Sie hat in den 6 Jahren insgesamt 33 000 € Zinsen bekommen.
b) $K_6 = 100\,000\,€ \cdot (1 + 0,055)^6 = 137\,884,28\,€$

18 Gleichungen und Gleichungssysteme

G- und E-Niveau

1 a) 135 + x = 276; x = 141   b) (x + 76) + 34 = 123; x = 13   c) x – 45 = 859; x = 904
d) (x + 14) · 2 = 22; x = –3

G-Niveau

1 a) y = 2   b) y = 31

2 a) 45 – 6 · 2 = 33; 5 · 2 + 32 = 42:
Nein, y = 2 ist nicht Lösung der Glei-chung.
b) 4 · (2 · (–9) – 5) = –92;
3 · (–9) – 65 = –92:
Ja, x = –9 ist Lösung der Gleichung.

3 a) x = 1; y = 2
b) Lösungsmenge: { }
c) Lösungsmenge: $\mathbb{R}$

E-Niveau

1 y = 6   b) y = 7,8

2 Die Klammern in der ersten Zeile wurden nicht richtig aufgelöst.

$$-(x-5)^2 + 5 = -\frac{1}{2}(2x^2 - 20)$$
$$-(x^2 - 10x + 25) + 5 = -x^2 + 10$$
$$-x^2 + 10x - 25 + 5 = -x^2 + 10$$
$$10x - 20 = 10$$
$$10x = 30$$
$$x = 3$$

4 x: Alter von Phil, y: Alter seines Vaters
$7x = y$; $x + y = 40$. Lösung: $x = 5$; $y = 35$
Phil ist 5 Jahre alt, sein Vater 35.

3 a) $x = \frac{11}{5}$; $y = 1\frac{11}{15}$ b) Lösungsmenge: {}
c) $x = 1$; $y = 3$

4 $x^2 + 5x = y - 1$ $\Rightarrow y = x^2 + 5x + 1$
$2x^2 + 3x = y - 2$ $\Rightarrow y = 2x^2 + 3x + 2$
Gleichsetzen ergibt:
$\Rightarrow x^2 + 5x + 1 = 2x^2 + 3x + 2$
und daraus $0 = x^2 - 2x + 1 = (x - 1)^2$
(binomische Formel)
Man kann dann ablesen: $x = 1$; $y = 7$

20   Zuordnungen

G- und E-Niveau

1 a) proportional   b) keine   c) antiproportional   d) antiproportional (näherungsweise)
e) proportional

2 (A) keine   (B) proportional   (C) antiproportional   (D) keine

G-Niveau

1 Die Zuordnung ist proportional, weil der Quotient gleich bleibt. In die letzte Zeile muss rechts „49" stehen.

2 Elisabeth fährt 10 km pro Stunde, braucht für 30 km also 3 Stunden (wenn sie die Geschwindigkeit beibehält).

3 Die Zuordnung ist antiproportional, neun Arbeiter brauchen (näherungsweise) zwei Stunden.

E-Niveau

1 Wenn in der dritten Zeile „18" statt „16" steht, ist die Zuordnung proportional.

2 Emre benötigt $\frac{1}{4}$ Stunde für einen Kilometer, also schafft er in einer Stunde 4 km (bei gleicher Geschwindigkeit).

3

gefahrene km	Akkuverbrauch in %
10	5
20	10
30	15
40	20
120	60

b) Der Akku reicht für 200 km.
c) y: gefahrene Strecke in km;
x: Akkuverbrauch in %; $y = 2x$.

22   Lineare Funktionen

G- und E-Niveau

1 a) $m = 4$ b) $m = 2$

2 Gerade g: $m = 0{,}5$; Gerade f: $m = 2$; Gerade h: $m = 1$

3 $y = \frac{2}{3}x + 2$

G-Niveau

4 Es ist $0 = 2 \cdot 2 - 4$ und $0 = -2 + 2$:
Der Punkt $P(2|0)$ liegt auf beiden Geraden und ist deswegen ihr Schnittpunkt.

E-Niveau

4 Gleichsetzen: $-\frac{1}{4}x + 3 = 2\frac{3}{4}x - 3$
$6 = 3x$
$x = 2$; $y = 2{,}5$
Der Schnittpunkt der Geraden ist $S(2|2{,}5)$.

23 Quadratische Funktionen

G- und E-Niveau

1 Der Graph einer quadratischen Funktion mit der Gleichung $y = ax^2$ ist eine zur y-Achse symmetrische Parabel mit dem Scheitelpunkt $(0|0)$. Der Graph der Funktion $y = x^2$ heißt Normalparabel. Ist $a > 1$, so sind die Parabeln weniger weit geöffnet als die Normalparabel. Man sagt, die Parabel ist gestreckt. Wenn a negativ ist, ergibt sich als Graph eine nach unten geöffnete Parabel.

2 Der Graph ist dann eine Gerade und identisch mit der x-Achse.

3 G-Niveau: $f(x) = 2x^2$: Graph c; $g(x) = -x^2 + 4$: Graph e; $h(x) = -0,25x^2 + 1$: Graph d

E-Niveau: $f(x) = -\frac{1}{4}x^2 + 1$: Graph d; $g(x) = x^2 + 2x + 2$: Graph b; $h(x) = 2x^2$: Graph c

4 G-Niveau: Scheitelpunkt von d: $S(0|1)$; Nullstelle: $N_1(2|0)$; $N_2(-2|0)$

E-Niveau: Scheitelpunkt von b: $S(-1|1)$; keine Nullstellen

Schnittpunkt mit der y-Achse bei $x = 0$: $y = 0^2 + 2 \cdot 0 + 2$: $Y(0|2)$

5 Der Graph hat seinen Scheitelpunkt bei $S(0|0)$, ist symmetrisch zur y-Achse und ist gegenüber der Normalparabel gestaucht. Er geht durch die Punkte $(2|2)$ und $(-2|2)$. Daraus ergibt sich die Gleichung $y = 0,5x^2$.

G-Niveau

 6

x	−2	−1	0	1	2
f(x)	2	0,5	0	0,5	2

Funktionsgleichung: $f(x) = 0,5x^2$

E-Niveau

x	−2	−1	0	1	2
f(x)	−4	−1	0	−1	−4

Funktionsgleichung: $y = -x^2$

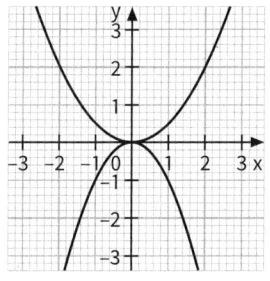

25 Exponentialfunktionen

1 $f(x) = 1,5^x$: Graph d; $g(x) = 2,5^x$: Graph c; $h(x) = 0,5^x$: Graph b; $i(x) = 3 \cdot 0,9^x$: Graph a

2 a) $f(x) = 1,25^x$; Wachstumsprozentsatz 25 %; Bedeutung: Wachstum

b) $g(x) = 0,25^x$; Wachstumsprozentsatz −75 %; Bedeutung: Zerfall

3 Allgemeine Gleichung: $f(x) = c \cdot a^x$

Einsetzen der beiden Punkte: $4 = c \cdot a^6$, also $c = \frac{4}{a^6}$

$8 = c \cdot a^4$; einsetzen des ersten Punktes: $8 = \frac{4}{a^6} \cdot a^4 = \frac{4}{a^2} \Rightarrow a^2 = \frac{4}{8} = 0,5 \Rightarrow a = \sqrt{0,5} \approx 0,7071$

$c = \frac{4}{a^6} = \frac{4}{\sqrt{0,5^6}} = 32$

$f(x) = 32 \cdot 0,7071^x$

4 a)

Monate:	1	5	10
Anzahl der Zombies:	10	6250	19 531 250

b) $f(x) = 2 \cdot 5^x$

c)

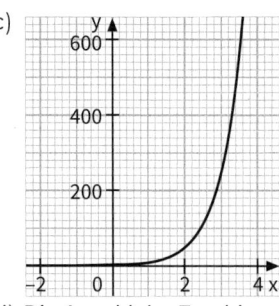

d) Die Anzahl der Zombies steigt zwischen zwei Monaten nicht um einen gleichbleibenden Wert (das wäre linear), sondern um einen Faktor. Dies bedeutet exponentielles Wachstum.

5 Für den Abnahmeprozess gilt: $f(x) = 1{,}45 \cdot 0{,}5^x$

Es wird der Zeitpunkt x gesucht, an dem $y = 0{,}15$: $0{,}15 = 1{,}45 \cdot 0{,}5^x$

$$\frac{0{,}15}{1{,}45} = 0{,}5^x$$

$$\lg \frac{0{,}15}{1{,}45} = \lg 0{,}5x$$

$$\lg 0{,}15 - \lg 1{,}45 = x \cdot \lg 0{,}5$$

$$x = \frac{\lg 0{,}15 - \lg 1{,}45}{\lg 0{,}5} \approx 3{,}27$$

Nach 3,27 Stunden ist das Gift auf 0,15 Mikrogramm gesunken und die Anwohner können die Fenster wieder öffnen.

26 Ebene Geometrie – Rechtecke und Trapeze

G-Niveau

1 $a = \sqrt{A} = \sqrt{64\ \text{cm}^2} = 8\ \text{cm}$

2 $A = 34\ \text{cm}^2$; $U = 25\ \text{cm}$

3 a) $U = 2 \cdot 5{,}5\ \text{m} + 2 \cdot 3 = 17\ \text{m}$
Der Zaun muss mindestens 17 Meter lang sein.
b) $A = 0{,}5\ \text{m} \cdot 17\ \text{m} = 8{,}5\ \text{m}^2$
Der Zaun hat eine Fläche von 8,5 m².

4 a) Die Fläche kann in zwei Teilflächen (Rechtecke) eingeteilt werden.

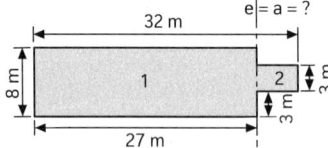

Größeres Rechteck:
$A_1 = 8\ \text{m} \cdot 27\ \text{m} = 216\ \text{m}^2$
Kleineres Rechteck:
Lange Seite: $d = 32\ \text{m} - 27\ \text{m} = 5\ \text{m}$
$A_2 = 3\ \text{m} \cdot 5\ \text{m} = 15\ \text{m}^2$
$A = A_1 + A_2 = 231\ \text{m}^2$
Der Flächeninhalt beträgt 231 m².
b) Fehlende Länge: $e = 8\ \text{m} - 3\ \text{m} - 3\ \text{m} = 2\ \text{m}$
$U = 8\ \text{m} + 27\ \text{m} + 2\ \text{m} + 5\ \text{m} + 3\ \text{m} +$
$3\ \text{m} + 27\ \text{m} = 80\ \text{m}$
Der Umfang beträgt 80 Meter.

E-Niveau

1 $a = \sqrt{A} = \sqrt{72{,}25\ \text{cm}^2} = 8{,}5\ \text{cm}$

2 zweite Seite: $b = 12\ \text{cm}$
$A = 84\ \text{cm}^2$

3 a) $b = 34\ \text{m}$;
Das Grundstück ist 34 Meter breit.
b) $U = 118\ \text{m}$
$U_{Zaun} = U - 2\ \text{m}$ (Zauntüren) $= 116\ \text{m}$
Der Zaun muss 116 Meter lang werden.
c) $A_{Zaun} = 2\ \text{m} \cdot 116\ \text{m} = 232\ \text{m}^2$
Der Zaun hätte eine Fläche von 232 m².
d) Der Zaun kostet 812 €.

4 a) Zerlege die Fläche in zwei Teilflächen.
Fläche 1: Rechteck, $a = 27\ \text{m}$, $b = 8\ \text{m}$.
$A_1 = 27\ \text{m} \cdot 8\ \text{m} = 216\ \text{m}^2$
Fläche 2: rechtwinkliges Dreieck, $c = 7{,}1\ \text{m}$
$a = 8\ \text{m} - 3\ \text{m} = 5\ \text{m}$
$b = 32\ \text{m} - 27\ \text{m} = 5\ \text{m}$
$A_2 = \frac{5\ \text{m} \cdot 5\ \text{m}}{2} = 12{,}5\ \text{m}^2$
$A = A_1 + A_2 = 228{,}5\ \text{m}^2$
b) $U = 77{,}10\ \text{m}$
Der Umfang beträgt 77,10 m

5 a) $U = 2 \cdot 7\ \text{m} + 2 \cdot 3\ \text{m} = 20\ \text{m}$. Es werden 20 m Holz für die Umrandung benötigt,
b) $A = 7\ \text{m} \cdot 15\ \text{m} = 105\ \text{m}^2$

5 $A = \dfrac{15\,\text{cm} + 10\,\text{cm}}{2} \cdot 7\,\text{cm} = 87,5\,\text{cm}^2$

6 $A = 40\,\text{cm} \cdot 30\,\text{cm} = 1200\,\text{cm}^2$ oder $12\,\text{dm}^2$

28   Ebene Geometrie – Dreiecke

G-Niveau

1   spitzwinklig: F und D, stumpfwinklig: C und E; rechtwinklig: A und B

2 $\alpha = 34°$; $\beta = 52°$
$\gamma = 180° - (34° + 52°) = 94°$

3   a) Zeichne die Seite c = 7,5 cm und trage die beiden Winkel an ihren Enden ab. Der Schnittpunkt der beiden Schenkel ist die dritte Ecke des Dreiecks.
b) Zeichne die beiden Seiten a = 2,8 cm und b = 5,9 cm mit dem Winkel 81° zwischen ihnen. Verbinde die Endpunkte der Seiten zum Dreieck.
c) Zeichne die Seite c = 6 cm und trage mit dem Zirkel die beiden Seiten a = 5 cm und b = 5 cm an ihren Enden ab.

4 $A = \dfrac{6\,\text{cm} \cdot 3\,\text{cm}}{2} = 9\,\text{cm}^2$

5   Berechnung von a mit dem Satz des Pythagoras.
$a = \sqrt{c_2^{\,2} + h_c^{\,2}}$
$a = 3,16\,\text{cm}$

Berechnung von c_1 mit dem Satz des Pythagoras.
$c_1 = \sqrt{b^2 - h_c^{\,2}}$
$c_1 = 3,9992\,\text{cm} \approx 4\,\text{cm}$

6

	a)	b)	c)
a	12 cm	33 cm	502 mm
b	16 cm	24 cm	725 mm
e	20 cm	40,80 cm	881,83 mm
A	192 cm²	792 cm²	3639,5 cm²

7   Berechnung der halben Länge von f (f_1):
$21,63^2 - 12^2 = f_1^{\,2}$
$f_1 = 17,996$
Flächeninhalt des oberen Dreiecks:
$A_1 = \dfrac{40\,\text{cm} \cdot 17,996\,\text{cm}}{2} = 359,92\,\text{cm}^2$
Das ist die eine Hälfte des Drachens.
$A_{ges.} = 719,84\,\text{cm}^2$
Die Fläche beträgt 719,84 cm².

E-Niveau

1   a) Zeichne die Seite c = 9,5 cm und trage die beiden Winkel an ihren Enden ab. Der Schnittpunkt der beiden Schenkel ist die dritte Ecke des Dreiecks. $\gamma = 20°$. Das Dreieck ist stumpfwinklig.
b) Zeichne die beiden Seiten a = 7,5 cm und b = 9,2 cm mit dem Winkel 63° zwischen ihnen. Verbinde die Endpunkte der Seiten zum Dreieck. Die übrigen Winkel sind $\alpha = 49°$ und $\beta = 68°$. Das Dreieck ist spitzwinklig.
c) Zeichne die Seite b = 15 cm und trage mit dem Zirkel die beiden Seiten a = 5 cm und b = 5 cm an ihren Enden ab. Die Winkel sind $\alpha = 52,9°$, $\beta = 85,5°$ und $\gamma = 41,6°$. Das Dreieck ist spitzwinklig.

2   Seitenlänge e zwischen C und D:
$e = \sqrt{25\,\text{cm}^2} = 5\,\text{cm}$
Berechnung von c mit dem Satz des Pythagoras. $e^2 + d^2 = c^2$
$c = \sqrt{(5\,\text{cm})^2 + (7\,\text{cm})^2} \approx 8,60\,\text{cm}$
$A = c^2 = 74\,\text{cm}^2$

3   Die Mittelstange f setzt sich aus einem kurzen (f_1) und einem längeren (f_2) Stück zusammen.
$e : 2 = e_1 = 20\,\text{cm}$
$f_1 = \sqrt{c^2 - e_1^{\,2}}$
$f_1 = \sqrt{(24\,\text{cm})^2 - (20\,\text{cm})^2} = 13,266\,\text{cm}$
$f_2 = \sqrt{a^2 - e_1^{\,2}}$
$f_2 = \sqrt{(42\,\text{cm})^2 - (20\,\text{cm})^2} = 36,932\,\text{cm}$
$f = f_1 + f_2 = 50,20\,\text{cm}$

4   9,43 cm; 9 cm; 6,63 cm; 8,06 cm

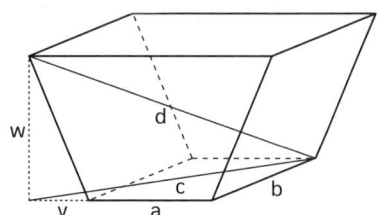

Für diese Aufgabe benötigt man etwas Fantasie. Zunächst denkt man sich ein Rechteck mit den Seiten b und g = a + v.
Berechnung der Diagonalen c dieses Rechtecks:

$c = \sqrt{(b^2 + g^2)}$
$c \approx 13{,}93$ cm
Nun kann man mit dem Satz des Pythagoras und der Höhe w einfach d berechnen.

$d = \sqrt{(c^2 + w^2)}$
$d = 18{,}38$ cm

30 Ebene Geometrie – Kreise

G-Niveau

1 großer Kreis: r = 8 cm
A = 201,06 cm²; U = 50,27 cm

mittlerer Kreis: r = 4 cm
A = 50,27 cm²; U = 25,13 cm

Viertel-Kreis: r = 2 cm
A = 3,14 cm²; U = 7,14 cm

2 d = 24 Zoll = 60,96 cm
U = π · 60,96 cm = 191,511 cm
Der Abrollumfang beträgt 191,511 cm.

3 r = 27 cm
A = π · (27 cm)² = 2290,22 cm²
Die Fläche ist 2290,22 cm² groß.

4

U	A	d	r
75,40 cm	452,39 cm²	24 cm	12 cm
43,98 dm	153,94 dm²	14 dm	7 dm
56,05 m	250 m²	17,84 m	8,92 m
67 cm	357,22 cm²	21,33 cm	10,66 cm

E-Niveau

1 d = 135 m; r = 67,5 m
U = 2 · π · 67,5 m = 424,12 m

2 Der Radius des London Eye beträgt 67,5 m. Im Maßstab 1 : 5 muss das Banner also einen Radius von 13,5 m haben,
$A_{Banner} = \pi r^2 = \pi \cdot (13{,}5\text{ cm})^2 \approx 572{,}56$ m²
Man braucht für das Banner etwa 573 m² Stoff.

3 d = 34 Zoll = 86,36 cm = 0,8636 m
U = π · 0,8636 m = 2,71 m
Wenn der Traktor 254 m fährt, macht der Reifen 254 m : 2,71 m ≈ 93,73 Umdrehungen. Die Reißzwecke umrundet den Reifen etwa 94 Mal.

4

U	A	d	r
603,19 cm	28 952,92 cm²	192 cm	96 cm
1,57 dm	0,2 dm²	0,5 dm	0,25 dm
30,8 m	75,5 m²	9,81 m	4,9 m
75,5 cm	453,61 cm²	24,03 cm	12,02 cm

5 Die linke Figur ist ein Viertelkreis, in den lediglich eine zusätzliche Linie eingezogen wurde.

$A = \frac{1}{4} \cdot \pi r^2 = \frac{1}{4} \cdot \pi \cdot (26\ cm)^2 = 530,93\ cm^2$

$U = \frac{1}{4} \cdot 2 \cdot \pi \cdot r + 2 \cdot r = \frac{1}{2} \cdot \pi \cdot 26\ cm + 42\ cm =$

82,84 cm
Die rechte Figur besteht aus einem Halbkreis, einem Rechteck und einem Dreieck. Die Höhe des Dreicks beträgt
h = 2,1 m – 0,15 m – 1,5 m = 0,45 m

$A = \frac{1}{2} \cdot \pi \cdot (0,15\ m)^2 + 1,5\ m \cdot 0,3\ m$
$+ \frac{1}{2} \cdot 0,6\ m \cdot 0,45\ m = 0,62\ m^2$

Die schrägen Dreiecksseiten berechnet man mit dem Satz des Pythagoras:
$s = \sqrt{(0,3\ m)^2 + (0,45)^2} = 0,54\ m$

$U = \frac{1}{2} \cdot 2 \cdot \pi \cdot (0,15\ m) + 2 \cdot 1,5\ m + 0,3\ m + 2 \cdot$
0,54 m = 4,85 m

6 Man kann entweder die Formel für die Berechnung eines Kreisrings benutzen, oder zunächst die Fläche des großen Kreises ausrechnen und dann die Fläche des kleinen Kreises subtrahieren.
geg.: $r_2 = 12\ cm$, $r_1 = 7\ cm$
$A = \pi \cdot (12\ cm)^2 - \pi \cdot (7\ cm)^2 = 298,45\ cm^2$

7 Die Fläche der Tischdecke beträgt
$1,90\ m^2 = 19\,000\ cm^2$. Man berechnet den Radius der Tischdecke:
$A = \pi \cdot r^2$,

also $r = \sqrt{\frac{A}{\pi}} = \sqrt{\frac{19\,000\ cm^2}{\pi}} = 77,77\ cm$

Die Tischdecke bedeckt knapp den Tisch.

5 Die blaue Fläche lässt sich zu einem Halbkreis mit dem Durchmesser d_1 zusammensetzen. Ihr Radius beträgt also $r_1 = 14\ cm$.

$A = \frac{1}{2} \cdot \pi r^2 = \frac{1}{2} \cdot \pi \cdot (14\ cm)^2 = 307,9\ cm^2$

Der Umfang besteht aus der Linie eines großen Halbkreises mit dem Durchmesser $d_1 = 28\ cm$; der von zwei kleinen Halbkreisen mit dem halben Durchmesser $d_3 = d_1 : 2 = 14\ cm$ und zwei Kreislinien mit dem Durchmesser $d_2 = 8\ cm$.

$U = \frac{1}{2} \cdot \pi \cdot (28\ cm) + 2 \cdot \frac{1}{2} \cdot \pi \cdot (14\ cm) +$
$2 \cdot \pi \cdot (8\ cm) = 138,23\ cm$

Damit die Figur so gezeichnet werden kann, muss immer gelten: $d_2 < d_1$.
A hängt dann nur von d_1 ab, je größer d_1, desto größer A.
U wird mit größer werdenden d_1 und d_2 größer.

6 Die blaue Fläche ist ein Kreisring.
geg.: $r_2 = 11\ cm$, $r_1 = 4,5\ cm$
$A = \pi \cdot (11\ cm)^2 - \pi \cdot (4,5\ cm)^2 = 316,52\ cm^2$

7 Kreissektor mit $\alpha = 280°$, r = 5 cm:
$A_s = \pi \cdot (5\ cm)^2 \cdot \frac{280°}{360°} = 61,09\ cm^2$

$b = 2 \cdot \pi \cdot 5\ cm \cdot \frac{280°}{360°} = 24,43\ cm$

32

Trigonometrie

G-Niveau

1 Erstes Dreieck: $\sin \alpha = \frac{a}{c}$; $\sin \beta = \frac{b}{c}$

Zweites Dreieck: $\sin \alpha = \frac{a}{b}$; $\sin \gamma = \frac{c}{b}$

Drittes Dreieck: $\tan \gamma = \frac{c}{b}$; $\tan \beta = \frac{b}{c}$

2 Linkes Dreieck:

$c = \frac{10}{\sin 51,34°} = 12,806$

Rechtes Dreieck: b = 8,25 · sin 14,04° = 2,001

3 a) Das Dreieck ist rechtwinklig, c ist die Hypotenuse.
β = 52°; b = 5,8 cm; c = 7,3 cm
b) Das Dreieck ist rechtwinklig, c ist die Hypotenuse.
γ = 90°; β = 66,8°; c = 7,6 cm

E-Niveau

1 Erstes Dreieck: $\sin \alpha = \frac{a}{c}$; $\cos \beta = \frac{a}{c}$

Zweites Dreieck: $\sin \alpha = \frac{a}{b}$; $\tan \alpha = \frac{a}{c}$

Drittes Dreieck: $\sin \beta = \frac{b}{a}$; $\cos \gamma = \frac{b}{a}$

2 Linkes Dreieck:

Sinussatz: $\frac{b}{c} = \frac{\sin \beta}{\sin \gamma}$, $\frac{a}{b} = \frac{\sin \alpha}{\sin \beta}$.

$c = b : \left(\frac{\sin \beta}{\sin \gamma}\right) \approx 9,995$

$a = \frac{\sin \alpha}{\sin \beta} \cdot b \approx 7,71$

Rechtes Dreieck:
Kosinussatz: $c^2 = a^2 + b^2 - 2ab \cdot \cos \gamma$
$c^2 = 6,62^2 + 11,9^2$
$- 2 \cdot 6,62 \cdot 11,9 \cdot \cos (104,54°)$
$c \approx 14,9997$

c) Das Dreieck ist rechtwinklig (überprüfe
mithilfe des Satzes von Pythagoras),
c ist die Hypotenuse.
$\gamma = 90°$, $\alpha = 32°$, $b = 8$ cm

4 $h = 10,85$ m $\cdot$ tan $22,43° = 4,48$ m
Der Baum ist 4,48 m hoch.

5 $b = 100$ m $\cdot$ tan $34° = 67,45$ m
Der Fluss ist 67,45 m breit.

3

	a)	b)	c)
a in cm	2,5	6,5	5,8
b in cm	7,5	2,29	2,7
c in cm	7,91	6,89	6,4
α	18,43°	70,63°	65,04°
β	71,57°	19,37°	24,96°
γ	90°	90°	90°

4 a) $h_m = 100$ m $\cdot$ tan $44° = 96,57$ m
$h = h_m + 1,8$ m $= 98,37$ m
Der Turm ist 98,37 Meter hoch.
b) Bei einem Messfehler von 2° erhält man
ein Ergebnis für die Turmhöhe, das um
knapp 7 Meter von dem Wert bei 44° abweicht.

5 $e = \sqrt{d^2 - b_1{}^2} = 39,2$ m
Mit dem zweiten Strahlensatz gilt $\frac{e}{c} = \frac{b_1}{b}$
$b = 20,41$ m
Der Fluss ist 20,41 Meter breit.

34 Räumliche Geometrie – Quader, Zylinder, Prisma

G-Niveau

1
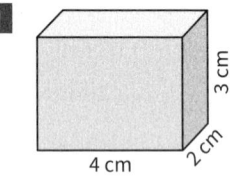

2 4200 cm³ $= 15$ cm $\cdot$ b $\cdot$ 14 cm
20 cm $= b$
$O = 2ab + 2bc + 2ac$
$O = 1580$ cm²
Die Oberfläche beträgt 1580 cm².

3 a) $V_{Schwamm} = 200$ mm $\cdot$ 120 mm $\cdot$ 50 mm
$V_{Schwamm} = 1\,200\,000$ mm³ $= 1200$ cm³
$= 1,2$ dm³
Das Volumen beträgt 1200 cm³.
b) 1 m³ $= 1000$ dm³
$1,2$ dm³ $: 1000$ dm³ $\cdot 35$ kg $= 0,042$ kg $= 42$ g
Ein Schwamm wiegt 42 Gramm.
c) $V_{Block} = 2$ m $\cdot$ 2 m $\cdot$ 0,5 m $= 2$ m³
Der Block wiegt 70 kg.

4 Flächendiagonalen der Grundfläche:
$a^2 + c^2 = g^2$
$37^2 + 15^2 = g^2$
$g = 39,925$
Raumdiagonale d:
$g^2 + b^2 = d^2$
$39,925^2 + 18^2 = d^2$
$d = 43,795$
d ist 43,795 cm lang.

E-Niveau

1
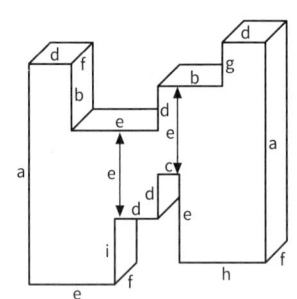

a) $g = a - 2e = 4,4$ cm
$h = d + e + b + d - e - d - c = b + d - c =$
$8,8$ cm
$i = a - b - e = 6,6$ cm
b) Fläche der Vorderseite:
$A = a \cdot d + (e - d) \cdot (e + i) + e \cdot d + e \cdot c + 2e$
$\cdot h + g \cdot d$
$= 22$ cm $\cdot 4,4$ cm $+ 4,4$ cm $\cdot 15,4$ cm $+ 8,8$
cm $\cdot 4,4$ cm $+ 8,8$ cm $\cdot 2,2$ cm $+$
$17,6$ cm $\cdot 8,8$ cm
$+ 4,4$ cm $\cdot 4,4$ cm
$= 396,88$ cm²
Volumen: $V = A \cdot f = 1587,52$ cm³

2 $V = a \cdot b \cdot c + c \cdot d \cdot e$
1672 cm³ $=$
20 cm $\cdot 8$ cm $\cdot 8$ cm $+ 8$ cm $\cdot 7$ cm $\cdot$ e
$e = 7$ cm
$O_{unten} = 2ab + 2bc + 2ac - ce = 712$ cm²
$O_{oben} = 2de + 2cd + ce = 266$ cm²
$O_{gesamt} = O_{unten} + O_{oben} = 978$ cm²
Die Gesamtoberfläche beträgt 978 cm².

5 Zylindrische Vase:
$V_{Zylinder} = \pi \cdot (5\text{ cm})^2 \cdot 25\text{ cm} = 1963\text{ cm}^3$
Quaderförmige Vase:
$V_{Quader} = 8\text{ cm} \cdot 8\text{ cm} \cdot 25\text{ cm} = 1600\text{ cm}^3$
In die zylindrische Vase passt mehr Wasser.

6 Umfang der Vase: $U = \pi \cdot 8\text{ cm} = 25{,}13\text{ cm}$

Flächeninhalt der Vase:
$A = U \cdot 16\text{ cm} + 2 \cdot \pi \cdot (4\text{ cm})^2 = 502{,}7\text{ cm}^2$
Das Geschenkpapier muss natürlich etwas größer sein.

7 Die Zeltplane besteht aus drei Rechtecken und zwei Dreiecken.
a) Die Dreiecke sind gleichschenklig. Länge der Schenkel:
$s = \sqrt{(6\text{ m})^2 + (4\text{ m})^2} = 7{,}2\text{ m}$
$A = 15\text{ m} \cdot 8\text{ m} + 2 \cdot 15\text{ m} \cdot 7{,}2\text{ m} + 2 \cdot 0{,}5 \cdot 8\text{ m} \cdot 6\text{ m} = 384\text{ m}^2$
b) Das Zelt ist ein Prisma mit dreieckiger Grundfläche.
$V = \frac{1}{2} \cdot 8\text{ m} \cdot 6\text{ m} \cdot 15\text{ m} = 360\text{ m}^3$

3 a) $d = 60\text{ mm}$; $h = 3\text{ mm} \cdot 40 = 120\text{ mm} = 12\text{ cm}$
$V = \pi \cdot (3\text{ cm})^2 \cdot 12\text{ cm} = 339\text{ cm}^3$
b) $O = 2 \cdot \pi \cdot (3\text{ cm})^2 + 2 \cdot \pi \cdot 3\text{ cm} \cdot 12\text{ cm} = 283\text{ cm}^2$
Sie muss mindestens 283 cm^2 groß sein.
c)

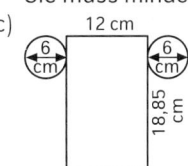

4 Zylindrische Vase:
$V_{Zylinder} = \pi \cdot (3{,}5\text{ cm})^2 \cdot 15\text{ cm} = 577\text{ cm}^3$
Quaderförmige Vase:
$V_{Quader} = 6{,}5\text{ cm} \cdot 6{,}5\text{ cm} \cdot 15\text{ cm} = 634\text{ cm}^3$
Vase in Form eines Dreiecksprismas:
$V_{Prisma} = \frac{11\text{ cm} \cdot 3\text{ cm}}{2} \cdot 15\text{ cm} = 247{,}5\text{ cm}^3$
In die quaderförmige Vase passt am meisten Wasser.

5 $V_{Prisma} = \frac{11\text{ cm} \cdot 8\text{ cm}}{2} \cdot 13\text{ cm} = 572\text{ cm}^3$
$V_{Zylinder} = \pi \cdot (3\text{ cm})^2 \cdot 9\text{ cm} = 254\text{ cm}^3$
$V_{gesamt} = V_{Prisma} - V_{Zylinder} = 318\text{ cm}^3$
Dreieckseite $c = \sqrt{(8\text{ cm})^2 + (5{,}5\text{ cm})^2} = 9{,}7\text{ cm}$
$O_{Prisma} = 2 \cdot \frac{11\text{ cm} \cdot 8\text{ cm}}{2} + 11\text{ cm} \cdot 13\text{ cm} + 2 \cdot 9{,}7\text{ cm} \cdot 13\text{ cm}$
$O_{Prisma} = 483{,}2\text{ cm}^2$
$O_{Zylinder} = 2\pi \cdot (3\text{ cm})^2 + 2\pi \cdot 3\text{ cm} \cdot 9\text{ cm}$
$O_{Zylinder} = 226{,}2\text{ cm}^2$
$O_{gesamt} = O_{Prisma} + O_{Zylinder} - 2 \cdot \pi \cdot (3\text{ cm})^2$
$O_{gesamt} = 652{,}8\text{ cm}^2$

36 Räumliche Geometrie – Kegel, Pyramide, Kugel

G-Niveau

1 a) $V_1 = \frac{1}{3} \cdot (10\text{ cm})^2 \cdot 12\text{ cm} = 400\text{ cm}^3$
$h_d = \sqrt{(12\text{ cm})^2 + (5\text{ cm})^2} = 13\text{ cm}$
$O_1 = (10\text{ cm})^2 + 4 \cdot \frac{10\text{ cm} \cdot 13\text{ cm}}{2} = 360\text{ cm}^3$
$V_2 = \frac{1}{3}\pi \cdot (5\text{ cm})^2 \cdot 12\text{ cm} = 314\text{ cm}^3$
$s = \sqrt{(12\text{ cm})^2 + (5\text{ cm})^2} = 13\text{ cm}$
$O_2 = \pi \cdot (5\text{ cm})^2 + \pi \cdot 5\text{ cm} \cdot 13\text{ cm} = 283\text{ cm}^3$
b) Die Kegelform benötigt weniger Verpackungsmaterial und hat weniger Inhalt.

2

Volumen	Höhe	Grundseite
1250 cm³	25 cm	12,25 cm
25 cm³	3 cm	5 cm
7047 m³	29 m	27 m

E-Niveau

1 a) $V_1 = \frac{1}{3} \cdot (10{,}5\text{ cm})^2 \cdot 12{,}3\text{ cm} = 452{,}025\text{ cm}^3$
$h_d = \sqrt{(12{,}3\text{ cm})^2 + (5{,}25\text{ cm})^2} = 13{,}37\text{ cm}$
$O_1 = 4 \cdot \frac{1}{2} \cdot 10{,}5\text{ cm} \cdot 13{,}37\text{ cm} + (10{,}5\text{ cm})^2 = 391{,}02\text{ cm}^2$
$V_2 = \frac{1}{3} \cdot \pi \cdot (5{,}25\text{ cm})^2 \cdot 12{,}3\text{ cm} = 355{,}02\text{ cm}^3$
$s = \sqrt{(12{,}3\text{ cm})^2 + (5{,}25\text{ cm})^2} = 13{,}37\text{ cm}$
$O_2 = \pi \cdot (5{,}25\text{ cm})^2 + \pi \cdot 5{,}25\text{ cm} \cdot 13{,}37\text{ cm} = 307{,}12\text{ cm}^2$
b) Für den Kunden ist die Pyramide günstiger, da der Inhalt größer ist. Für den Hersteller ist der Kegel geeigneter, da Inhalt und Oberfläche (Verpackungsmaterial) kleiner sind.

2 Pyramide: $h = 18\text{ cm}$; $a = 31{,}63\text{ cm}$;
Kegel: $r = 5\text{ cm}$

3

r	d	O	V
12 cm	24 cm	1809,56 cm²	7238,229 cm³
75,5 mm	151 mm	71 631,45 mm²	1 802 725 mm³
13,2 cm	26,4 cm	2189,56 cm²	9634,1 cm³
3,7 m	7,4 m	172,03 m²	212,17 m³

4
a) $O = 4\pi \cdot (11 \text{ cm})^2 = 1520,5 \text{ cm}^2$
b) $V = \frac{4}{3}\pi \cdot (11 \text{ cm})^3 = 5575 \text{ cm}^3$

5
a) Die Schachtel enthält 24 Pralinen.
b) $d = 2$ cm; $r = 1$ cm
c) $V_1 = \frac{4}{3}\pi \cdot (1 \text{ cm})^3 = 4,19 \text{ cm}^3$
$V_{gesamt} = V_1 \cdot 24 = 100,5 \text{ cm}^3$

6
Der Lippenstift besteht aus einem Zylinder und einer Halbkugel.
$V_{Zylinder} = \pi \cdot (1,25 \text{ cm})^2 \cdot 4,3 \text{ cm} = 21,11 \text{ cm}^3$
$V_{Halbkugel} = \frac{1}{2} \cdot \frac{4}{3}\pi \cdot (1,25 \text{ cm})^3 = 4,09 \text{ cm}^3$
$V_{gesamt} = V_{Zylinder} + V_{Halbkugel} = 25,2 \text{ cm}^3$
$O_{Halbkugel} = 2\pi \cdot 1,25^2 \text{ cm}^2 = 9,82 \text{ cm}^2$
$O_{Zylinder} = 2\pi \cdot 1,25^2 \text{ cm}^2 +$
$2\pi \cdot 1,25 \text{ cm} \cdot 4,3 \text{ cm} = 9,82 \text{ cm}^2 + 33,77 \text{ cm}^2$
$\qquad = 43,59 \text{ cm}^2$
$O_{gesamt} = O_{Zylinder} - \pi \cdot (1,25 \text{ cm})^2 + O_{Halbkugel}$
$\qquad = 48,5 \text{ cm}^2$

3

r	d	O	V
12,8 cm	25,6 cm	2058,9 cm²	8784,53 cm³
13,75 cm	27,5 cm	2375,73 cm²	10 889,22 cm³
29,95 mm	59,9 mm	11272,06 mm²	112 532,8 mm³
14,43 mm	28,86 mm	2616,63 mm²	12 586 mm³

4
$r = 15,96$ m; $d = 31,9$ m; $O = 3200$ m²

5
a) $V_{Karton} = 5 \cdot 3,3 \text{ cm} \cdot 5 \cdot 3,3 \text{ cm} \cdot 4 \cdot 3,3 \text{ cm}$
$\qquad = 3593,7 \text{ cm}^3$

b) $V_{Ball} = \frac{4}{3}\pi \cdot (1,65 \text{ mm})^3 = 18,816 \text{ cm}^3$
$V_{Bälle} = 100 \cdot 18,816 \text{ cm}^3 = 1881,6 \text{ cm}^3$
$\frac{1881,6 \text{ cm}^3}{3593,7 \text{ cm}^3} = 0,5236$
Die Bälle nehmen etwa 52,36 % des Gesamtvolumens ein, im Karton sind also etwa 47,64 % Luft.

6
Die Packung besteht aus einem Quader und zwei Halbkugeln.
$V_{Quader} = 20 \text{ cm} \cdot 10 \text{ cm} \cdot 10 \text{ cm} = 2000 \text{ cm}^3$

$V_{Halbkugel} = \frac{2}{3}\pi \cdot (4 \text{ cm})^3 = 134,04 \text{ cm}^3$

$V_{gesamt} = V_{Quader} + 2 \cdot V_{Halbkugel} = 2268,08 \text{ cm}^3$
$O_{Quader} = 2 \cdot 20 \text{ cm} \cdot 10 \text{ cm} +$
$2 \cdot 20 \text{ cm} \cdot 10 \text{ cm} + 2 \cdot 10 \text{ cm} \cdot 10 \text{ cm} = 1000 \text{ cm}^2$
$O_{Halbkugel} = 2\pi \cdot (4 \text{ cm})^2 = 100,53 \text{ cm}^2$
$O_{gesamt} = O_{Quader} - 2\pi \cdot (4 \text{ cm})^2 + 2 \cdot O_{Halbk.}$
$\qquad = 1100,53 \text{ cm}^2$

38

Wahrscheinlichkeitsrechnung

G-Niveau

1 Ungerade sind 5 der 10 Flächen:

$P(\text{ungerade Zahl}) = \frac{5}{10} = \frac{1}{2}$

2 a) Gerade sind 3 der 6 Zahlen:

$P(\text{gerade Zahl}) = \frac{3}{6} = \frac{1}{2}$

b) $P(4) = \frac{1}{6}$

3

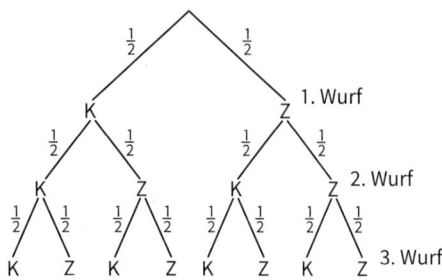

E-Niveau

1 a) Ungerade sind 5 der 10 Flächen:

$P(\text{ungerade Zahl}) = \frac{5}{10} = \frac{1}{2}$

b) $P(3 \text{ oder } 9) = \frac{2}{10} = \frac{1}{5}$

2 a) $P(5 \text{ oder } 7) = \frac{2}{12} = \frac{1}{6}$

b) $P(\text{zweimal } 12) = \frac{1}{12} \cdot \frac{1}{12} = \frac{1}{144}$

3

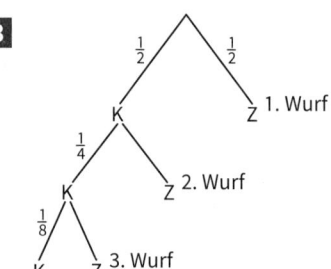

4 Silvester liegt immer genau eine Woche nach Heiligabend. Die beiden Tage fallen also immer auf den gleichen Wochentag, die Wahrscheinlichkeit ist 1.

5 $P(\text{Gewinn}) = \frac{60}{100} = \frac{3}{5}$

4 Silvester liegt immer genau eine Woche nach Heiligabend. Die beiden Tage fallen also immer auf den gleichen Wochentag, die Wahrscheinlichkeit ist 1.

5 $P(\text{Gewinn}) = \frac{33}{77} = \frac{3}{7}$

6

	Jungen	Mädchen	Gesamt
Test bestanden	$\frac{23}{70}$	$\frac{31}{70}$	$\frac{54}{70}$
Test nicht bestanden	$\frac{7}{70}$	$\frac{9}{70}$	$\frac{16}{70}$
Gesamt	$\frac{30}{70}$	$\frac{40}{70}$	$\frac{70}{70}$

40

Komplexe Aufgaben
Häuser verklinkern

G-Niveau

Skizze:

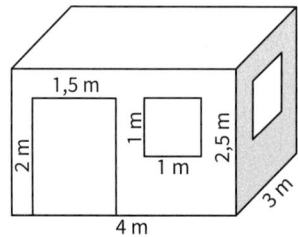

a) Seitenflächen des Hauses:
$A_S = 3\ m \cdot 2,5\ m = 7,5\ m^2$
Front und Rückseite des Hauses:
$A_{FR} = 4\ m \cdot 2,5\ m = 10\ m^2$
Fläche der Fenster: $A_F = 1\ m \cdot 1\ m = 1\ m^2$;
Fläche der Tür: $A_T = 1,5\ m \cdot 2\ m = 3\ m^2$
Gesamtfläche der Hauswände:
$A_{Haus} = 2 \cdot A_S + 2 \cdot A_{FR} - A_T - 2 \cdot A_F = 30\ m^2$
Fläche eines Klinkersteines:
$A_{Stein} = 240\ mm \cdot 115\ mm = 0,24\ m \cdot 0,115\ m = 0,0276\ m^2$
Fläche einer Palette mit 376 Steinen:
$A_{Palette} = 376 \cdot 0,0276\ m^2 = 10,3776\ m^2$
$\frac{30\ m^2}{10,3776\ m^2} = 2,89$
Wenn man wenig Verschnitt hat, müsste man mit 3 Paletten Steine auskommen können.

b) Preis einer Palette: $376 \cdot 1,25\ € = 470\ €$
$3 \cdot 470\ € = 1410\ €$:
Die Steine kosten insgesamt 1410 €.

c) Die drei Paletten enthalten insgesamt 31,1328 m² Steine, die Wandfläche beträgt 30 m².
$100\ \% = 30\ m^2$
$103,776\ \% = 31,1328\ m^2$
Familie Meyer kann sich mit drei Paletten etwas über 3 % Verschnitt erlauben.

E-Niveau

Skizze:

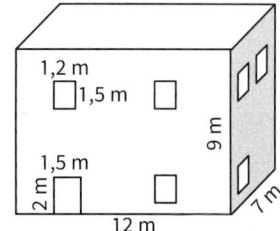

a) 20 % der Steinhöhe: $0,2 \cdot 240\ mm = 48\ mm$;
20 % der Steinbreite: $0,2 \cdot 115\ mm = 23\ mm$
Steingröße mit Fugen:
$(240\ mm + 48\ mm) \cdot (115\ mm + 23\ mm) = 288\ mm \cdot 138\ mm = 0,288\ m \cdot 0,138\ m = 0,039744\ m^2$
Anzahl Steine pro m²:

$n = \dfrac{1\ m^2}{0,039744\ m^2} \approx 25,16 \approx 26$

Fläche des Hauses:
Seitenflächen des Hauses:
$A_S = 7\ m \cdot 9\ m = 63\ m^2$
Front und Rückseite des Hauses:
$A_{FR} = 12\ m \cdot 9\ m = 108\ m^2$
Fläche der Fenster:
$A_F = 1,2\ m \cdot 1,5\ m = 1,8\ m^2$
Fläche der Tür: $A_T = 1,5\ m \cdot 2\ m = 3\ m^2$
Gesamtfläche der Hauswände:
$A_{Haus} = 2 \cdot A_S + 2 \cdot A_{FR} - A_T - 12 \cdot A_F = 317,4\ m^2$

b) Da pro m² etwa 26 Steine gebraucht werden, sind dies $317,4 \cdot 26 = 8252,4 \approx 8253$ Steine
$8253 : 376 = 21,9$: Familie Sucu benötigt 22 Paletten.
Preis pro Palette $376 \cdot 1,75\ € = 658\ €$;
Preis der Steine: $22 \cdot 658\ € = 14\,476\ €$

c) Eine Palette mit 376 Steinen bedeckt inklusive der Fugen $376 \cdot 0,039744\ m^2 = 14,9\ m^2$,
22 Paletten also $22 \cdot 14,9\ m^2 = 328,76\ m^2$, die Wandfläche beträgt 317,4 m²
$100\ \% = 317,4\ m^2$
$103,6\ \% = 328,76\ m^2$
Familie Sucu dürfte sich bei 22 Paletten nur 3,6 % Verschnitt erlauben. Das ist in der Praxis ziemlich sicher zu wenig, sodass sie 23 Paletten Steine kaufen muss.

d) Volumen der Steine aus 23 Paletten:
$23 \cdot 376 \cdot 0,24\ m \cdot 0,115\ m \cdot 0,071\ m = 16,95\ m^3$
Gewicht: $16,95\ m^3 \cdot 2000\ \frac{kg}{m^2} = 33\,900\ kg = 33,9\ t$.
Herr Sucu benötigt also 2 Touren, wenn er pro Tour 20 t transportieren kann.

42   **Preiserhöhungen, Preissenkungen**

G-Niveau

a) $999\,€ - 799\,€ = 200\,€;\ \frac{200}{999} = 20{,}02$

    Man kann hier 200 € sparen, dies sind etwa 20 % des Originalpreises von 999 €.

b) $119\,\% = 799\,€$
    $100\,\% = 671{,}43\,€$
    $799\,€ - 671{,}43\,€ = 127{,}57\,€$
    Der Preis ohne Mehrwertsteuer beträgt 671, 43 €, die Steuer also 127,57 €.

c) Mit den 24 Monatsraten bezahlt man $35 \cdot 24\,€ = 840\,€.\ \frac{41}{799} \cdot 100 = 5{,}13$

    Bei Ratenkauf zahlt man also 41 € mehr als den Gesamtpreis, das sind etwa 5 % mehr. Für eine Laufzeit von 2 Jahren ist das fair.

Kredit und Zinsen

G-Niveau

a) Darlehen 1: $100\,000\,€ \cdot \frac{2}{100} = 2000\,€$; Darlehen 2: $100\,000\,€ \cdot \frac{1{,}5}{100} = 1500\,€$

b) Bei Darlehen 1 zahlt man etwas mehr Zinsen, nach 10 Jahren hat man allerdings die Chance, eine neue und eventuell bessere Vereinbarung zu treffen. Bei Variante 2 sind die Zinsen niedriger und man hat Planungssicherheit, kann aber von eventuell fallenden Zinsen nicht profitieren.

43   **Preiserhöhungen, Preissenkungen**

E-Niveau

a) Preis für Sofa, Esstisch und 6 Stühle mit Mehrwertsteuer: $P = 499\,€ + 219\,€ + 6 \cdot 55\,€ = 1048\,€.$
    $119\,\% = 1048\,€$
    $100\,\% = 880{,}67\,€$
    Familie Anderson muss für die Möbel 880,67 € zahlen.

b) Es müssen nun noch 97 % des Preises gezahlt werden: $P = 880{,}67\,€ \cdot \frac{97}{100} = 854{,}25\,€.$

c) $1048\,€ - 854{,}25\,€ = 193{,}75\,€;\ \frac{193{,}75}{1048} \cdot 100 = 18{,}49$

    Familie Andersen spart insgesamt 193,75 €, das sind 18,49 % des Originalpreises.

Kredit und Zinsen

E-Niveau

a) Darlehen 1: $250\,000\,€ \cdot \frac{2{,}1}{100} = 5250\,€$; Darlehen 2: $250\,000\,€ \cdot \frac{1{,}35}{100} = 3375\,€$

b) Bei Darlehen 1 zahlt man mehr Zinsen, nach 10 Jahren hat man allerdings die Chance, eine neue und eventuell bessere Vereinbarung zu treffen. Bei Variante 2 sind die Zinsen niedriger und man hat Planungssicherheit, kann aber von eventuell fallenden Zinsen nicht profitieren.

44 Größen abschätzen

G-Niveau

a) Die Fliesen sind etwa doppelt so hoch wie breit, also 10 cm breit. Der Granitblock ist so breit wie 7 Fliesen (70 cm) und so lang wie 12 Fliesen (120 cm). Übereinander passen etwa 5 Fliesen auf den Granitblock; das ergibt eine Höhe von ca. 100 cm. Damit beträgt sein Volumen:

$V = 0{,}7 \text{ m} \cdot 1{,}2 \text{ m} \cdot 1 \text{ m} = 0{,}84 \text{ m}^3$.

Gewicht: $0{,}84 \text{ m}^3 \cdot 2{,}8 \frac{t}{m^3} \approx 2{,}35 \text{ t}$.

Der Granitblock wiegt ca. 2,35 Tonnen.

b) Das Bild des Elefanten passt ganz grob etwa 13 Mal übereinander in das Bild des Wals. Da der Wal breiter als der Elefant, nehmen wir an, dass er $2 \cdot 13 = 26$ Elefanten entspricht.

$26 \cdot 3{,}5 \text{ t} = 91 \text{ t}$.
Der Kran könnte ihn wahrscheinlich anheben.

c) Der zusammengerollte Crêpe hat in etwa die Form eines Kegels.
Geschätzte Höhe: 16 cm; geschätzter Durchmesser: 7 cm

Volumen: $V = \frac{1}{3} \pi \cdot r^2 \cdot h = 205{,}25 \text{ cm}^3$

$1 \text{ cm}^3 = 1 \text{ ml}$. Es passen ungefähr 200 ml Eis in den Crêpe.
Geschätzte Kosten:
250 g Erdbeeren: 5 €
eine Packung Kekse (500 g): 2 €
1000 ml Eis: 2,50 €
Crêpe-Zutaten: 2 €
Zusammen: 11,50 €
Der Einkauf ist deutlich teurer als der fertige Crêpe. Allerdings reichen die Zutaten für mehrere Crêpes (das Eis beispielsweise für 5). Das Zubereiten zuhause lohnt sich also nur, wenn man mehrere Crêpes herstellen möchte.

E-Niveau

a) Wenn man weiß, dass das ganze Gebilde ca. 2 Meter hoch ist, kann man berechnen, wie hoch die einzelnen Teilstücke in etwa sind. Insgesamt umfassen die oberen drei Teilstücke etwa zwei Fünftel der Gesamthöhe, also ca. 80 cm.

Skizze:

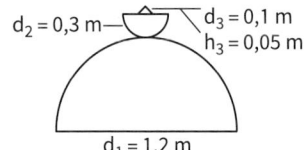

untere Halbkugel: $V_{K1} = \frac{1}{2} \cdot \frac{4}{3} \cdot \pi \cdot r_1^3 = 0{,}45 \text{ m}^3$

obere Halbkugel: $V_{K2} = \frac{1}{2} \cdot \frac{4}{3} \cdot \pi \cdot r_2^3 = 0{,}007 \text{ m}^3$

Kegel: $V_{Kegel} = \frac{1}{3} \cdot \pi \cdot r_3^2 \cdot h_3 = 0{,}00013 \text{ m}^3$
$V_{Gesamt} = 0{,}45713 \text{ m}^3$
Gewicht: $0{,}45713 \cdot 2{,}3 \text{ t} = 1{,}05 \text{ t}$
Die drei oberen Elemente wiegen zusammen etwa eine Tonne.

b) Auf dem Bild sind ca. 200 Personen auf der Kreuzung.
200 entsprechen gemäß der Theorie 75 %.
$100\,\% = 200 : 75 \cdot 100 = 266{,}\overline{6}$
Das sind also ein Viertel der Menschen, die unter der Woche auf der Kreuzung sind.
$266{,}\overline{6} \cdot 4 = 1066{,}\overline{6}$
Einnahmen:
20 % dieser Personen sind: 213,333 also ca. 213 Personen.
$213 \cdot 4 € = 852 €$
Pro Ampelphase können ca. 852 € eingenommen werden, wenn die Theorie stimmt.

46 Daten und Diagramme

G-Niveau

a) Maximum: ca. 302 000: Das ist der höchste Wert.
Minimum: ca. 73 500: Das ist der niedrigste Wert.
Spannweite: 228 500: Differenz zwischen Minimum und Maximum
Median: 276 000 im Jahr 2015: Das ist der Wert in der Mitte aller geordneten Werte.

E-Niveau

a) Maximum: West: 38,4 %; Ost: 20,4 %: Das ist der höchste Wert.
Minimum: West: 19,2 %; Ost: 11,1 %: Das ist der niedrigste Wert
Spannweite: West: 19,2 %; Ost: 9,3 %: Differenz zwischen Minimum und Maximum
Median: West: 25,85 %; Ost: 14,65 %: Das ist der Mittelwert der beiden Werte, in der Mitte aller geordneten Werte.

b) Anzahl der Besucher 2014: 270 000; Anzahl der Besucher 2018: 285 000
Einnahmen 2014: 270 000 · 22 € = 5 940 000 €
Einnahmen 2018: 285 000 · 22 € = 6 270 000 €
6 270 000 € − 5 940 000 € = 330 000 €
330 000 € : 5 940 000 € ≈ 0,0556
Es wurden 2018 330 000 € mehr eingenommen, das entspricht ungefähr 5,56 % mehr.

c) (270 000 + 276 000 + 277 000 + 287 000 + 285 000 + 302 000 + 200 000 + 73 500 + 180 000) : 9 = 238 944
Die durchschnittliche Besucherzahl ist 238 944. Dieser Wert ist hier allerdings nicht allzu sinnvoll, da er über sehr unterschiedliche Veranstaltungen gebildet wird. Die Buchmesse fand 2020 nur online und 2021 online und verkleinert in Präsenz statt, also unter anderen Bedingungen als in den anderen Jahren. Zudem wird die Anzahl der Besucherinnen und Besucher unterschiedlich ermittelt: 2020 wird gezählt, wer an einer online-Veranstaltung teilnimmt, 2021 dann wieder nur, wer vor Ort präsent ist, obwohl es weiterhin online-Veranstaltungen gibt. Einen Durchschnitt mit Werten zu bilden, die unterschiedlich erhoben wurden, ist nicht sinnvoll.

b) West: $\frac{\text{Summe}}{10}$ = 27,34 %; Ost: $\frac{\text{Summe}}{10}$ = 15,26 %
Im Westen ist die Eigentumsquote fast doppelt so hoch wie im Osten.

c) 538 068 Einwohner ≙ 100 %
201 237 Einwohner ≙ 37,4 %

d) Nein, absolute Zahlen wären nicht sinnvoll. Da die Städte alle unterschiedlich viele Einwohner haben, sind absolute Zahlen nicht vergleichbar.

48 Ein Swimmingpool wird gefüllt

G-Niveau

a) Zu Beginn sind alle Pools leer. Daher ist es richtig, bei (0|0) im Ursprung zu starten.

E-Niveau

a) Zu Beginn sind alle Pools leer. Daher ist es richtig, bei (0|0) im Ursprung zu starten. Da sowohl die Zeit als auch die Füllhöhe in dieser Aufgabe nur positiv sein können, wird der Graph nur im ersten Quadranten verlaufen.

G- und E-Niveau

b) Pool (A): Graph (2), Pool (B): Graph (1)
c) Der Graph zu Pool (c) ist eine Gerade mit positiver Steigung.

49 Wasser läuft in Flaschen

G-Niveau

a) Zu Beginn sind alle Gefäße leer. Daher ist es richtig, bei (0|0) im Ursprung zu starten.

E-Niveau

a) Zu Beginn sind alle Gefäße leer. Daher ist es richtig, bei (0|0) im Ursprung zu starten. Da sowohl die Zeit als auch die Füllhöhe in dieser Aufgabe nur positiv sein können, wird der Graph nur im ersten Quadranten verlaufen.

G- und E-Niveau

b) Gefäß (1): Graph (B), Gefäß (3): Graph (A)
c)

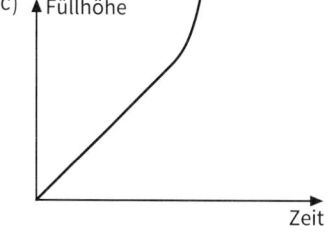

50 Telefontarife 1

G- und E-Niveau

Der Graph schneidet die y-Achse bei dem Wert 5 €. Dieser Betrag muss also auch ohne Minutenverbrauch gezahlt werden, es handelt sich um eine Grundgebühr.
5 € Grundgebühr wird bei den Angeboten A und C verlangt. Bei 2 Minuten Gesprächszeit gibt der Graph 6 € Kosten an. Dies entspricht den Kosten bei Angebot C, das also hier dargestellt ist.

E-Scooter mieten

G- und E-Niveau

a) $K = 1 + 0{,}5\,t$: K: Kosten in €; t: Zeit in Stunden

b)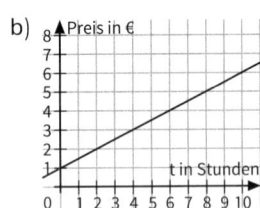

c) $20 = 1 + 0{,}5\,t \Rightarrow t = 38$.
Mit 20 € kann Elisa den E-Scooter für 38 Stunden leihen.

51 Telefontarife 2

G-Niveau

a) y: Kosten in €
x: Gesprächsminuten
b: feste Kosten, hier 18 €
m: Veränderungsrate der Kosten, die von x (Gesprächsminuten) abhängen, hier 0,03 €
$y = 0{,}03x + 18$

b) $30 = 0{,}03x + 18 \quad |-18; \ :0{,}03$
$400 = x$
Kevin könnte 400 Minuten für 30 € telefonieren.

c) Gleichung für die Flat: $y = 30$
Schnittpunkt der Geaden:
$30 = 0{,}03x + 18$
$x = 400$
Man sieht, dass bis 400 Minuten der Leketon-Tarif günstiger ist. Telefoniert Kevin mehr, ist die Flat besser für ihn.

E-Niveau

a) Die Rechnungen lassen sich als Punkte auffassen: $P_1(60|18{,}4)$ und $P_2(90|19{,}6)$.
Steigung: $\frac{19{,}6 - 18{,}4}{90 - 60} = 0{,}04$
Einsetzen von m und (z. B.) P_1 in $y = m \cdot x + b$ ergibt $b = 16$.
$y = 0{,}04x + 16$
Grundbetrag: 16 €, Preis pro Minute: 0,04 €.

b) Kostenfunktion des aktuellen Vertrags:
$f(x) = 0{,}04x + 16$ (aus Aufgabenteil b)
Kostenfunktion des Leketon-Angebots:
$g(x) = 0{,}03x + 18$
Schnittpunkt der Geraden bei $f(x) = g(x)$
$0{,}04x + 16 = 0{,}03x + 18$
$x = 200; \ y = 24$
Bei 200 Gesprächsminuten muss in beiden Fällen 24 € bezahlt werden.
Ab 200 Minuten ist der langsamer anwachsende Tarif von Leketon günstiger, davor der aktuelle.

c) Wie viele Minuten kann Acki bei Leketon mit 25 € telefonieren?
$25 = 0{,}03x + 18 \quad |-18; \ :0{,}03$
$233{,}\overline{3} = x$
Bei Leketon könnte er für 25 € rund 233 Minuten lang telefonieren

52   Flugbahnen

G-Niveau

a) Die x-Achse verläuft auf dem Boden, die y-Achse durch die Hauswand.
Die Flugbahn verläuft dann durch die Punkte $P_1(0|6)$ und $P_2(2|4)$.
Grundgleichung: $y = -ax^2 + b$
Einsetzen der Punkte:

$6 = -a \cdot 0^2 + b \Rightarrow b = 6$
$4 = -a \cdot 2^2 + b$
$4 = -a \cdot 4 + 6$
$-2 = -4a$
$a = 0,5$

Funktionsgleichung: $y = -0,5x^2 + 6$
x: Höhe des Balls, y: Entfernung von der Hauswand, beides in m

b) Gesucht ist der x-Wert, an dem der Ball auf den Boden kommt, an dem also y = 0 ist (Nullstelle).

$0 = -0,5x^2 + 6$
$6 = 0,5x^2$
$x^2 = 12$
$x_1 = \sqrt{12} \approx 3,464$
$x_2 = \sqrt{12} \approx -3,464$

Da Hamza rechts von der Hauswand steht, ist die positive Nullstelle gesucht.
Hamza steht etwa 3,46 m von der Hauswand entfernt.

E-Niveau

a) Da der Scheitelpunkt in der Mitte der Nullstellen liegt, verläuft die Flugbahn durch die Punkte $P_1(0|0)$, $P_3(18|3,5)$, $P_2(36|0)$. Björn steht im Punkt $(0|0)$.
Allgemeine Gleichung: $y = ax^2 + bx + c$

I: $0 = a \cdot 0^2 + b \cdot 0 + c \Rightarrow c = 0$
II: $3,5 = a \cdot 18^2 + b \cdot 18$
III: $0 = a \cdot 36^2 + b \cdot 36$

aus III: $b = -36a$
in II: $a = -0,0108$; $b = 0,39$
Gleichung: $y = -0,0108x^2 + 0,39x$
Gegenüber der Gleichung des Trainers ist der Wert von a verschieden.

b) Gesucht: x-Wert, für den gilt: y = 2

$2 = -0,0108x^2 + 0,39x$
$x^2 - 36,11x + 185,18 = 0$

Lösung mir der pq-Formel: $x_1 = 29,9$; $x_2 = 6,2$
Steht der Gegenspieler 29,9 m oder 6,2 m von Björn entfernt, könnte er den Ball erwischen.

c) Die Gleichung der Flugbahn lautet dann:
$y = -0,0108x^2 + 0,39x + 1$
Berechnung der Nullstellen:
$0 = -0,0108x^2 + 0,39x + 1$
$0 = x^2 - 36,11x - 92,59$
Lösung mir der pq-Formel: $x_1 = 38,5$; $x_2 = -2,4$
Da Björn in die positive x-Richtung wirft, ist nur die positive Lösung von Belang. Der Trainer hat nicht Recht. Bei einem solchen Wurf müsste Marc 38,5 m von Björn entfernt stehen, damit ihm der Ball vor die Füße fällt

---

54   Gleichungen und Zahlenrätsel

G- und E-Niveau

1   a) $x^2 + x = 272$; $x_1 = 16$; $x_2 = -17$
b) $(x + 3)^2 = 441$; $x_1 = 18$; $x_2 = -24$
c) $x \cdot (x + 12) = 325$; $x = 13$: Die Seiten des Rechtsecks sind 25 cm und 13 cm lang. (Die negative Lösung ergibt im Sachzusammenhang keinen Sinn.)

2   a) Im letzte Schritt wurde die negative Lösung vergessen: $x_1 = 5$; $x_2 = -5$
b) Die binomische Formel in der ersten Zeile wurde falsch aufgelöst:
$x^2 - 16x + 64 = 0$; Losung mit der pq-Formel: $x = 8$. Es gibt keine negative Lösung.

G-Niveau

3   a) $x_1 = 7$; $x_2 = -7$
b) Es gibt keine Lösung

E-Niveau

3   a) $x = -6$, es gibt keine positive Lösung
b) $x_1 = 0$; $x_2 = 8$

55 **Preise und Preiskombinationen**

G- Niveau

a) x: Preis Kaffee; y: Preis Brötchen
   I: $2x + y = 8,30$ €
   II: $3x + 3y = 17,70$ €
   Beide Gleichungen nach y auflösen:
   I: $y = -2x + 8,30$ €
   II: $y = -x + 5,90$ €
   Zeichnen und Schnittpunkt ablesen:

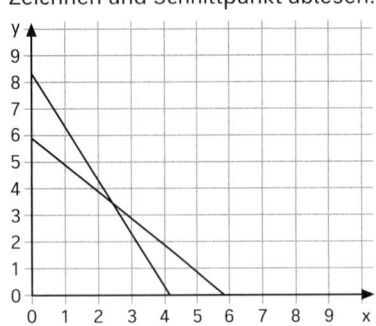

Die Graphen schneiden sich im Punkt
$(2,4 | 3,5)$. Also kostet ein Brötchen 3,50 €, ein
Kaffee 2,40 €.

b) $-2x + 8,30$ € $= -x + 5,90$ €
   $x = 2,40$ €; $y = 3,50$ €
   Ein Brötchen kostet 3,50 €, ein Kaffee 2,40 €.

E-Niveau

a) x: Anzahl Säcke; y: Anzahl Pakete
   $45x + 125y = 1200$
   Umstellen nach y:
   $y = -0,36x + 9,6$

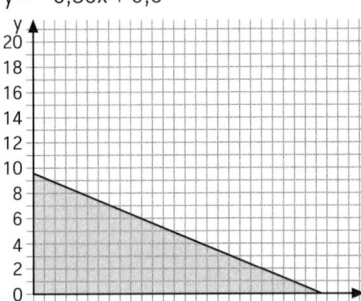

b) Genau 1,2 t: Lösung sind alle Punkte auf der
   Geraden mit ganzzahligen Werten.
   Genau oder weniger als 1,2 t: Lösung sind
   auch alle Punkte unterhalb der Geraden.
   Genau 1,2 t ergeben z. B. 10 Säcke und
   6 Pakete.
   $10 \cdot 45$ kg $+ 6 \cdot 125$ kg $= 1200$ kg $= 1,2$ t.
   Weniger als 1,2 t: z. B. 15 Säcke und 2 Pakete
   $15 \cdot 45$ kg $+ 2 \cdot 125$ kg $= 925$ kg

56 **Rezepte**

G- Niveau

a) 500 g Rinderhackfleisch $\triangleq$ 4 Personen
   300 ml Rinderbrühe $\triangleq$ 4 Personen
   250 g Rinderhackfleisch $\triangleq$ 2 Personen
   150 ml Rinderbrühe $\triangleq$ 2 Personen
   1250 g Rinderhackfleisch $\triangleq$ 10 Personen
   750 ml Rinderbrühe $\triangleq$ 10 Personen

b) Für 10 Personen braucht man 5 Liter Sauce.
   1 Liter = 1 dm³.
   $V_{Topf} = \pi \cdot r^2 \cdot h = \pi \cdot (12$ cm$)^2 \cdot 15$ cm
   ≈ 6786 cm³ $= 6,786$ dm³
   Der Topf reicht aus.

c) In den Topf passen etwas mehr als 6,5 Liter
   Soße, das reicht also für 13 Personen.

E-Niveau

a) 750 g Rinderhackfleisch $\triangleq$ 4 Personen
   450 ml Rinderbrühe $\triangleq$ 4 Personen
   187,5 g Rinderhackfleisch $\triangleq$ 1 Personen
   112,5 ml Rinderbrühe $\triangleq$ 1 Personen
   937,5 g Rinderhackfleisch $\triangleq$ 5 Personen
   562,5 ml Rinderbrühe $\triangleq$ 5 Personen
   Man benötigt 1 Packung passierte Tomaten
   pro Person, also 5 für 5 Personen.

b) Für 5 Personen braucht man 3,75 Liter Sauce.
   1 Liter = 1 dm³.
   $V_{Topf} = \pi \cdot r^2 \cdot h = \pi \cdot (10$ cm$)^2 \cdot 18$ cm
   ≈ 5655 cm³ $= 5,655$ dm³
   Der Topf reicht aus.

c) Für 7 Personen benötigt man 5,25 l Soße, für
   8 Personen 6 l. Der Topf reicht also für 7 Personen aus.

Topf und Löffel

G- Niveau

Der Löffel rutscht nicht in den Topf, wenn er mindestens so lang ist wie die Diagonale einer Querschnittsfläche des Topfes.

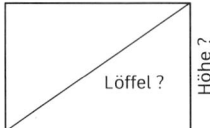

20 cm Durchmesser

Topfhöhe:
$V_{Topf} = \pi \, r^2 \cdot h$
$5000 \text{ cm}^3 = \pi \cdot (10 \text{ cm})^2 \cdot h \quad | : \pi; \ : 100 \text{ cm}^2$
$h \approx 15,9155 \text{ cm}$

Löffellänge mit dem Satz des Pythagoras:
$(15,92 \text{ cm})^2 + (20 \text{ cm})^2 = l^2$
$l \approx 25,56 \text{ cm}$
Der Löffel müsste mindestens 26 cm lang sein.

E-Niveau

Der Löffel rutscht nicht in den Topf, wenn er mindestens so lang ist wie die Diagonale einer Querschnittsfläche des Topfes.

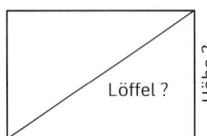

20 cm Durchmesser

Volumen des Topfs:
$80\% \triangleq 5 \text{ dm}^3$
$1\% \triangleq 5/80 \text{ dm}^3$
$100\% \triangleq 6,25 \text{ dm}^3$
Topfhöhe:
$6,25 \text{ dm}^3 = \pi \cdot (1 \text{ dm})^2 \cdot h$
$h \approx 1,99 \text{ dm}$

Löffellänge mit dem Satz des Pythagoras:
$(1,99 \text{ dm})^2 + (2 \text{ dm})^2 = l^2 \quad | \sqrt{\ }$
$L \approx 2,82 \text{ dm}$
Der Löffel müsste mindestens 29 cm lang sein.

58 Renovieren – Wände streichen

G-Niveau

a) Die Wand besteht aus zwei Rechtecken und einem Dreieck. Rechtecke:
$A_1 = 2,3 \text{ m} \cdot 3,7 \text{ m} = 8,51 \text{ m}^2$
$A_2 = 1,2 \text{ m} \cdot 1,2 \text{ m} = 1,44 \text{ m}^2$

Höhe des Dreiecks: $h = 2,3 \text{ m} - 1,2 \text{ m} = 1,1 \text{ m}$
$A_3 = (1,2 \text{ m} \cdot 1,1 \text{ m})/2 = 0,66 \text{ m}^2$

Flächeninhalt der gesamten Wand:
$A = 8,51 \text{ m}^2 + 1,44 \text{ m}^2 + 0,66 \text{ m}^2$
$A = 10,61 \text{ m}^2$
Die Wand hat eine Fläche von 10,61 m², daher reicht ein Liter Farbe nicht für zwei Anstriche.

b) Bei zwei Anstrichen muss eine Fläche von $10,61 \text{ m}^2 \cdot 2 = 21,22 \text{ m}^2$ gestrichen werden.

Auf dem Eimer steht, dass ein Eimer mit Farbe im besten Fall für ca. 9 m² reicht. Zwei Eimer reichen somit für 18 m² und drei für 27 m². Im besten Fall würde das Streichen der Wand somit 3 · 4,99 € = 14,97 € kosten.

Im schlechtesten Fall reicht ein Eimer nur für 7 m². Drei Eimer reichen dann nur für 21 m². In diesem Fall braucht Janine noch einen weiteren Eimer. Insgesamt müsste sie dann 4 · 4,99 € = 19,96 € bezahlen.

E-Niveau

Eine Rolle Tapete hat eine Fläche von
$A_{Tapete} = 10,05 \text{ m} \cdot 0,53 \text{ m} = 5,33 \text{ m}^2$

Rechteckige Zimmerwände:
$A_{Seitenwand1} = 2,3 \text{ m} \cdot 3,5 \text{ m} = 8,05 \text{ m}^2$

Zwei Wände ohne Tür ($A_{Tür} = 2 \text{ m}^2$)
$A_{W1} = 16,10 \text{ m}^2 - 2 \text{ m}^2 = 14,10 \text{ m}^2$

Die Fensterseite besteht aus einem Trapez (T) und einem Rechteck (R).

Rechteck:
$A_R = 5,5 \text{ m} \cdot 2,3 \text{ m} = 12,65 \text{ m}^2$

Trapez (parallele Seiten 5,5 m und 1,5 m; Höhe 0,5 m)
$A_T = \frac{5,5 \text{ m} + 1,5 \text{ m}}{2} \cdot 0,5 \text{ m} = 1,75 \text{ m}^2$

Fläche des Fensters:
$A_{Fenster} = 1,5 \text{ m} \cdot 0,5 \text{ m} = 0,75 \text{ m}^2$

Zwei Giebelwände ohne Fenster:
$A_{W2} = 2(A_T + A_R) - A_{Fenster}$
$A_{W2} = 14,40 \text{ m}^2 \cdot 2 - 0,75 \text{ m}^2 = 28,05 \text{ m}^2$

Die Fläche aller vier Wände beträgt:
$A_{Ges} = A_{W1} + A_{W2}$
$A_{Ges} = 14,10 \text{ m}^2 + 28,05 \text{ m}^2 = 42,15 \text{ m}^2$

Anzahl Tapetenrollen:
$42,15 \text{ m}^2 : 5,33 \text{ m}^2 = 7,91$
Tom muss mindestens 8 Rollen Tapete kaufen.
8 Rollen kosten 63,92 €.

60 Renovieren – Fußböden

G-Niveau

a) Das Zimmer hat folgenden Umfang:
$U = 2 \cdot 4{,}9\,m + 2 \cdot 2{,}5\,m - 1{,}2\,m$ (Tür)
$U = 13{,}60\,m = 13\,600\,mm$

5 % Verschnitt bedeutet, dass man 5 % mehr Fußleisten kaufen muss.
$13{,}6\,m : 100 \cdot 5 = 0{,}68\,m$

Janines Vater muss also 0,68 m = 680 mm Fußleiste mehr kaufen, insgesamt also 14 280 mm.

$14\,280\,mm : 2400\,mm = 5{,}95$
Janines Vater muss 6 solcher Fußleisten kaufen.

$6 \cdot 8{,}95\,€ = 53{,}70\,€$
Die Fußleisten kosten 53,70 €.

b) Janines Mutter muss herausfinden, ob der Teppich einen Radius von maximal 1,25 m hat, da das Zimmer sehr schmal ist (2,5 m).

Radius des großen Teppichs:
$7\,m^2 = \pi \cdot r_1^2$
$1{,}49\,m = r_1$
Radius des kleinen Teppichs:
$4\,m^2 = \pi \cdot r_2^2$
$1{,}13\,m = r_2$
Der große Teppich passt nicht in Janines Zimmer, ihre Mutter muss also den kleineren kaufen.

E-Niveau

a) Länge der 5 Fußleisten in einem Paket:
$L = 5 \cdot 240\,cm = 1200\,cm = 12\,m$.

Umfang des Zimmers:
$U = 2 \cdot 3{,}5\,m + 2 \cdot 5{,}5\,m - 1\,m$ (Tür) $= 17\,m$

5 % Verschnitt: $17\,m : 100 \cdot 5 = 0{,}85\,m$
Tom muss mindestens 17,85 m Fußleiste haben. 2 Pakete enthalten 24 m Fußleiste, also genug.

Kosten Tapete: 63,92 €
Kosten Fußleisten: 131,76 €
insgesamt: 195,68 €
Tom hat noch 250 € – 195,68 € = 54,32 € übrig.

Berechnung der Länge der Deckenleisten:
Die Deckenleisten laufen entlang der kurzen Seitenfläche des Zimmers sowie der schrägen und kurzen Seiten des Trapezes. Die schräge Seite c muss noch mit dem Satz des Pythagoras berechnet werden. c ist die Hypothenuse des Dreiecks oben links und rechts an der Fensterseite.

$c = \sqrt{(0{,}5\,m)^2 + (2\,m)^2} = 2{,}06\,m$

Länge der Deckenleisten:
$dl = 3{,}5\,m \cdot 2 + 1{,}5\,m \cdot 2 + 2{,}06\,m \cdot 4 = 18{,}24\,m$

Pro Paket erhält man $2 \cdot 2 = 4\,m$.
$18{,}24\,m : 4\,m = 4{,}56$
Tom muss also 5 Pakete kaufen.
Preis 1 (Walburga): $5 \cdot 4{,}49\,€ = 22{,}45\,€$
Preis 2 (Gabriella): $5 \cdot 7{,}99\,€ = 39{,}95\,€$
Er kann sich beide leisten.

b) Fläche eines Kreissektors:
$A = 13{,}60\,m^2 : 2 = 6{,}8\,m^2$

Formel für den Flächeninhalt eines Kreissektors:
$6{,}8\,m^2 = \pi \cdot r^2 \cdot \dfrac{270°}{360°}$
$r = 1{,}7\,m$
Der Teppich hat einen Radius von 1,7 m und passt daher gerade so in Toms Zimmer.

62 Bergfest

G-Niveau

a) $\sin \alpha = \dfrac{\text{Gegenkathete}}{\text{Hypotenuse}} = \dfrac{\text{Höhe des Maibaums}}{\text{Seillänge}} = \dfrac{12\,m}{17\,m}$
$\alpha = 44{,}9°$

b) Der Abstand entspricht der Ankathete b zu α.

$\cos \alpha = \dfrac{b}{\text{Seillänge}} \Rightarrow b = 17\,m \cdot \cos 44{,}9° = 12{,}04$
Die Seilverankerung ist 12,04 m vom Maibaum entfernt.

E-Niveau

a) Man berechnet zunächst den Winkel α:
Eine Steigung von 35 % bedeutet, dass die Bahnstrecke auf 100 Metern um 35 Meter ansteigt.

$\tan \alpha = \dfrac{35\,m}{100\,m} \Rightarrow \alpha = 19{,}29°$

Die waagerechte Strecke zum Aufzug entspricht der Ankathete b:
$\tan \alpha = \dfrac{\text{Gegenkathete}}{\text{Ankathete}} = \dfrac{\text{Höhe}}{b} = \dfrac{950\,m}{b}$

c)

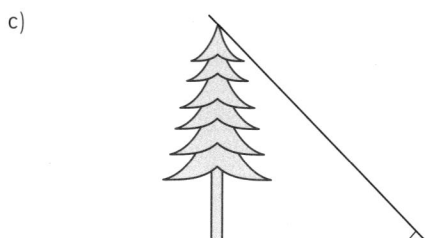

18 m

$$\tan \alpha = \frac{\text{Gegenkathete}}{\text{Ankathete}} = \frac{\text{Baumhöhe}}{\text{Schattenlänge}}$$

Baumhöhe = 18 m · tan 45° = 18 m
Der Baum ist 18 m hoch.

d) Man berechnet zunächst den Winkel α:
Eine Steigung von 35 % bedeutet, dass die Bahnstrecke auf 100 Metern um 35 Meter ansteigt.

$$\tan \alpha = \frac{\text{Gegenkathete}}{\text{Ankathete}} = \frac{35\ \text{m}}{100\ \text{m}}$$

α = 19,29°
Die Länge der Bahnstrecke entspricht der Hypotenuse c des Dreiecks:

$$\sin \alpha = \frac{\text{Gegenkathete}}{\text{Hypotenuse}} = \frac{\text{Berghöhe}}{\text{Bahnstrecke}} = \frac{950\ \text{m}}{c}$$

$$c = \frac{950\ \text{m}}{\sin 19,29°} = 2875,74\ \text{m}$$

Die Strecke ist 2875,74 m = 2,87574 km lang.

e) Geschwindigkeit = $\frac{\text{Strecke}}{\text{Zeit}}$, also

$$\text{Zeit} = \frac{\text{Strecke}}{\text{Geschwindigkeit}} = \frac{2,87574\ \text{km}}{5\ \frac{\text{km}}{\text{h}}} = 0,575148\ \text{h}$$

0,575 · 60 = 34,50 Minuten
Die Fahrt dauert 34,5 Minuten.

$$b = \frac{950\ \text{m}}{\tan 19,29°} = 2714,29$$

Der Tunnel ist 2714,29 m lang.

b) $\sin \alpha = \frac{\text{Gegenkathete}}{\text{Hypotenuse}} = \frac{\text{Baumhöhe}}{\text{Seillänge}} = \frac{15,2}{20,35}$

α = 48,33°

c) alter Abstand vom Maibaum (Ankathete b):
$\cos \alpha = \frac{b}{\text{Seillänge}}$
⇒ b = 20,35 m · cos 48,33° = 13,53
Neuer Abstand: 13,53 m + 1 m = 14,53
Neue Baumhöhe: 15,2 m + 1 m = 16,2 m
Neue Seillänge (berechnet mit a² + b² = c²):
s' = 21,76 m

Verhältnis: $k = \frac{s'}{s} = \frac{21,76}{20,35} = 1,07$

Die Seile verlängern sich um den Faktor 1,07.

d) Das kleine Dreieck Hütte – Dorf 1 – Bergmitte-oben und das großen Dreieck Hütte – Dorf 2 – Bergmitte-unten sind einander ähnlich.
Kleines Dreieck:
Hypotenuse mit dem Satz des Pythagoras:
c² = (950 m)² + (486 m)²
c = 1067,097 m
Gegenkathete: 950 m
Großes Dreieck:
Gegenkathete: 1200 m
Hypotenuse mit den Ähnlichkeitsbeziehungen:
$\frac{1067,097\ \text{m}}{950\ \text{m}} = \frac{c'}{1200\ \text{m}}$
c' = 1347,91 m

Die Strecke zwischen den Dörfern d entspricht dem Unterschied der Hypotenusen:
d = 1347,91 m – 1067,097 m = 280,812 m
Die Dörfer sind etwa 281 m voneinander entfernt.

64 ## Schwimmbecken

G-Niveau

a)

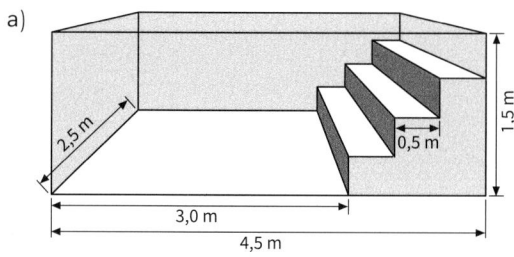

2,5 m   0,5 m   1,5 m
3,0 m
4,5 m

b) 1,5 m : 4 = 0,375 m
Jede der Stufen ist 0,375 m hoch.

E-Niveau

a)

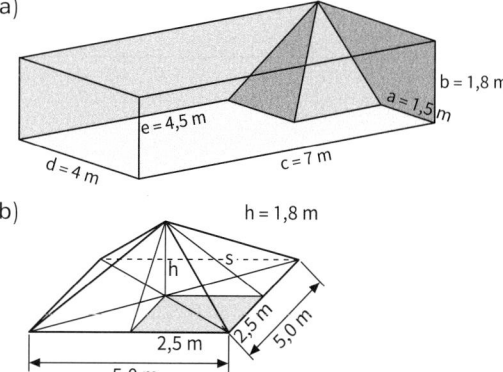

e = 4,5 m   b = 1,8 m   a = 1,5 m
d = 4 m   c = 7 m

b)

h = 1,8 m
s
2,5 m   2,5 m   5,0 m
5,0 m

c) Gesucht ist der Flächeninhalt aller Flächen, die mit Wasser in Berührung kommen.
Boden: $A_1 = 2,5\,\text{m} \cdot 3\,\text{m} = 7,5\,\text{m}^2$
Linke Wand: $A_2 = 2,5\,\text{m} \cdot 1,5\,\text{m} = 3,75\,\text{m}^2$
Wand über Treppe:
$A_3 = 2,5\,\text{m} \cdot 0,375\,\text{m} = 0,9375\,\text{m}^2$
Seitenwand der Treppe:
$T = 0,5\,\text{m} \cdot 0,375\,\text{m} + 1\,\text{m} \cdot 0,375\,\text{m} +$
$\quad 1,5\,\text{m} \cdot 0,375\,\text{m} = 1,125\,\text{m}^2$
Vorder- und Rückwand:
$A_4 = 4,5\,\text{m} \cdot 1,5\,\text{m} - T = 5,625\,\text{m}^2$
Trittflächen der Treppenstufen:
$A_5 = 3 \cdot 0,5\,\text{m} \cdot 2,5\,\text{m} = 3,75\,\text{m}^2$
Senkrechte Flächen der Treppenstufen:
$A_6 = 3 \cdot 2,5\,\text{m} \cdot 0,375\,\text{m} = 2,8125\,\text{m}^2$
Gesamtfläche:
$A_{ges} = A_1 + A_2 + A_3 + 2 \cdot A_4 + A_5 + A_6 = 30\,\text{m}^2$
$30 : 7 = 4,29$; $30 : 9 = 3,33$.
Man benötigt mindestens 4 Dosen Farbe, 5 reichen auf alle Fälle.

d) Wasservolumen des Pools:
Volumen des gesamten Quaders:
$V_Q = 1,5\,\text{m} \cdot 2,5\,\text{m} \cdot 4,5\,\text{m} = 16,875\,\text{m}^3$
Volumen der Treppe:
Die Seitenfläche T wurde in c) bereits berechnet.
$V_T = T \cdot 2,5\,\text{m} = 2,8125\,\text{m}^3$
Wasservolumen: $V_W = V_Q - V_T = 14,0625\,\text{m}^3$
$14,0625\,\text{m}^3 = 14\,062,5\,l$
$14\,062,5 : 18 = 781,25$
Man benötigt 781,25 Minuten, das sind 13 Stunden und 1,25 Minuten.
Familie Munte muss also am 26. Juli um 23:58 mit dem Befüllen beginnen.

e)

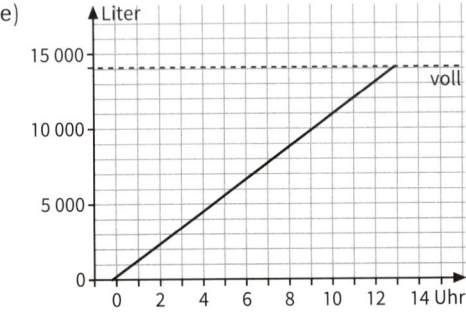

c) Gesucht ist die Innenfläche des Pools.
Frontseite: $A_1 = 7\,\text{m} \cdot 1,8\,\text{m} = 12,6\,\text{m}^2$
Linke Seite: $A_2 = 4\,\text{m} \cdot 1,8\,\text{m} = 7,2\,\text{m}^2$
Boden (Rechteck minus Grundfläche der Viertelpyramide):
$A_3 = 7\,\text{m} \cdot 4\,\text{m} - 2,5\,\text{m} \cdot 2,5\,\text{m} = 21,75\,\text{m}^2$
Innendreieck der Pyramide:
$A_D = \frac{1}{2} \cdot 2,5\,\text{m} \cdot 1,8\,\text{m} = 2,25\,\text{m}^2$
Rückseite: $A_4 = 7\,\text{m} \cdot 1,8\,\text{m} - A_D = 10,35\,\text{m}^2$
rechte Seite: $A_5 = 4\,\text{m} \cdot 1,8\,\text{m} - A_D = 4,95\,\text{m}^2$
Dreieckige Pyramidenflächen:
Seitenkante der Pyramide:
$s = \sqrt{(2,5\,\text{m})^2 + (1,8\,\text{m})^2} \approx 3,08\,\text{m}$
Dreieck: $A_6 = \frac{1}{2} \cdot 2,5\,\text{m} \cdot 3,08\,\text{m} = 3,85\,\text{m}^2$
Gesamtfläche:
$A_{ges} = A_1 + A_2 + A_3 + A_4 + A_5 + 2 \cdot A_6 = 64,55\,\text{m}^2$
$64,55 : 4 = 16,1375$
Man benötigt 17 Rollen der Folie.

Preis der Rollen: $17 \cdot 8,99\,€ = 152,83\,€$
Arbeitskosten: $2 \cdot 8 \cdot 25\,€ = 400\,€$
Rechnungsbetrag:
$1,2 \cdot (152,83\,€ + 400\,€) = 663,40\,€$

d) Volumen des Pools:
Volumen des gesamten Quaders:
$V_Q = 4\,\text{m} \cdot 7\,\text{m} \cdot 1,8\,\text{m} = 50,4\,\text{m}^3$
Volumen der Viertelpyramide:
$V_P = \frac{1}{3} \cdot (2,5\,\text{m})^2 \cdot 1,8\,\text{m} = 3,75\,\text{m}^3$
Wasservolumen: $V_W = V_Q - V_P = 46,65\,\text{m}^3$
$46,65\,\text{m}^3 = 46\,650\,l$
$46\,650 : 4200 = 11,107$
Man benötigt 11,107 h, das sind 11 Stunden und 6,4 Minuten.
Man muss also um 1:54 Uhr nachts mit dem Befüllen beginnen.

66 Japanische Tempel

G-Niveau

a) Innenradius: r = 25 cm; h = 50 cm
$V_{Zylinder} = G \cdot h = \pi \cdot r^2 \cdot h =$
$\pi \cdot (25\ cm)^2 \cdot 50\ cm = 98\,174,77\ cm^3$
$= 98,17\ dm^3$
In ein Fass passen 98,17 Liter.

b) 98,17 l · 0,733 = 71,96 l ≈ 72 l
Jedes Fass enthält etwa 72 Liter Sake.

c) Das Körpernetz besteht aus einem Rechteck
für den Mantel und zwei Kreisen für Boden
und Deckel. Die Kreise haben einen Radius
von 30 cm, die Seitenlängen des Rechtecks
betragen 60 cm (Höhe des Fasses) und
188,5 cm (Umfang des Fasses, U = 2 · π · r).
Formel Mantelfläche: $A_M = 2 \cdot \pi \cdot r \cdot h$
Formel Boden und Deckel: $A_B = \pi \cdot r^2$
$A_M = 2 \cdot \pi \cdot 30\ cm \cdot 60\ cm = 11\,309,73\ cm^2$
$= 1,131\ m^2$
$A_B = \pi \cdot (30\ cm)^2 = 2827,43\ cm^2 = 0,28\ m^2$
$A_{ges} = A_M + 2 \cdot A_B = 16\,964,6\ cm^2 =$
$1,69646\ m^2 \approx 1,7\ m^2$
Da die Firma nur die vordere Hälfte dekorie-
ren lassen möchte, wird nur die Hälfte dieser
Fläche betrachtet.
Kosten: 300 € · 0,85 = 255 €

d) Auf dem Bild erkennt man, dass jeder Stapel
aus 6 Fässern besteht.
Leergewicht eines Fasses: 4,8 kg, Gewicht der
72 l Sake in einem Fass: 72 kg.
m = 6 · (4,8 kg + 72 kg) = 460,8 kg
Der neue Stapel wiegt 460,8 kg.

E-Niveau

a)
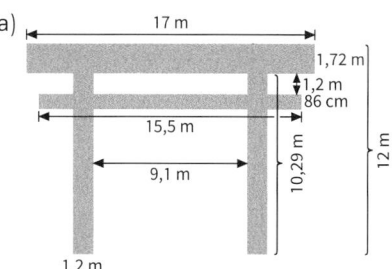

b) oben: $\frac{17\ m - 9,1\ m - 2 \cdot 1,2\ m}{2} = 2,75\ m$;
unten: $\frac{15,5\ m - 9,1\ m - 2 \cdot 1,2\ m}{2} = 2\ m$

c) Querbalken oben:
$V_{QO} = 17\ m \cdot (1,72\ m)^2 = 50,29\ m^3$
Querbalken unten:
$V_{QU} = 15,5\ m \cdot (0,86\ m)^2 = 11,46\ m^2$
zwei Säulen:
$V_S = 2 \cdot 10,29\ m \cdot \pi \cdot (0,6\ m)^2 = 23,28\ m^3$
Gesamtvolumen:
$V_{ges} = V_{QO} + V_{QU} + V_S = 85,03\ m^3$

Gewicht: $85,03\ m^3 \cdot \frac{450\ kg}{m^3} = 38\,263,5\ kg$

Das Tor wiegt ungefähr 38,2635 Tonnen.

d) Gesucht sind die Oberflächen aller Teilkörper
zusammen (die verdeckten Stellen werden
vernachlässigt).
Mantel der beiden Säulen ohne Grund- und
Deckfläche:
$O_M = 2 \cdot \pi \cdot 0,6\ m \cdot 10,29\ m = 38,79\ m^2$
unteres Querstück: $O_U = 4 \cdot 15,5\ m \cdot 0,86\ m +$
$2 \cdot 0,86\ m \cdot 0,86\ m = 54,8\ m^2$
oberes Querstück: $O_O = 4 \cdot 17\ m \cdot 1,72\ m +$
$2 \cdot 1,72 \cdot 1,72\ m = 122,88\ m^2$
Gesamtfläche: $O_{ges} = 2 \cdot O_M + O_U + O_O = 255,26\ m^2$
7 % von 750 ml = 750 · 0,07 = 52,5 ml;
750 ml – 52,5 ml = 697,5 ml
Zur Verfügung stehen also nur 697,5 ml pro
Dose.
6 : 750 · 697,5 = 5,58:
Diese Farbe reicht für 5,58 m²
255,25 m² : 5,58 m² = 45,75 ≈ 46: Für 255,26 m²
benötigt man 46 Dosen Holzschutzfarbe.
46 Dosen kosten: 46 · 1661,21 Yen =
76 415,66 Yen
Umgerechnet entspricht das 636,80 €.

68 Winkel und Längen

G- und E-Niveau

1

tan α = $\frac{1{,}55\,\text{m}}{12\,\text{m}}$; α = 7,36°

2 tan α = $\frac{29\,\text{cm}}{98\,\text{cm}}$; sin α = $\frac{29\,\text{cm}}{102{,}2\,\text{cm}}$; cos α = $\frac{98\,\text{cm}}{102{,}2\,\text{cm}}$; α = 16,48°

3 a) sin $\frac{\alpha}{2}$ $\frac{\frac{a}{2}}{3{,}6}$ m; $\frac{a}{2}$ = 3,6 m · sin 22,5° = 1,38 m; a = 2,76 m

    Die beiden Füße stehen etwa 2,76 m auseinander.

   b) cos $\frac{\alpha}{2}$ = $\frac{h}{3{,}6\,\text{m}}$; h = 3,33 m.

    Die Leiter erreicht eine Höhe von 3,33 m.

69 Gerüstelemente

G- und E-Niveau

a) Das Gerüstelement besteht insgesamt aus 10 Stangen. Direkt aus der Zeichnung ablesen kann man
$\overline{AC} = \overline{HD} = \overline{GE}$ = 2,2 m
Da die Strecke $\overline{BF}$ durch den Punkt I halbiert wird, gilt außerdem:
$\overline{HB} = \overline{HF}$ = 1,25 m und $\overline{BD} = \overline{FD}$ = 1,69 m
Die Strecke $\overline{BI}$ wird in Dreieck HBI berechnet. Der Winkel α = 100° wird durch die Strecke $\overline{HI}$ halbiert.

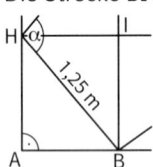

sin $\left(\frac{\alpha}{2}\right)$ = sin 50° = $\frac{\overline{BI}}{1{,}25\,\text{m}}$, damit $\overline{BI}$ = 1,25 m · sin 50° ≈ 0,96 m

Für die letzten drei Stangen gilt damit: $\overline{AG} = \overline{BF} = \overline{CE}$ = 2 · $\overline{BI}$ = 1,92 m
Gesamtlänge: l = 3 · 2,2 m + 2 · 1,25 m + 2 · 1,69 m + 3 · 1,92 m = 18,24 m

G-Niveau

b) Die Rechteckseiten in der Zeichnung sind 8,8 cm und 7,68 cm lang. Die Winkel sind unverändert.

E-Niveau

b) Berechnung von γ im Dreieck HBD:

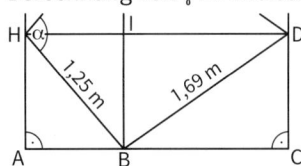

Das Dreieck HBD ist nicht rechtwinklig, sodass mit dem Sinussatz gerechnet werden muss.

$\frac{\sin \frac{\gamma}{2}}{1{,}25} = \frac{\sin 50°}{1{,}69}$ ⇒ sin $\frac{\gamma}{2}$ ≈ 0,56 ⇒ γ ≈ 69°

c) Die Rechteckseiten in der Zeichnung sind 8,8 cm und 7,68 cm lang. Die Winkel sind unverändert.

70 Kugelkerzen

G- und E-Niveau

a) Große Wachskugel: d = 100 cm, also r = 50 cm
$V = \frac{4}{3} \cdot \pi \cdot r^3$
$V_{\text{große Kugel}} \approx 523\,598,78$ cm^3 = 523,6 dm^3
Kleine Kugelkerze: r = 2 cm, also
$V_{\text{kleine Kugel}} \approx 33,51$ cm^3
523 598,78 : 33,51 ≈ 15 625
Es können 15 625 kleine Kugelkerzen hergestellt werden.

b) 5 m^2 = 50 000 cm^2
$O = 4 \cdot \pi \cdot r^2$; $O_{\text{kleine Kugel}} \approx 50,27$ cm^2
15 625 $\cdot O_{\text{kleine Kugel}} \approx 785\,398$ cm^2;
785 398 cm^2 : 50 000 cm^2 = 15,7
Man benötigt 15,7 Liter Farbe zum Bemalen.
Da immer etwas Farbe danebengeht, sollten
mindestens 16 Liter vorrätig sein.

c) $V_{\text{kleine Kugel}} \approx 33,51$ cm^3
33,51 cm^3 $\cdot$ 20 000 = 670 206 cm^3 = 670,2 dm^3 =
0,67 m^3
$O_{\text{kleine Kugel}} \approx 50,27$ cm^2
50,27 cm^2 $\cdot$ 20 000 ≈ 1 005 400 cm^2;
1 005 400 cm^3 : 50 000 cm^3 = 20,1
Es werden 0,67 m^3 Wachs und etwa 20 Liter
Farbe verarbeitet.

d) Eine Kugelkerze passt genau in eine würfelför-
mige Verpackung, die innen eine Kantenlänge
von 4 cm hat. Die Außenmaße der Dose sind
damit 4,2 cm $\cdot$ 4,2 cm $\cdot$ 4,2 cm.

e) Da möglichst wenige Kisten verbraucht werden sollen, füllt man zuerst große Kisten.
50 : 4,2 ≈ 11,9: In eine große Kiste passen
11 $\cdot$ 11 $\cdot$ 11 = 1331 Kerzen.
30 : 4,2 ≈ 7,1; 20 : 4,2 ≈ 4,8; 19 : 4,2 ≈ 4,5: In
eine kleine Kiste passen 7 $\cdot$ 4 $\cdot$ 4 = 112 Kerzen.
In 15 große Kisten passen 19 965 Kerzen. Die
übrigen 35 Kerzen muss man dann noch in
eine kleine Kiste packen.

Körpervergleich

E-Niveau

Volumen: $V_{\text{Kugel}} = \frac{4}{3} \cdot \pi \cdot r^3$; $V_{\text{Zylinder}} = \pi \cdot r^2 \cdot h$;
$V_{\text{Kegel}} = \frac{1}{3} \cdot \pi \cdot r^2 \cdot h$
Mit r = h gilt: $V_{\text{Kugel}} = \frac{4}{3} \cdot \pi \cdot r^3$; $V_{\text{Zylinder}} = \cdot r^3$;

$V_{\text{Kegel}} = \frac{1}{3} \cdot \pi \cdot r^3$

Das größte Volumen hat also die Kugel, das
kleinste der Kegel.
Oberfläche: $O_{\text{Kugel}} = 4 \cdot \pi \cdot r^2$;
$O_{\text{Zylinder}} = 2 \cdot \pi \cdot r^2 + 2 \cdot \pi \cdot r \cdot h$; $O_{\text{Kegel}} = \pi \cdot r^2 + \pi \cdot r \cdot s$
Mit r = h gilt s = $\sqrt{2} \cdot r$ und $O_{\text{Kugel}} = 4 \cdot \pi \cdot r^2$;
$O_{\text{Zylinder}} = 4 \cdot \pi \cdot r^2$; $O_{\text{Kegel}} = (1 + \sqrt{2}) \cdot \pi \cdot r^2 \approx 2,41 \cdot \pi \cdot r^2$
Die Oberflächen von Kugel und Zylinder sind
gleich groß, die des Kegels ist kleiner.

71 Bakterienwachstum

G-Niveau

a) Gezeigt ist ein Parabelast. Es scheint eine
quadratische Funktion vorzuliegen, die gestaucht wurde, also einen Faktor kleiner als
1 besitzt. Inhaltlich wird das Wachstum einer
Bakterienpopulation gezeigt, also nach wie
vielen Stunden x welche Anzahl an Bakterien y
durch Vermehrung entstanden ist.

E-Niveau

a) Hier geht es um exponentielles Wachstum. Die
Grundgleichung lautet:
$f(x) = c \cdot a^x$
Dabei ist c der Funktionswert an der Stelle
x = 0. Dort schneidet der Graph die y-Achse.
a ist der Wachstumsfaktor. Man berechnet ihn
mit a = 1 + Wachstumsrate in %
So ergibt sich hier als Gleichung
$f(x) = 10 \cdot 1,25^x$

b) Grundgleichung:
$f(x) = a \cdot x^2 + b$
2 Punkte des Graphen ablesen: P_1 (0|5) und P_2 (10|7).
Einsetzen in die Grundgleichung:
P_1 (0|5): $5 = a \cdot 0^2 + b$, daraus folgt $b = 5$.
P_2 (10|7): $7 = a \cdot 10^2 + b$, daraus folgt $a = 0{,}02$.

Das Wachstum kann durch die Gleichung
$f(x) = 0{,}02x^2 + 5$ beschrieben werden.

c) y ist 1000, berechne x:
$1000 = 0{,}02x^2 + 5$
$223 \approx x$

Nach etwa 223 Tagen erreicht die Population in diesem Modell 1000 Bakterien.

b) Grundgleichung:
$f(x) = c \cdot a^x$
Gegeben ist $c = 20$ und $x = 5$; $y = 50$:
$50 = 20 \cdot a^5$
$a \approx 1{,}20$
Der Wachstumsfaktor ist etwa 1,2, daraus ergibt sich eine Wachstumsrate von
$(1{,}2 - 1 = 0{,}2)$, also etwa 20 %.

c) Bestimme den Schnittpunkt beider Funktionen:
$20 \cdot 1{,}2^x = 10 \cdot 1{,}25^x$
$x \approx 16{,}98$
Nach etwa 17 Tagen gibt es in der ersten Kultur mehr Bakterien als in der zweiten.

d) Die Kultur erreicht eine Millionen Bakterien wenn $y = 1\,000\,000$ ist.
$1\,000\,000 = 10 \cdot 1{,}25^x$
$x \approx 51{,}59$
Nach etwa 52 Tagen gibt es 1 Millionen Bakterien.

72 Brems- und Reaktionsweg

G-Niveau

a)

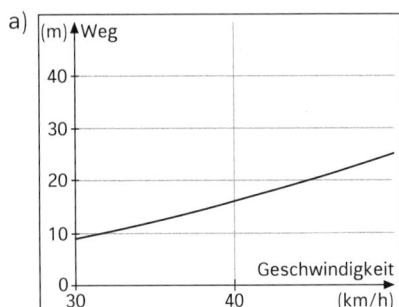

b) $v = 50 \frac{km}{h}$: $s = \frac{50^2}{100} = 25$

Mindestabstand 25 m (ohne Reaktionszeit)

c) Bremsweg: 25 m
Reaktionsweg: $r = \frac{50}{10} \cdot 3 = 15$

Anhalteweg: 15 m + 25 m = 40 m.

$\frac{15\,m}{40\,m} = 0{,}375$

Der Reaktionsweg beträgt hier 37,5 % des Anhalteweges.

Social Media-Ketten-Nachricht

G-Niveau

a) $f(x) = c \cdot a^x$
Dabei ist c der Anfangswert und a der Wachstumsfaktor. Also ist die Funktionsgleichung: $f(x) = 1 \cdot 15^x$

b) Zu lösen ist die Gleichung $150\,000 = 15^x$
Ausprobieren: $f(4) = 50\,625$; $f(5) = 759\,375$.
Beim 5. Durchgang wird die Zahl von 150 000 Nachrichten überschritten.

c) $f(8) = 1 \cdot 15^8 = 2\,562\,890\,625$
Nach acht Durchgängen wurde die Nachricht schon über 2 Milliarden Mal verschickt. Zum Vergleich: Auf der Erde leben knapp 8 Milliarden Menschen.

73 Staatsschulden

E-Niveau

a) Nur anhand der Daten kann man die Unterscheidung so nicht vornehmen, dafür muss man die Sachsituation heranziehen. Da auch bei Staatsschulden Zinsen und Zinseszinsen gezahlt werden müssen, ist von exponentiellem Wachstum auszugehen.

b) Einsetzen der Werte in $f(x) = c \cdot a^x$:

$2036 = 1198 \cdot a^{10} \qquad | : 1198$

$1{,}699 \approx a^{10} \qquad\qquad | \sqrt[10]{}$

$1{,}054 \approx a$

Gleichung: $f(x) = 1198 \cdot 1{,}054^x$

c) $f(20) = 1198 \cdot 1{,}054^{20} \approx 3429{,}8$

2020 betragen die Schulden ca. 3429,8 Milliarden Euro.

d) 2016 ist $x = 16$:

$f(16) = 1198 \cdot 1{,}054^{16} \approx 2779$

Nach dem Modell hätte es 2016 ungefähr 2779 Milliarden Euro Schulden geben müssen, es waren aber deutlich weniger. Das Modell ignoriert viele Aspekte der Realität, beispielsweise Zinsschwankungen, Neuaufnahme bzw. Abbau von Schulden etc.

Radioaktiver Zerfall

E-Niveau

a) $f(x) = c \cdot a^x$

Dabei ist c der Anfangswert (380 g) und a der Wachstumsfaktor.

Die Größe $f(x)$ reduziert sich in 8 Tagen um die Hälfte. Also:

$a^8 = \dfrac{1}{2}$

$a = \sqrt[8]{\dfrac{1}{2}} = 0{,}917$

Die Funktionsgleichung lautet also: $f(x) = 380\,g \cdot 0{,}917^x$

b) $380\,g \triangleq 1\frac{1}{3}$, damit $285\,g \triangleq 1$

In Fukushima wurden nach dieser Schätzung 285 g Jod-131 freigesetzt.

c) $g(10) = 285\,g \cdot 0{,}917^{10} = 119\,g$

$g(25) = 285\,g \cdot 0{,}917^{25} = 32{,}66\,g$

d) $\dfrac{1}{1000}\,g = 285\,g \cdot 0{,}917^x$

$\log_{0{,}917}(285) = x$

$x = 144{,}957$

Mann muss also ungefähr 145 Tage warten.

74 Baumwachstum

G- und E-Niveau

a) x-Achse: Zeit in Jahren; y-Achse: Baumhöhe in cm

b)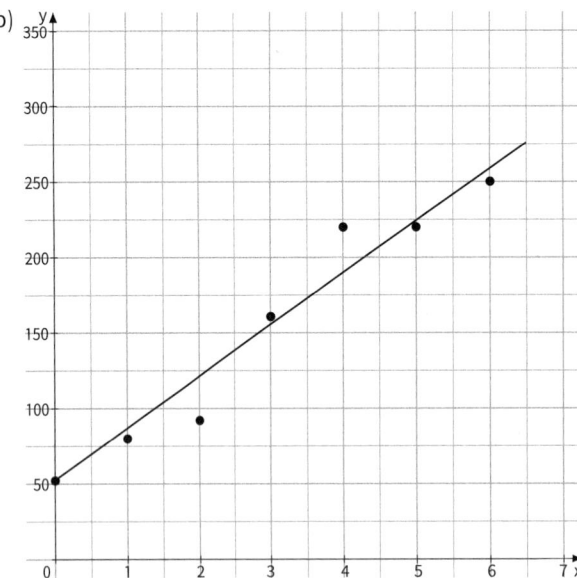

G-Niveau

c) Mit einem Steigungsdreieck an der Ausgleichsgeraden kann man die Steigung bestimmen:
$(258 - 50) : (6 - 0) \approx 35$
Der Baum wächst im Jahr durchschnittlich um 35 cm.

d) Der Baum ist zu Beginn 50 cm hoch. Wenn er 10 Jahre lang um 35 cm pro Jahr wächst, ist er danach 400 cm, also 4 m hoch. Höchstwahrscheinlich wächst der Baum allerdings zu Beginn schneller als in den zweiten 5 Jahren.

E-Niveau

c) Mit einem Steigungsdreieck an der Ausgleichsgeraden kann man die Steigung bestimmen:
$(258 - 50) : (6 - 0) \approx 35$
Zu Beginn ist der Baum 50 cm groß. Damit ergibt sich die Funktionsgleichung:
$f(x) = 50 + 35x$;
$f(x)$: Baumhöhe in cm; x: Zeit in Jahren

d) $100 = 50 + 35x \Rightarrow 1,43$: Der Baum ist nach knapp eineinhalb Jahren 100 m hoch.

e) $f(100) = 3550$ m
Mit der linearen Wachstumsformel wäre der Baum nach 100 Jahren 3550 m hoch, also dreieinhalb Kilometer. An dieser Rechnung kann man sehen, dass diese Wachstumsgleichung ein Modell ist, das das Wachstum nicht beliebig lange beschreibt.

76 Schokolinsen

G- und E-Niveau

a) $P = \frac{1}{4}$

b)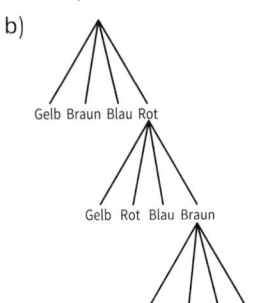

c) $P = \frac{1}{4} + \frac{1}{4} = \frac{1}{2}$

d) Wenn die erste Schokolinse blau ist, ist eine blaue weniger in der Packung:

$P = \frac{10}{40} \cdot \frac{9}{39} = \frac{3}{52}$

e) Es bleiben drei Farben übrig. Die Wahrscheinlichkeit, eine dieser Farben zu ziehen, ist dann $P = \frac{1}{3}$.

Lose

G- und E-Niveau

a) Beispiellösungen: 22 Lose und davon 3 Gewinne, 44 Lose und davon 6 Gewinne, 66 Lose und davon 9 Gewinne usw.

b) $P(\text{kein Gewinn}) = 1 - \frac{3}{22} = \frac{19}{22}$

77 Baumdiagramm

G- und E-Niveau

a) Das Baumdiagramm stellt einen mehrfachen Münzwurf dar.

b) Die Münze wird dreimal geworfen.

c) Die blauen Linien zeigen einen möglichen Ausgang der drei Würfe.

d) Bei jedem Wurf ist die Wahrscheinlichkeit für jeden der beiden Ausgänge $\frac{1}{2}$.

Fahrradfahren

G-Niveau

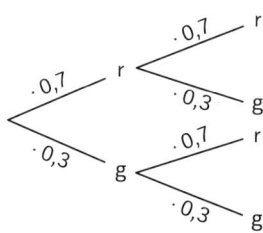

Mindestens eine Ampel ist grün bei folgenden Situationen: (rot, grün), (grün, rot), (grün, grün).
Die einzelnen Pfade:
P(rot, grün): 0,7 · 0,3 = 0,21
P(grün, rot): 0,3 · 0,7 = 0,21
P(grün, grün): 0,3 · 0,3 = 0,09
Zusammen: 0,21 + 0,21 + 0,09 = 0,51, d.h. 51 %.
Die Wahrscheinlichkeit, dass mindestens eine Ampel grün war, liegt bei 51 %.

E-Niveau

a) Baumdiagramm

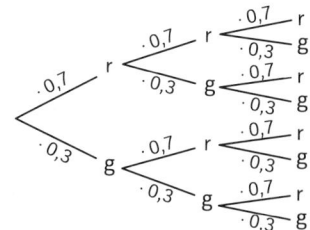

Die Wahrscheinlichkeit für alle Ergebnisse mit einer grünen und zwei roten Ampeln ist mit der Pfadregel
0,7 · 0,7 · 0,3 = 0,147.
Diese Konstellation tritt in wechselnder Reihenfolge dreimal auf, daher liegt nach die Wahrscheinlichkeit bei
3 · 0,147 = 0,441, d.h. 44,1 %.

b) Die höchsten Werte ergeben möglichst viele rote Ampeln. Die Möglichkeit für 3 rote Ampeln ergibt sich einmal.
P = 0,7 · 0,7 · 0,7 = 0,343, also 34,3 %. Zwei rote Ampeln und eine grüne kommen dreimal vor und wurden in a) mit 44,1 % berechnet. Keine weitere Kombination hat höhere Faktoren und kommt häufiger vor, daher ist 44,1 % der höchste Wert.

c) Die Wahrscheinlichkeit für drei rote Ampeln ist dann P = x · 0,7 · 0,7 = 0,10 und x = 0,2. Die erste Ampel müsste eine „Rotwahrscheinlichkeit" von 20 % aufweisen.

78 **Kugeln in Urnen**

G- und E-Niveau

1 a) $P = \frac{1}{5} \cdot \frac{1}{5} = \frac{1}{25}$ b) $P = \frac{1}{5} \cdot \frac{1}{4} = \frac{1}{20}$

2 a) Es müssen zwei Kugeln blau und drei Kugeln schwarz gefärbt sein, damit die Gewinnwahrscheinlichkeit 40 % beträgt.

b) Mit Zurücklegen: $P(\text{zwei blaue Kugeln}) = \frac{2}{5} \cdot \frac{2}{5} = \frac{4}{25}$

c) Ohne Zurücklegen: $P(\text{zwei blaue Kugeln}) = \frac{2}{5} \cdot \frac{1}{4} = \frac{1}{10}$

d) Es gewinnt im Durchschnitt jeder zehnte Spieler. In diesem Fall macht die Klasse 4 € Verlust, sonst 1 € Gewinn.

$$G = \frac{1}{10} \cdot (-4\ €) + \frac{9}{10} \cdot 1\ € = 0{,}5\ €$$

Im Durchschnitt kann die Klasse einen Gewinn von 0,5 € pro Spiel erwarten.

79 ### G-Niveau

3 Karina hat nicht beachtet, dass grün sowohl beim ersten als auch beim zweiten Mal gezogen werden kann. Sie muss also die vier Pfade „grün/blau", „blau/grün", „grün/rot" und „rot/grün" betrachten. Es gilt für die Wahrscheinlichkeit:

P(genau einmal grün) =

$\frac{2}{10} \cdot \frac{4}{10} + \frac{4}{10} \cdot \frac{2}{10} + \frac{2}{10} \cdot \frac{4}{10} + \frac{4}{10} \cdot \frac{2}{10} = \frac{32}{100} = \frac{8}{25}$

E-Niveau

3 Karina hat nicht beachtet, dass grün in den Pfaden mit blau bzw. rot sowohl beim ersten als auch beim zweiten Mal gezogen werden kann. Sie muss also die fünf Pfade „grün/blau", „blau/grün", „grün/rot", „rot/grün" und „grün/grün" betrachten. Es gilt für die Wahrscheinlichkeit:

P(mindestens einmal grün) =

$\frac{2}{10} \cdot \frac{4}{10} + \frac{4}{10} \cdot \frac{2}{10} + \frac{2}{10} \cdot \frac{4}{10} + \frac{4}{10} \cdot \frac{2}{10} + \frac{4}{10} \cdot \frac{4}{10} =$

$\frac{48}{100} = \frac{12}{25}$

Zeitungsmeldungen

E-Niveau

Erweitere die Vierfeldertafel um die jeweiligen Summenfelder:

	Unfall	Kein Unfall	
Rote Autos	40	500	540 (alle roten Autos)
Schwarze Autos	120	1000	1120 (alle schwarzen Autos)
	160 (alle mit Unfall)	1500 (alle ohne Unfall)	1660 (alle Autos insgesamt)

a) Aussage: „12 % der Autos, die in einen Unfall verwickelt sind, sind schwarz."
160 Autos waren in einen Unfall verwickelt, davon waren 120 schwarz.

$\frac{120}{160} = 0{,}75$. Das bedeutet, dass 75 % der Unfallautos schwarz waren.

Die Aussage ist falsch.

b) Aussage: „Fast jedes 10. Auto verunfallt.": Insgesamt gab es 1660 Autos, Unfälle haben dabei 160.

$\frac{160}{1660} \approx 0{,}096 = 9{,}6\ \%$.

Die Aussage ist in etwa richtig.

c) Aussage „12 % der Autos, die schwarz sind, sind in einen Unfall verwickelt." 1120 Autos waren schwarz. 120 schwarze Autos hatten einen Unfall.

$\frac{120}{1120} \approx 0{,}11$, also etwa 11 %.

Die Aussage ist falsch.

Gemischte Übungsaufgaben

80

1 a) proportional   b) keines von beiden   c) antiproportional   d) keines von beiden

2 a)

x	1,5	3	4,5	6	7,5	8
y	3	6	9	12	15	16

b)

x	−2	−1	0	1	2	3	4
y	6	4	2	0	−2	−4	−6

Die Funktionsgleichung lautet dann $f(x) = 2 - 2x$

3

Maschinen	Stunden	Metallwinkel
6	5	6 480
1	5	1 080
1	1	216
1	8	1 728
9	8	15 552

9 solcher Maschinen stellen in 8 Stunden 15 552 Metallwinkel her.

4 Einnahmen pro Auto und Strecke: $E = 400\,€ : 80 = 5\,€$
Einnahmen für die Rückfahrt mit 112 Autos: $E_R = 5\,€ \cdot 112 = 560\,€$
Gesamteinnahmen: $E_{ges} = 400\,€ + 560\,€ = 960\,€$

5 20 Gärtner erledigen die gleiche Arbeit unter den gleichen Bedingungen in 20 Tagen.

6 a) $y = 3 - x$ b) $y = 2 - \frac{1}{3}x$ c) $y = 3 - 2x$
d) $y = 6$ e) $y = 2$ f) $y = -\frac{1}{2} - \frac{3}{2}x$

7 $x^2 + 4x - 10 = 15 + 4x$
$x^2 = 25$
$x_{1,2} = \pm 5$

81

8 $f(x) = 3x$, proportionale Zuordnung; $g(x) = 5 - 6{,}25x$, weder proportional noch antiproportional

9 a) Graph 1: $f(x) = -x^2 + 4$ Graph 2: $g(x) = 2x^2 - 5$
Graph 3: $i(x) = x^2 - 2x - 2$ Graph 4: $h(x) = -\frac{1}{2}x^2 + 2x + 3$
b) Scheitelpunkt: $S\,(0\,|\,4)$; Nullstellen: $N_1(-2\,|\,0)$; $N_2(2\,|\,0)$
c) Scheitelpunkt $S\,(0\,|\,-5)$;
Nullstellen abgelesen: $N_1(\approx 1{,}6\,|\,0)$; $N_2(\approx -1{,}6\,|\,0)$; Nullstellen berechnet: $N_1(-\sqrt{2{,}5}\,|\,0)$; $N_2(\sqrt{2{,}5}\,|\,0)$

10 a) $x_1 = 6$; $x_2 = -6$ b) $x_1 = 0$; $x_2 = 3$ c) $x_1 = 5$; $x_2 = -1$

11 a) $15\,\%$ b) $P(\text{grün}) = 25\,\%$ c) $P(\text{rot}) = 20\,\%$
d) $P(\text{rot;gelb}) = \frac{20}{100} \cdot \frac{10}{100} = \frac{2}{100} = 2\,\%$
e) $P(5\,\text{rot}) = \frac{20}{100} \cdot \frac{20}{100} \cdot \frac{20}{100} \cdot \frac{20}{100} \cdot \frac{20}{100} = \frac{32}{100\,000} = 0{,}032\,\%$

Anmerkung: In den Aufgaben d) und e) geht man davon aus, dass so viele Gummibärchen in der Packung sind, dass sich die Wahrscheinlichkeiten durch die Entnahme von einem bis fünf nicht wesentlich ändern.

82

12 Graph a: $f(x)$; Graph b: $g(x)$; Graph c: $h(x)$

13 a) Funktionsgleichung: $s(t) = 100 \frac{km}{h} \cdot t$ b) Funktionsgleichung: $s(t) = \frac{2}{3} \frac{km}{h} \cdot t$

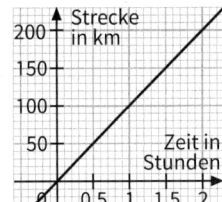   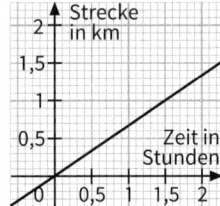

14 700 € − 7 · 72 € = 196 €: Am Ende haben sie noch 196 € übrig.

15 Gesamtkosten: 2400 €; bei 15 Teilnehmern also 160 € pro Person.

16 Gesamtstrecke: 7 · 50 km = 350 km; da die beiden 10 Tage brauchen, sind sie durchschnittlich 35 km am Tag gefahren.

17

Packungen	Hunde	Tage
1	10	10
1	1	100
1	15	6,667

18 a) $y = 3x^2 - 5$; weitere Punkte: $P(1|-2)$; $Q(-1|-2)$
b) $y = -1,2x^2 - 1,4x + 2$; weitere Punkte: $P(-1|2,2)$; $Q(1|-0,6)$
c)

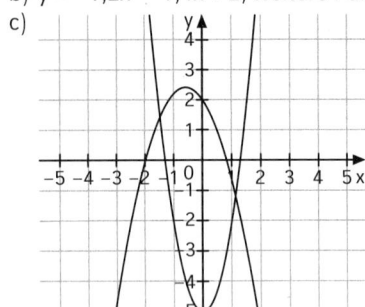

19 a) Die Glaswand besteht aus zwei kleinen Dreiecken und zwei Trapezen (insgesamt bilden die Flächen ein Dreieck).

Dreiecke: Grundseite: g = 1,75 m; Höhe: h_g = 0,85 m; Fläche: $A = \frac{g \cdot h_g}{2} = 0,74375$ m²

Trapeze: parallele Seiten: a = 1,7 m; b = 0,85 m; Höhe: h = 1,75 m; Fläche: $A = \frac{a+b}{2} \cdot h = 2,23125$ m²

Gesamtfläche: $A_{ges} = \frac{3,4 \text{ m} \cdot 3,5 \text{ m}}{2} = 5,95$ m²

b)

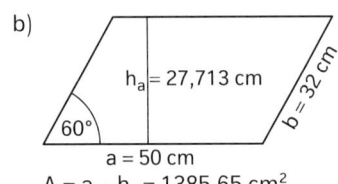

$A = a \cdot h_a = 1385,65$ cm²

20 x = 2; y = −1

21 x = 5; y = 2,5

22 $x = 1$; $y = 4$

23 $x + y = 7$; $5x + 8y = 41$: Lösung: $x = 5$, $y = 2$: Es gibt 5 Fünfbettzimmer und 2 Achtbettzimmer.

24 $U = 2x + 2y = 48$ cm; $x = y + 4$; Lösung: $x = 14$ cm; $y = 10$ cm: Das Rechteck ist 14 cm lang und 10 cm breit.

25 $x_1 = 2{,}89$; $x_2 = -2{,}89$; $y = 1{,}67$

26 Harry erhält 9000 €.

27 8 Riegel

28 c ist die Hypotenuse: $c = 5{,}83$ cm; c ist eine der Katheten: $c = 4$ cm

84 **29** 36 €

30 a) 36 000 €   b) 0,9 %

31 Graph 1: $f(x) = 2 \cdot 2^x$; Graph 2: $h(x) = 1^{-x}$; Graph 3: $g(x) = -0{,}5 \cdot 4^x$

32 $p\,\% = 9\,\%$: $a = 1{,}09$; $p\,\% = -5\,\%$: $a = 0{,}95$; $a = 2{,}5$: $p\,\% = 150\,\%$; $a = 0{,}25$: $p = -75\,\%$

33 $y = 2x^2 + 2$; weitere Punkte z. B. $(-1\,|\,4)$; $(-4\,|\,34)$; $(6\,|\,74)$

34 a) Wahrscheinlichkeit grüner Ball: $P(\text{grün}) = \frac{1}{2}$; Wahrscheinlichkeit Gewinn: $P(\text{Gewinn}) = \frac{1}{2} \cdot \frac{1}{2} = \frac{1}{4}$

In einem Viertel der Fälle muss Marvin 4 € auszahlen. Wenn er für jedes Spiel 1 € verlangt, macht er langfristig weder Gewinn noch Verlust.

b) Ohne Zurücklegen: $P(\text{Gewinn}) = \frac{1}{2} \cdot \frac{1}{3} = \frac{1}{6}$: Die Gewinnwahrscheinlichkeit wird kleiner.

c) Bei der zweiten Variante muss weniger Gewinn ausgezahlt werden.

35 $y = -1{,}5x + 9$

85 **36** a) $A(x) = -375x + 2325$, dabei ist A der Absatz in Stück und x der Preis in €

b)

Preis	1 €	2 €	3 €	4 €	5 €
Absatz A(x)	1950	1575	1200	825	450
Einnahmen = Absatz · Preis	1950 €	3150 €	3600 €	3300 €	2250 €

c) Der Punkt, an dem die Einnahmen wieder geringer werden liegt zwischen 3 € und 4 €.
Für die Einnahmen gilt die Funktion $E(x) = A(x) \cdot x = -375x^2 + 2325x$.
Das Maximum dieser Funktion (rechnerisch oder grafisch bestimmt) liegt bei $x = 3{,}1$. Der ideale Preis (in diesem Modell) liegt also bei 3,10 €.

37 a)

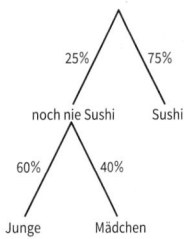

b) Von den 180 Jugendlichen haben $0{,}25 \cdot 180 = 45$ noch nie Sushi gegessen. Davon sind 60 % Jungen, also 27 Schüler, und 40 % Mädchen, das sind 18 Schülerinnen. Da nichts anderes angegeben ist, geht man hier davon aus, dass der Anteil der Sushi-Esser unter Jungen und Mädchen gleich hoch ist.

38

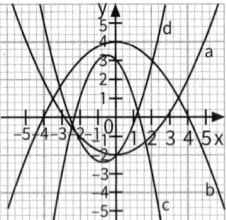

39 $V = 3{,}375\ \text{cm}^3$

40 Die Vasen sind Zylinder, für das Volumen gilt $V = \pi \cdot r^2 \cdot h$.
linke Vase: $V_1 = 201{,}06\ \text{cm}^3$; mittlere Vase: $V_2 = 294{,}52\ \text{cm}^3$; rechte Vase: $V_3 = 226{,}19\ \text{cm}^3$
In jede Vase soll ein viertel Liter Wasser, also 250 ml = 250 cm³. Das passt nur in die mittlere Vase.

41 $V = \frac{1}{2} \cdot 15\ \text{cm} \cdot 8\ \text{cm} \cdot 20\ \text{cm} = 1200\ \text{cm}^3$

Die dritte Seite der dreieckigen Grundfläche wird mit dem Satz des Pythagoras berechnet:
$s = \sqrt{(8\ \text{cm})^2 + (15\ \text{cm})^2} = 17\ \text{cm}$

$O = 2 \cdot \frac{1}{2} \cdot 15\ \text{cm} \cdot 8\ \text{cm} + 15\ \text{cm} \cdot 20\ \text{cm} + 8\ \text{cm} \cdot 20\ \text{cm} + 17\ \text{cm} \cdot 20\ \text{cm} = 920\ \text{cm}^2$

42 Die Funktion ist symmetrisch zur y-Achse, der Scheitelpunkt liegt also bei $x = 0$: $S(0\,|\,3)$
Die Nullstellen erhält man, indem man $0 = -0{,}5x^2 + 3$ löst: $N_1(0\,|\,\sqrt{6})$; $N_2(0\,|\,-\sqrt{6})$

43 $f(x) = 0{,}4x^2 + 1{,}6x + 5{,}6$; $g(x) = 2(x - 2{,}25)^2 + 6{,}875$

44 Maik hat die Formeln für Sinus und Tangens im rechtwinkligen Dreieck verwechselt. Richtig ist:
$\tan(53°) = \frac{60\ \text{cm}}{x}$; $x = 45{,}21\ \text{cm}$: Die Seite x ist 45,21 Zentimeter lang.

45 Aus dem Text ergibt sich folgende Gleichung: $1200\ \text{kg} = 40\ \text{kg} \cdot x + 100\ \text{kg} \cdot y$
x: Anzahl der Kisten mit 40 kg; y: Anzahl der Kisten mit 100 kg.
Durch Umstellen erhält man: $y = \dfrac{1200\ \text{kg} - 40\ \text{kg} \cdot x}{100\ \text{kg}}$

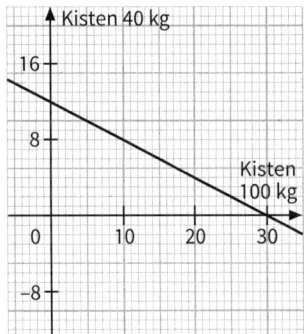

46

Grundwert	90	$44,\overline{4}$	15	3	34,88
Prozentsatz	$13,\overline{3}$	90	600	15	43
Prozentwert	12	40	90	0,45	15

87

47 a) =SUMME(B2:B13)
b) =MITTELWERT(B2:B13)

48 a) Zeichnung im Maßstab 1 : 200:

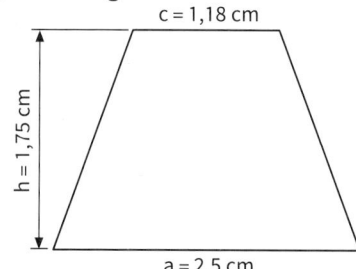

b) Flächeninhalt der Grundfläche: $A = \dfrac{5\,m + 2,36\,m}{2} \cdot 3,45\,m = 12,696\,m^2$

Volumen: $V = 12,696\,m^2 \cdot 1,75\,m = 22,218\,m^3$

c) $W(t) = 22,218 - 5 \cdot t$, t: Zeit in Stunden, W(t): Wassermenge in m^3 nach t Stunden
$W(1) = 17,218\,m^3$; $W(2) = 12,218\,m^3$; $W(3) = 7,218\,m^3$

d) Zeichenübung

e) $V = \dfrac{3\,m \cdot 7\,m}{2} \cdot 5\,m = 52,5\,m^3$: In diesen Pool passt deutlich mehr Wasser.

88

49

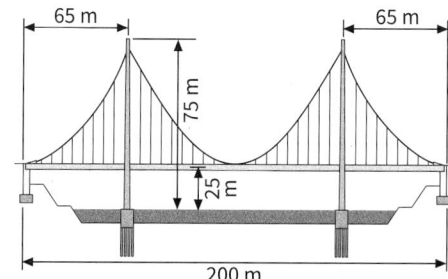

Für die Funktionsgleichung gilt allgemein (Scheitelpunktform) $f(x) = a(x + b)^2 + c$.
Die x-Achse wird auf die Straße gelegt, die y-Achse entlang der linken Pylone. Der Nullpunkt liegt also am Schnittpunkt zwischen linker Pylone und Straße. Oberhalb der Straße sind die Pylonen noch 50 m hoch.
Dann geht das Kabel durch die folgenden Punkte: $P_1(0|50)$, $P_2(35|0)$, $P_3(70|50)$. P_2 ist der Scheitelpunkt. Setzt man diesen Punkt in die Scheitelpunktform ein, erhält man $f(x) = a(x - 35)^2$. Einsetzen von $P_1(0|50)$ ergibt $f(x) = 0,041 \cdot (x - 35)^2$.
In 5 m Abstand von der ersten Pylone, also bei x = 5, ist f(5) = 36,9.
Das Tragseil ist hier also 36,9 m lang.

50 a) 7,5 kg : 3 = 2,5 kg: Hannah muss 2,5 kg Gelierzucker kaufen.
b) 50 % von 60 g sind 30 g. Das Verhältnis Frucht zu Zucker ist jetzt 150 : 30, also 5 : 1.

51 a) $Z = \dfrac{K \cdot p \cdot t}{100 \cdot 360} = \dfrac{350\,000\,€ \cdot 0,25 \cdot 250\,\text{Tage}}{100 \cdot 360\,\text{Tage}} = 607,64\,€$
607,64 € + 350 000 € = 350 607,64 €

b) $400\,€ = \dfrac{K \cdot p \cdot t}{100 \cdot 360}$, also $t = \dfrac{400\,€ \cdot 100 \cdot 360}{K \cdot p} = 164,57$
Nach 165 Tagen hat er 400 € Zinsen bekommen.

c) $Z = \dfrac{K \cdot p \cdot t}{100 \cdot 360} = \dfrac{350\,000\ € \cdot 0{,}25 \cdot 360\ \text{Tage}}{100 \cdot 360} = 875\ €$

$875\ € + 350\,000\ € = 350\,875\ €$

$\dfrac{350\,875\ € \cdot 0{,}25 \cdot 20\ \text{Tage}}{100 \cdot 360\ \text{Tage}} = 48{,}73\ €$

$350\,875\ € + 48{,}73\ € = 350\,923{,}73\ €$

Nach 380 Tagen hat er 350 923,73 €.

52 Grundgleichung: $f(x) = a \cdot b^x$
P und Q einsetzen ergibt $6{,}75 = a \cdot b^3$ und $34{,}172 = a \cdot b^7$
Lösung: $f(x) = 2 \cdot 1{,}5^x$

53 a) $b = 3{,}4 : 2{,}9 = 1{,}17$. Der Wachstumsfaktor beträgt 1,17
b) Der Startwert ist 2,9, also folgt: $f(x) = 2{,}9 \cdot 1{,}17^x$
2019 – 2022 = 3 Jahre: $f(3) = 2{,}9 \cdot 1{,}17^3 = 4{,}645$
Im 3. Jahr (2022) sind es bereits 4,65 Millionen Tiere.
c) Zeichenübung

89

54 a) $K_{12} = K_0 \cdot (1 + p)^n = 15\,000\ € \cdot (1 - 0{,}005)^{12} = 14\,124{,}34\ €$
b) $K_{12} = 1\ € \cdot (1 - 0{,}005)^{12} = 0{,}94\ €$
Von einem Euro wären ihm 6 Cent berechnet worden.
c) $20\,000\ € = K_0 \cdot (1 - 0{,}005)^5;\ K_0 = 20\,507{,}59\ €$
d) $1 = 15\,000\ € : (1 - 0{,}005)^x$

$0{,}995^x = \dfrac{1}{15\,000}$

$x = \log_{0{,}995}\left(\dfrac{1}{15\,000}\right) = 1918{,}3$

Es würde 1918,35 Jahre dauern, bis sein Guthaben auf 1 € gesunken ist.

55 a) Die Tankanzeigen leuchten bei 10 % auf, bei Ramona sind dann noch 6 Liter Benzin im Tank.
b) Wenn Yusuf mit vollem Tank losgefahren ist, dann hat er 36,75 Liter verbraucht.
$(36{,}75 : 350) \cdot 100 = 10{,}5$
Sein Auto verbraucht auf 100 km 10,5 Liter Benzin.
c) Benzinmenge am Anfang: 40 l; Verbrauch auf den ersten 200 km: 10,5 l pro 100 km, also 21 l.
Benzinmenge an der Tankstelle: 19 l, Yusuf tankt 61 l.
Verbrauch auf den restlichen 300 km: 10,5 l · 1,2 = 12,6 l pro 100 km, also 37,8 l.
Tankfüllung am Ende: 42,2 Liter.

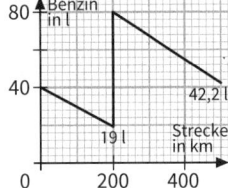

56 Gesamtzahl aller Lose: 100 Stück

$P(\text{Niete}) = \dfrac{80}{100} = 0{,}8 = 80\,\%$

$P(\text{Gewinn}) = \dfrac{15}{100} + \dfrac{5}{100} = \dfrac{20}{100} = 0{,}2 = 20\,\%$

$P(\text{Niete}/\text{Gewinn}) = \dfrac{80}{100} \cdot \dfrac{5}{99} = \dfrac{400}{9900} = \dfrac{4}{99} = 0{,}\overline{04} \approx 4\,\%$

57 a) 71 km
b) Drei Pausen zu 30 min, 60 min, 30 min; insgesamt also zwei Stunden
c) Am schnellsten ist er in den letzten 15 Minuten, am langsamsten in der Stunde von 13:30 bis 14:30. Vermutlich hängt die Geschwindigkeit mit der Steigung der Strecke zusammen.
d) Insgesamt: $17{,}75\ \frac{km}{h}$ (71 Kilometer in 4 Stunden Fahrzeit); schnellste Strecke: $30\ \frac{km}{h}$, langsamste Strecke: $12\ \frac{km}{h}$

Originalprüfung 2022
Diese Lösungen sind keine Originallösungen des Niedersächsischen Kultusministeriums

Zentrale Aufgaben für den G-Kurs

Hilfsmittelfreier Teil

90

1 a) Der Fahrradfahrer startet um 14:30 am Hotel. Er legt eine Pause von 15:00 Uhr bis 15:15 Uhr ein. Der E-Bikefahrer startet um 15:15 Uhr. Er startet somit 45 Minuten später als der Fahrradfahrer. Der E-Bikefahrer ist als erstes im Ziel und hat eine Gesamtstrecke von 40 km zurückgelegt.

b)
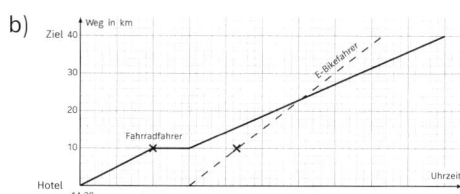

c) Der Fahrradfahrer ist vor der Pause schneller gefahren. Dies kann man daran erkennen, dass die Steigung des Graphen vor der Pause größer ist.

d) Der Schnittpunkt liegt etwa bei 23 km und 16 Uhr. Das bedeutet, dass der E-Bikefahrer den Fahrradfahrer etwa um 16 Uhr überholt und sie beide bis dahin etwa 23 km gefahren sind.

91

2 a)

	Nummern der Körper
Zylinder	2, 5
Kein Zylinder	1, 3, 4

b)
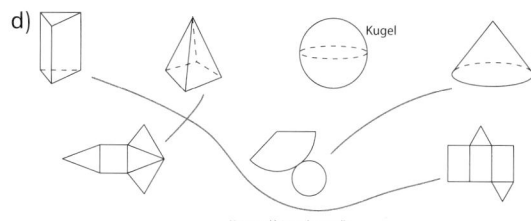

c) Die Formel für die Oberfläche eines Zylinders ist $O = 2 \cdot \pi \cdot r^2 + 2 \cdot \pi \cdot r \cdot h$.
Der erste Teil ($2 \cdot \pi \cdot r^2$) berechnet die beiden Kreisflächen (Boden- und Deckfläche) und der zweite Teil ($2 \cdot \pi \cdot r \cdot h$) berechnet den rechteckigen Mantel. Friederike hat die Zahlenwerte für Radius und Höhe richtig eingesetzt, aber die Kreisfläche nur einmal in die Formel eingefügt. Sie hat also übersehen, dass es zwei Kreisflächen gibt.

d)
![Netze verkleinert dargestellt]

92

3 a)

	Ralf „zweimal Zahl"	Martin „zweimal Kopf"	Yasmin „andere Fälle"
Anzahl	52	46	102
Relative Häufigkeit als Bruch	$\frac{52}{200} = \frac{26}{100} = \frac{13}{50}$	$\frac{46}{200} = \frac{23}{100}$	$\frac{102}{200} = \frac{51}{100}$
Relative Häufigkeit in Prozent	26 %	23 %	51 %

b)

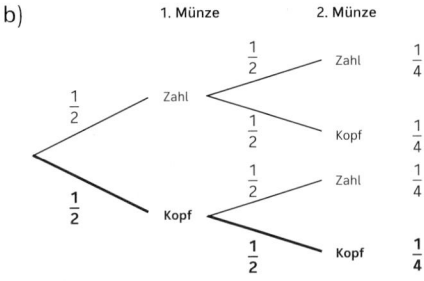

	1. Münze	2. Münze	

$\frac{1}{2}$ Zahl

$\frac{1}{2}$ — Zahl — $\frac{1}{4}$

$\frac{1}{2}$ — Kopf — $\frac{1}{4}$

$\frac{1}{2}$ Kopf

$\frac{1}{2}$ — Zahl — $\frac{1}{4}$

$\frac{1}{2}$ — Kopf — $\frac{1}{4}$

c) Der Pfad ist in der Zeichnung unter b) markiert.

d) Martin gewinnt bei einem von vier möglichen Ausgängen, seine Gewinnwahrscheinlichkeit liegt also bei $\frac{1}{4}$. Yasmin gewinnt dagegen in zwei von vier möglichen Ausgängen, also mit einer Wahrscheinlichkeit von $\frac{1}{4} + \frac{1}{4} = \frac{1}{2}$. Ihre Gewinnwahrscheinlichkeit ist damit doppelt so hoch.

Pflichtteil

93

4 a) Breite: 3,00 m; Länge: 4,80 m; Höhe der Seiten: 1,50 m, Gesamthöhe: 2,60 m.

b)

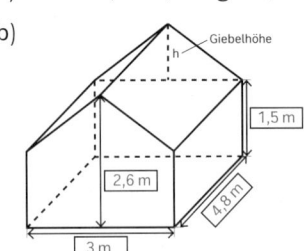

Giebelhöhe

1,5 m

2,6 m

4,8 m

3 m

c) h = 260 cm – 150 cm = 110 cm
   Die Giebelhöhe h beträgt 110 cm oder 1,10 m.

d) $s = \sqrt{150^2 + 110^2}$
   $s \approx 186$
   Die Länge der Dachkante s beträgt etwa 186 cm.

e) Die Dachfläche ist ein Rechteck mit den Seitenlängen 4,80 m (Breite des Hauses) und 1,86 m (Länge s der Dachkante).
   Rechteckfläche: A = a · b
   $A_{Dachseite} = 1,86 \text{ m} \cdot 4,8 \text{ m} = 8,928 \text{ m}^2$

f) Gesamtlänge der Seitenwand: 4,80 m = 480 cm
   480 : 8 = 60
   Die Breite einer Glasscheibe beträgt 60 cm.

g) Fläche einer der Scheiben:
   $A_{Glasscheibe} = 1,50 \text{ m} \cdot 0,6 \text{ m} = 0,9 \text{ m}^2$
   0,9 · 98 = 88,2
   Die neue Glasscheibe kostet 88,20 €.

94

h) Das Gewächshaus besteht aus einem Quader (unten) und einem Prisma mit dreieckiger Grundfläche (oben)
   $V_{Quader} = a \cdot b \cdot c$
   $V_{Quader} = 3,00 \text{ m} \cdot 4,80 \text{ m} \cdot 1,50 \text{ m} = 21,6 \text{ m}^3$
   Grundseite des Prismas ist ein Dreieck mit der Grundseite g = 3,00 m (Breite des Hauses) und der Höhe h = 1,10 m (Giebelhöhe). Die Höhe h_p des Prismas entspricht der Länge des Hauses.
   $V_{Prisma} = G \cdot h_p$
   $V_{Prisma} = \frac{1}{2} \cdot 3 \text{ m} \cdot 1,1 \text{ m} \cdot 4,8 \text{ m} = 7,92 \text{ m}^3$

   Gesamtvolumen:
   $V_{Haus} = 21,6 \text{ m}^3 + 7,92 \text{ m}^3 = 29,52 \text{ m}^3$

   Das gesamte Haus hat ein Volumen von ungefähr 30 m³. Da das Volumen kleiner als 40 m³ ist, darf es ohne Baugenehmigung errichtet werden.

i)

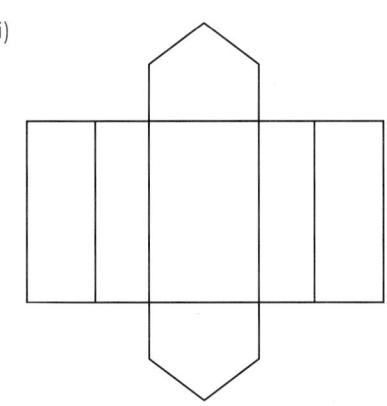

Wahlteil 1: Funktionen

5 a)

Anzahl Fotos	1	2	3	5	10
Gesamtkosten	6,07 €	6,14 €	6,21 €	6,35 €	6,70 €

b) und c)

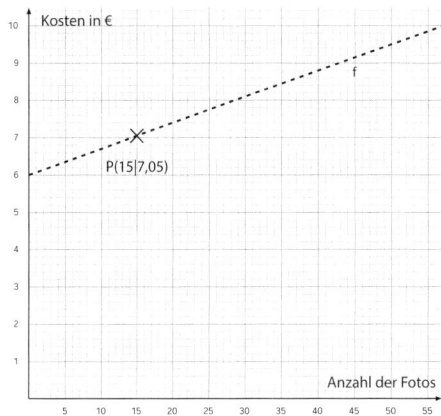

d) Es handelt sich um einen linearen Zusammenhang, die allgemeine Form ist also
$f(x) = m \cdot x + b$
Einsetzen der hier gegebenen Werte:
$f(x) = 0{,}07 \cdot x + 6$

e) $f(62) = 0{,}07 \cdot 62 + 6 = 10{,}34$
62 Fotos kosten 10,34 €.

f) Rechnerische Bestimmung der Lösung:

$0{,}07 \cdot x + 6 = 23$	$\mid - 6$
$0{,}07 \cdot x = 17$	$\mid : 0{,}07$
$x = 242{,}86$	

Grafische Bestimmung der Lösung mit dem GTR:
Man zeichnet die Graphen zu den Funktionen f und h mit $h(x) = 23$ mit dem GTR. Der GTR liefert den Schnittpunkt $S(242{,}86 \mid 23)$.
Man kann für 23 € also 242 Bilder bestellen.

g)
> *Foto Schneider*
> 📷 Preis pro Foto: 0,15 €
> Versandkosten: 4 €

h) x: die Anzahl der Fotos.
g(x): Gesamtkosten in Euro.

i) $f(20) = 0{,}07 \cdot 20 + 6 = 7{,}40$ und $g(20) = 0{,}15 \cdot 20 + 4 = 7$
Bei *Foto Schneider* kosten 20 Fotos insgesamt 7 €, bei *Foto Meyer* sind es 7,40 €. Für 20 Fotos ist *Foto Schneider* also günstiger.

j) Bei 25 Bildern betragen die Gesamtkosten bei beiden Angeboten 7,75 €. Sie sind hier also gleich teuer.

Wahlteil 2: Wahrscheinlichkeiten

5 a)

Sorte	Anzahl
Apfelsaft	3
Bananensaft	2
Kirschsaft	2
Orangensaft	3
Maracujasaft	1
Limettensaft	1
	12

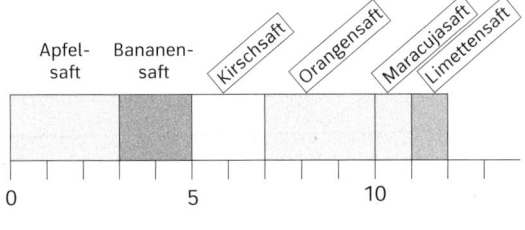

b)

Ereignis	Wahrscheinlichkeit als Bruch	Wahrscheinlichkeit in Prozent
Er greift Maracujasaft.	$\frac{1}{12}$	ca. 8,3 %
Er greift Bananensaft oder Kirschsaft.	$\frac{4}{12}$	ca. 33,3 %
Er greift Apfelsaft. Oder: Er greift Orangensaft	$\frac{3}{12}$	25 %
Er greift keinen Orangensaft.	$\frac{9}{12}$	75 %

c)

Sorte	Anzahl
Apfelsaft	3
kein Apfelsaft	9
	12

d)

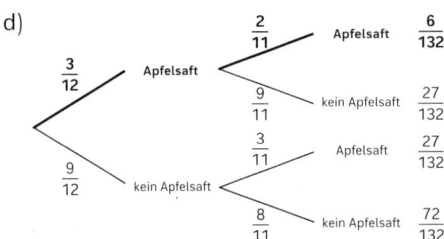

e) Der Pfad zu „zweimal Apfelsaft" ist im Bild zu Teilaufgabe d) markiert.

$P(\text{zweimal Apfelsaft}) = \frac{3}{12} \cdot \frac{2}{11} = \frac{6}{132} = \frac{1}{22} \approx 4{,}5\%$

Die Wahrscheinlichkeit dafür, zwei Apfelsaftflaschen zu greifen, beträgt 4,5 %.

f) „Genau eine Apfelsaftflasche" bedeutet, entweder beim ersten oder beim zweiten Griff Apfelsaft zu greifen, aber nicht beide Male.

$P(\text{genau einmal Apfelsaft}) = \frac{3}{12} \cdot \frac{9}{11} + \frac{9}{12} \cdot \frac{3}{11} = \frac{54}{132} = \frac{9}{22} \approx 40{,}9\%$

Die Wahrscheinlichkeit beträgt etwa 40,9 % ≈ 41 %.

g) Friederike hat vergessen, dass zu „mindestens eine Apfelsaftflasche" auch „zwei Apfelsaftflaschen" gehört. Der Pfad „Apfelsaft, Apfelsaft" muss also auch beachtet werden. Sie hat stattdessen nur die Wahrscheinlichkeit für die beiden Pfade „kein Apfelsaft, Apfelsaft" und „Apfelsaft, kein Apfelsaft" berechnet. Richtig ist:

P(mindestens einmal Apfelsaft) $= \frac{3}{12} \cdot \frac{9}{11} + \frac{9}{12} \cdot \frac{3}{11} + \frac{3}{12} \cdot \frac{2}{11} = \frac{60}{132} = \frac{5}{11} \approx 45{,}45\,\%$

Zentrale Aufgaben für den E-Kurs

Hilfsmittelfreier Teil

98

1 a) $V = (4\ \text{cm})^3 = 64\ \text{cm}^3$
Das Volumen beträgt 64 cm³.

b) n bildet ein rechtwinkliges Dreieck mit zwei halben Kanten des Würfels. Es gilt also:
$n^2 = 2^2 + 2^2$ und damit $n = \sqrt{2^2 + 2^2} = \sqrt{4 + 4} = \sqrt{8}$
Die Länge der Seite n beträgt $\sqrt{8}$ cm. Also stimmt die Behauptung.

c) $V = \sqrt{8} \cdot \sqrt{8} \cdot 4 = 8 \cdot 4 = 32$
Das Volumen dieses Quaders beträgt 32 cm³.

d) Quader und Würfel sind gleich hoch. Skizze der Grundfläche:

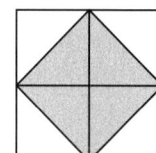

Die Skizze zeigt die Grundfläche des Würfels, in die die Grundfläche des Quaders eingezeichnet ist. Wie man sieht, kann man diese Fläche in acht gleichgroße Dreiecke unterteilen. Die vier grauen Dreiecke bilden die Grundfläche des Quaders. Die Grundfläche des Quaders ist also genau halb so groß wie die des Würfels, und mit der gleichen Höhe gilt dies dann auch für das Volumen.

99

2 a) Gewinnwahrscheinlichkeit beim Würfeln:

$P(\text{Würfeln}) = \frac{2}{6} \approx 0{,}333 = 33{,}3\,\%$

Gewinnwahrscheinlichkeit beim Glücksrad:

$P(\text{Glücksrad}) = \frac{7}{20} = 0{,}35 = 35\,\%$

Beim Glücksrad ist die Wahrscheinlichkeit zu gewinnen größer.

b) P(6,6) wird richtig berechnet mit den Termen $\left(\frac{1}{6}\right)^2$ und $\frac{1}{6} \cdot \frac{1}{6}$.

Die Wahrscheinlichkeit eine 6 zu würfeln ist $\frac{1}{6}$. Soll nun zweimal hintereinander eine sechs gewürfelt werden, so müssen die Wahrscheinlichkeiten der beiden Durchgänge miteinander multipliziert werden (zweistufiger Zufallsversuch). Da die Wahrscheinlichkeit gleich bleibt, wird $\frac{1}{6}$ mit sich selbst multipliziert.

c) Dorothee rechnet mit der Gegenwahrscheinlichkeit. Von 1 werden dabei die Wahrscheinlichkeiten der Pfade abgezogen, die nicht zu einer Sechs führen. Dies ist ist $\frac{5}{6}$ beim ersten Wurf und ist $\frac{1}{6} \cdot \frac{5}{6}$ im zweiten.

100

3 a)

	Nummer des Graphen
Exponentialfunktion	3, 5
Quadratische Funktion	4, 7
Lineare Funktion	1, 6
keine der drei Funktionstypen	2, 8

b) $x^2 + 1900 = 2800 \quad | -1900$
$ x^2 = 900 \quad | \sqrt{}$
$x_{1,2} = \pm 30$

c) Die Parabel stellt grafisch die linke Seite der Gleichung dar und die Gerade ist der Graph der rechten Seite der Gleichung. In den Schnittpunkten haben die beiden Graphen die gleichen Koordinaten. Die x-Werte der Schnittpunkte sind somit die Lösungen der Gleichung.
$x_1 = -2$, $x_2 = 4$

Pflichtteil

4 a)

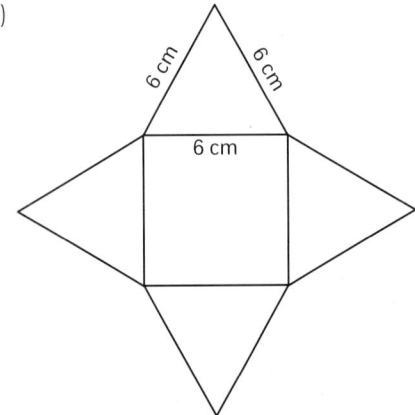

b) Die Höhe eines der Dreiecke berechnet man mit dem Satz des Pythagoras in dem rechtwinkligen Dreieck, das die halbe Dreiecksseite bildet:
$h_{Dreieck} = \sqrt{6^2 - 3^2} \approx 5,2$
Die Höhe des Dreiecks beträgt ungefähr 5,2 cm.

c) Um das Volumen der Kerze zu berechnen, muss zuerst die Kerzenhöhe bestimmt werden. Dazu betrachtet man das halbe Querschnittsdreieck der Pyramide:
$h_{Kerze} = \sqrt{h_{Dreieck}^2 - \left(\frac{Kante}{2}\right)^2} = \sqrt{5,2^2 - 3^2} \approx 4,2$
$V = \frac{1}{3} \cdot G \cdot h_{Kerze} = \frac{1}{3} \cdot 6^2 \cdot 4,2 = 50,9$
Das Volumen der Kerze beträgt ungefähr 51 cm³.

d) Für das Volumen einer Kugel gilt $V_{Kugel} = \frac{4}{3} \cdot \pi \cdot r^3$.
$51 = \frac{4}{3} \cdot \pi \cdot r^3 \qquad | : \frac{4}{3} \cdot \pi$
$\frac{51 \cdot 3}{4 \cdot \pi} = r^3 \quad | \sqrt{\ }$
$2,3 \approx r$
Der Radius einer kugelförmigen Kerze mit dem gleichen Volumen beträgt ungefähr 2,3 cm.

e) Oberfläche der pyramidenförmigen Kerze (Kantenlänge k):
$O_{Pyramide} = 4 \cdot \frac{1}{2} \cdot h_{Dreieck} \cdot k + k \cdot k = 4 \cdot \frac{1}{2} \cdot 5,2 \cdot 6 + 6 \cdot 6 = 98,4$
Oberfläche der kugelförmigen Kerze (Radius r):
$O_{Kugel} = 4 \cdot \pi \cdot r^2 = 4 \cdot \pi \cdot 2,3^2 = 66,5$
Die pyramidenförmige Kerze hat ein Volumen von etwa 98,4 cm³, die Oberfläche der kugelförmigen ist etwa 66,5 cm³ groß. Für das Verhältnis gilt:
$98,4 - 66,5 = 31,9; \frac{31,9}{98,4} \approx 0,324 \approx 32\%$

Die Oberfläche der kugelförmigen Kerze ist ca. 32 % kleiner als die Oberfläche der pyramidenförmigen Kerze.

f) Der Zylinder um den Docht, der abbrennt, hat das Volumen:
$V_{Zylinder} = \pi \cdot r^2 \cdot h = \pi \cdot 1,6^2 \cdot 4,6 \approx 37$
Es brennen weniger als 37 cm³ von den 51 cm³ der Kerze ab. Es bleiben demnach mehr als 10 % übrig, die Vorgabe wird nicht erfüllt.
Anmerkung: Wenn man genau rechnet, brennt sogar noch etwas weniger als 37 cm³ ab, da der Zylinder um den Docht in der kugelförmigen Kerze oben und unten etwas abgerundet ist (mit der Wölbung der Kugel). Da allerdings auch so schon zu wenig Volumen der Kerze abbrennt, um die Vorgabe zu erfüllen, ändert dies nichts am Ergebnis.

101

Wahlteil 1: Funktionen

102

5 a) 1029,4: Anfangswert, also Preis beim Start der Beobachtung zum Jahresbeginn 2010.
0,84: Faktor, um den die Preise jährlich abnehmen.
x: Anzahl der Jahre seit 2010
f(x): Preis zum Zeitpunkt x.

b) P (5|430,51) bedeutet, dass 5 Jahre nach 2010 (also 2015) der Preis pro kWh 430,51 € betrug.

c) Zu Beginn des Jahres 2018 sind 8 Jahre nach 2010, also x = 8.
$P(8) = 1029,4 \cdot 0,84^8 \approx 255,2$
Zu Beginn des Jahres 2018 beträgt nach diesem Modell der Preis pro kWh etwa 255,2 €.

d) 2008 – 2010 = –2
$P(-2) = 1029,4 \cdot 0,84^{-2} \approx 1458,9$
Zu Beginn des Jahres 2008 betrug nach diesem Modell der Preis pro kWh etwa 1458,9 €.

WTR	GTR
e) Vorgehen: Man zeichnet mit dem GTR die Funktionen f(x) und g(x) = 85. Dann bestimmt man die Schnittpunkte. Es ergibt sich ein Schnittpunkt mit den Koordinaten S (14,3|85). Nach diesem Modell fällt der Preis 14,3 Jahre nach Beobachtungsbeginn erstmals unter 85 €, also im Jahre 2024.	e) Man probiert systematisch verschiedene Jahre (Werte von x) aus: 2020: x = 10, $f(10) = 1029,4 \cdot 0,84^{10} \approx 180,04$ 2021: x = 10, $f(11) = 1029,4 \cdot 0,84^{11} \approx 151,23$ Nach diesem Modell wird der Preis zwischen dem Jahresanfang 2020 und dem Jahresanfang 2021 erstmals unter 170 € fallen, also im Laufe des Jahres 2021.

f) 2010: x = 0; f(x) = 1029,4
2015: x = 5, $f(5) = 1029,4 \cdot 0,84^5 \approx 430,5$

$\frac{430,5}{1029,4} \approx 0,418 = 41,8\,\%$

Der Preis betrug nach dem Modell 2015 noch ungefähr 42 % des Preises von 2010, war also um 58 % gefallen. Die Abbildung passt zur Funktion f.

g) Preisberechnung mit dem Modell:
2021: x = 11, $f(11) = 1029,4 \cdot 0,84^{11} \approx 151,24 \approx 151$ €.
151 € – 95 € = 56 €: Ralfs Modell weicht für 2021 um 56 € vom tatsächlichen Preis ab.

h) Die Batterieladung steigt zunächst schnell an, im Laufe des Ladevorgangs wird der Anstieg immer langsamer. Die Akkuladung nähert sich 100 % an.

i) Bei einem exponentiellen Verlauf würde die Akkuladung zunächst langsam und dann immer schneller ansteigen. Im Gegensatz dazu wird hier der Anstieg immer langsamer und die Gesamtladung nähert sich einem Wert, der nicht mehr überschritten wird.

j) Der Term „100 · 0,96ˣ" wird für immer größer werdende x zwar immer kleiner, bleibt aber immer positiv und wird nie Null. Da er von 100 abgezogen wird, wird die Differenz des Funktionswertes von g zu 100 zwar immer kleiner, erreicht aber auch nie den Wert 0. g(x) bleibt damit immer etwas kleiner als 100, wenn auch mit zunehmenden x immer weniger.

Wahlteil 2: Wahrscheinlichkeiten

103

5 a) $\frac{3420}{5500} \approx 0,6218 = 62,18\,\%$

Nach 10 Jahren sind noch etwa 62 % der Markenfernseher funktionsfähig.

b)

	funktionsfähig	defekt	
Markenfernseher	3 420	2 080	5 500
No-Name-Fernseher	4 116	3 234	7 350
	7 536	5 314	12 850

© Westermann

c)

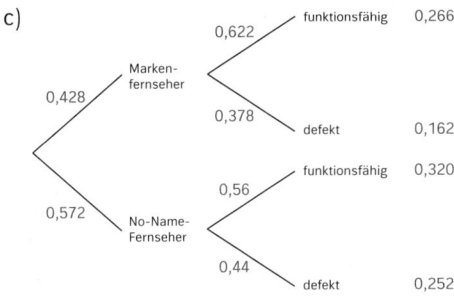

d) $\frac{4116}{12850} \approx 0{,}3203 = 32{,}03\,\%$

Mit einer Wahrscheinlichkeit von etwa 32 % ist ein zufällig ausgewählter Fernseher ein No-Name-Exemplar, das nach 10 Jahren noch funktionsfähig ist.

e) $\frac{5500}{12850} \approx 0{,}4280 = 42{,}8\,\%$

Mit einer Wahrscheinlichkeit von etwa 43 % ist ein zufällig ausgewählter Fernseher ein Markenfernseher.

f) $\frac{2080}{5500} \approx 0{,}3782 = 37{,}82\,\%$

Mit einer Wahrscheinlichkeit von etwa 38 % ist ein Markenfernseher nach 10 Jahren defekt.

g) $\frac{5314}{12850} \approx 0{,}4135 = 41{,}35\,\%$

Mit einer Wahrscheinlichkeit von etwa 41,4 % ist ein zufällig ausgewählter Fernseher nach 10 Jahren defekt.

104

h) Yasmin betrachtet die absoluten Zahlen: Nach 10 Jahren sind 4 116 No-Name-Fernseher noch funktionsfähig, dagegen nur 3 420 Markenfernseher.
Dirk betrachtet dagegen den Prozentsatz an funktionsfähigen Fernsehern nach 10 Jahren. Dies sind etwa 62 % der Markenfernseher und nur 56 % der No-Name-Fernseher. Die Markenfernseher sind also zuverlässiger.

i) Es gibt in dieser Studie insgesamt 5 580 defekte Fernseher.

j) Der Wert gibt an, wie viele der No-Name-Fernseher nach 10 Jahren funktionsfähig sind. Man berechnet ihn als Prozentsatz der 5 040 funktionsfähigen von den insgesamt 7 450 No-Name-Fernsehern, also als $\frac{5040}{7450} \approx 0{,}6765 = 67{,}65\,\%$.

k) Prozentsatz der nach 10 Jahren noch funktionsfähigen No-Name-Fernseher:

$\frac{5040}{7450} \approx 0{,}6765 = 67{,}65\,\%$

Prozentsatz der nach 10 Jahren noch funktionsfähigen Markenfernseher:

$\frac{3580}{6750} \approx 0{,}5304 = 53{,}04\,\%$.

In dieser Studie ist der Prozentsatz der No-Name-Fernseher, die nach 10 Jahren noch funktionsfähig sind, höher als der entsprechende Prozentsatz der Markenfernseher. Yasmin hat hier also recht.

Preise und Preiskombinationen

G-Niveau

In der Cafeteria kosten zwei Kaffee und ein belegtes Brötchen 8,30 €. Drei Kaffee und drei Brötchen kosten 17,70 €.

a) Was kostet eine Tasse Kaffee und was kostet ein Brötchen? Löse zeichnerisch.

E-Niveau

a) Ein Transporter kann 1,2 t zuladen. Er lädt Säcke zu 45 kg und Pakete zu 125 kg ein. Stelle den Zusammenhang zwischen den Gewichten der Säcke (x) und der Pakete (y) in einem Koordinatensystem grafisch dar.

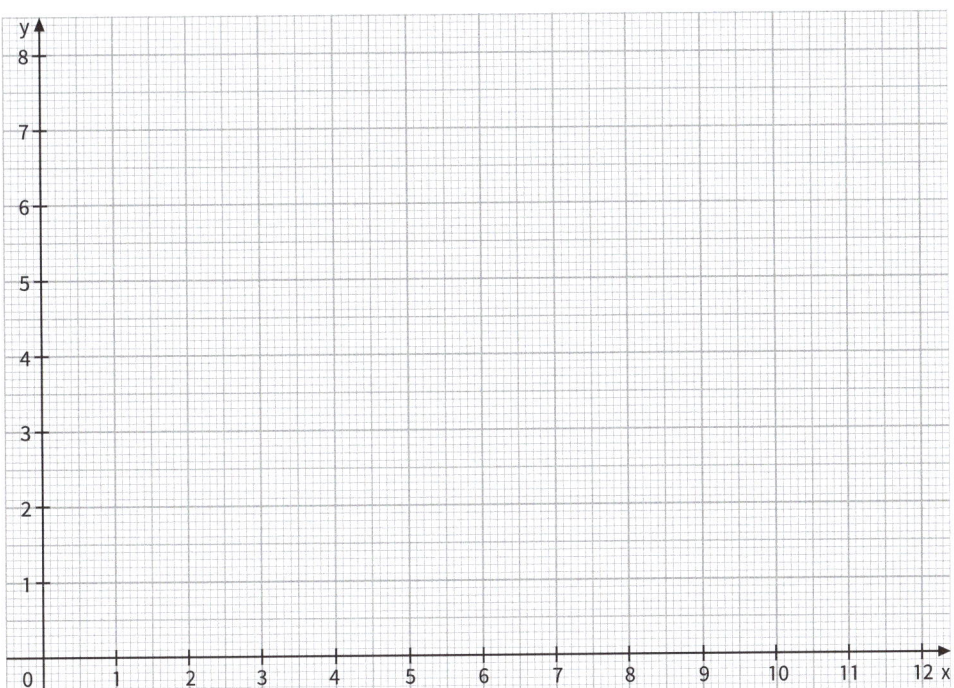

b) Ermittle die Preise rechnerisch.

b) Welche Kombinationen aus Säcken und Paketen sind möglich, wenn genau 1,2 t zugeladen werden dürfen? Welche Kombinationen sind möglich, wenn das Gesamtgewicht auch weniger als 1,2 t betragen darf? Nenne ein möglichst konkretes Beispiel und mache eine allgemeine Aussage. (Du kannst gerne auf die Argumentation aus Aufgabenteil a) zurückgreifen.)

Rezepte

G-Niveau

> **Lies das folgende Rezept für Bolognese-Sauce durch.**
>
> *Für 4 Personen:*
> - *500 g Rinderhackfleisch*
> - *2 Zwiebeln*
> - *2 Möhren*
> - *1 Knollensellerie*
> - *3 Packungen passierte Tomaten*
> - *1 EL Tomatenmark*
> - *300 ml Rinderbrühe*
> - *1 EL Sonnenblumenöl*
> - *Salz, Pfeffer, Oregano, Thymian*
>
> *Öl und Gewürze sind ausreichend vorhanden.*

a) Zur Party kommen 10 Personen. Berechne die Menge an Rinderhackfleisch und Rinderbrühe, die benötigt werden.

b) Pro Person entstehen etwa 0,5 *l* Sauce. Reicht für 10 Personen ein Topf mit 15 cm Höhe und 12 cm Radius?

c) Für wie viele Personen reicht der Topf maximal bei 0,5 *l* pro Person?

Tipp: Rechne mit dem Dreisatz. Der Topf ist ein Zylinder. 1000 cm³ entsprechen einem Liter.

Topf und Löffel

G-Niveau

Ein Topf mit Radius 10 cm fasst 5 Liter (5 dm³). Wie lang müsste ein Kochlöffel mindestens sein, um nicht beim Kochen in den Topf zu rutschen? Mache zuerst eine Skizze. Runde auf ganze Zentimeter.

Tipp: 1 dm³ entspricht einem Liter. Achte darauf, immer mit den gleichen Einheiten zu rechnen.zu 2: Beim Ziehen der Wurzel aus einer positiven Zahl ergeben sich zwei mögliche Lösungen.
zu 3: Im Bereich des Reellen kann man aus negativen Zahlen keine Wurzel ziehen.

Rezepte

Lies das folgende Rezept für Bolognese-Sauce durch.

Für 4 Personen:
- *750 g Rinderhackfleisch*
- *2 Zwiebeln*
- *2 Möhren*
- *$\frac{1}{2}$ Knollensellerie*
- *4 Packungen passierte Tomaten*

- *1 EL Tomatenmark*
- *450 ml Rinderbrühe*
- *1 EL Sonnenblumenöl*
- *Salz, Pfeffer, Oregano, Thymian*

Öl und Gewürze sind ausreichend vorhanden.

a) Berechne die Menge an Rinderhackfleisch, Rinderbrühe und passierte Tomaten für 5 Personen.

b) Reicht ein Topf mit einer Höhe von 18 cm und einem Durchmesser von 20 cm, wenn jeder der 5 Gäste 0,75 *l* Sauce bekommt?

c) Berechne für wie viele Personen der Topf reicht, wenn pro Person 0,75 *l* Sauce benötigt werden.

Tipp: Rechne mit dem Dreisatz. Der Topf ist ein Zylinder. 1000 cm³ entsprechen einem Liter.

Topf und Löffel

E-Niveau

Ein Topf mit Radius 10 cm fasst 5 Liter, wenn er zu 80 % gefüllt ist. Wie lang müsste ein Kochlöffel mindestens sein, um nicht beim Kochen in den Topf zu rutschen? Mache zuerst eine Skizze.
Runde auf ganze Zentimeter.

Tipp: 1 dm³ entspricht einem Liter. Achte darauf, immer mit den gleichen Einheiten zu rechnen.

Renovieren – Wände streichen

G-Niveau

Janine möchte die Seitenwand ihres Schlafzimmers neu streichen. Sie hat in der Werbung folgendes Angebot gesehen:

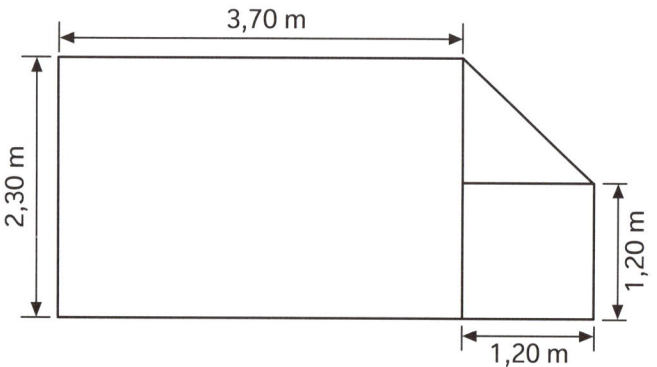

a) Reicht ein Eimer Farbe für ihre Wand aus, wenn sie zwei Anstriche damit machen muss, damit die Farbe richtig deckt?

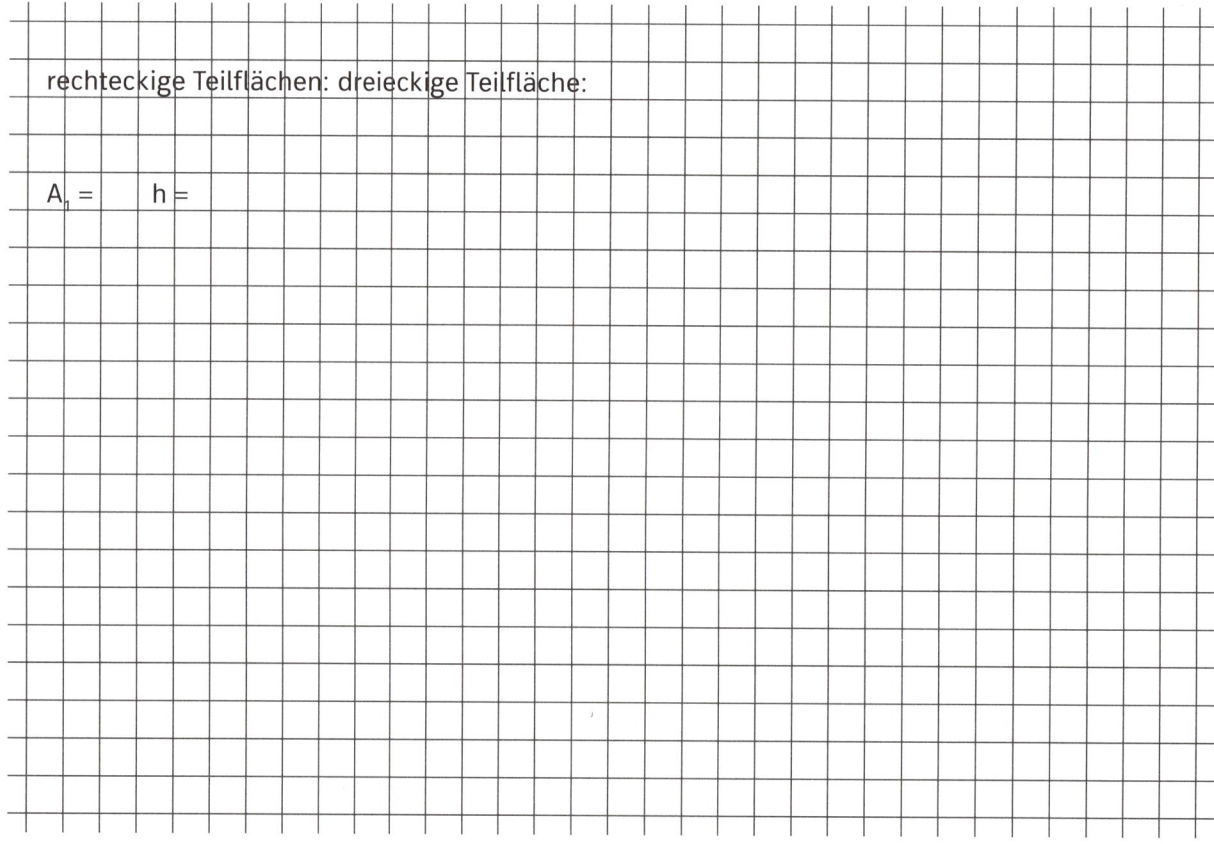

rechteckige Teilflächen: dreieckige Teilfläche:

$A_1 =$ $h =$

$A_2 =$ $A_3 =$

Angabe auf dem Farbeimer: _____

Antwort: _____

b) Wie teuer wird der komplette Anstrich im besten und im schlechtesten Fall?

Im besten Fall: _____

Im schlechtesten Fall: _____

E-Niveau

Tom hat 250 € für die Renovierung seines Zimmers gespart.

Das ist die Fensterseite von Toms Zimmer. Die gegenüberliegende Wand hat die gleiche Form, jedoch ohne Fenster. Alle anderen Wände sind rechteckig und 2,30 m hoch.

Das ist der Grundriss von Toms Zimmer:

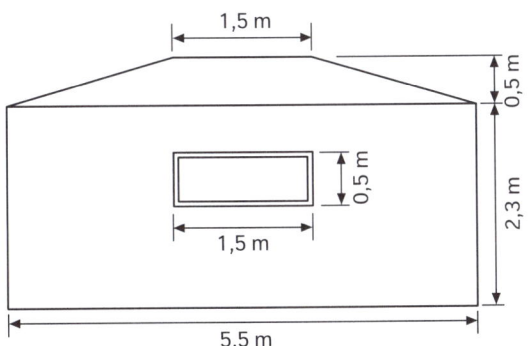

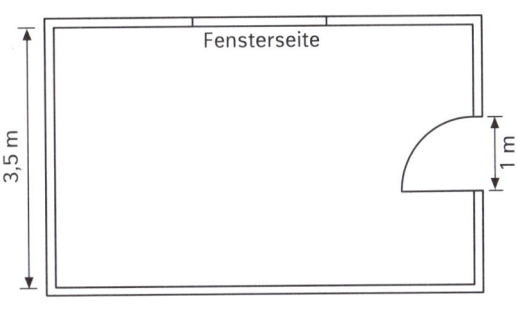

Die Wände von Toms Zimmer sollen mit Raufasertapete tapeziert werden. Eine Rolle ist 10,05 m lang und 53 cm breit.
Wie teuer wird es bei einem Rollenpreis von 7,99 €?

Flächeninhalt Tapetenrolle: Flächeninhalt der Seitenwände:

$A_{Tapete} =$ $A_{rechteckigeWände} =$

Man kann die anderen Seitenwände in folgende Teilflächen zerlegen: _____

Formeln: _____   _____

Flächeninhalt der Wände (beachte die Tür und das Fenster):

Gesamtfläche:

Anzahl der Rollen und Kosten:

_____

_____

Renovieren – Fußböden

G-Niveau

Janines Vater bezahlt ihr die Fußleisten, damit die Wände einen gleichmäßigen Abschluss bekommen.
Der Grundriss ihres Zimmers sieht so aus:

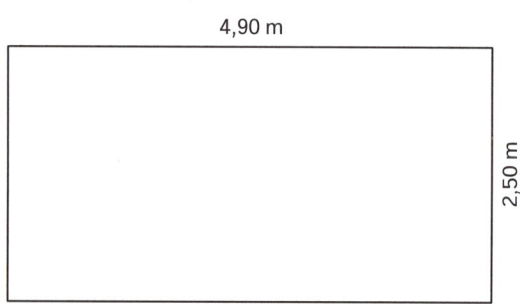

4,90 m

2,50 m

Fußleiste Nussbaum

8,95 €

19 x 58 x 2400 mm

a) Berechne die Kosten, wenn beim Zusägen 5 % Verschnitt entstehen und die Tür (1,2 m) ausgespart werden muss.

U = _____

Zusätzlich benötigte Länge der Fußleiste:

%	m

Tipp:
Wenn 5 % Verschnitt entstehen, muss Janines Vater 5 % mehr Fußleisten kaufen.

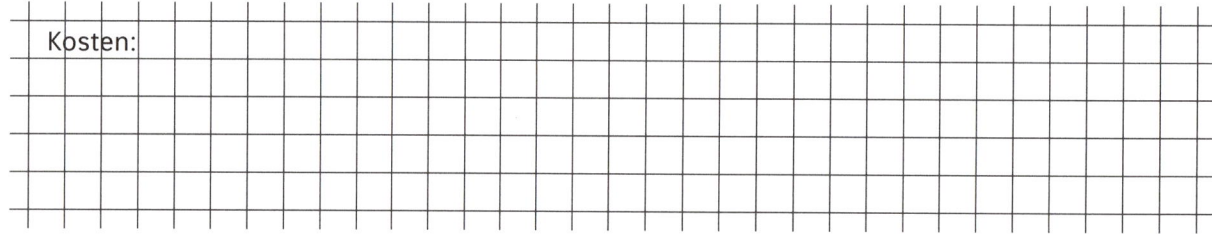

Kosten:

b) Janines Mutter möchte ihrer Tochter einen runden Teppich schenken. Aber passt der größere Teppich in Janines Zimmer? Oder muss sie den kleineren kaufen?

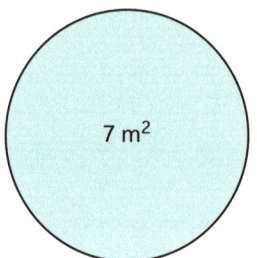

7 m^2

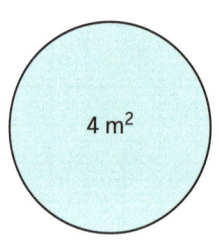

4 m^2

Tipp:
Das Zimmer ist sehr schmal (2,5 m).
Wie groß darf der Durchmesser bzw. der Radius des Teppichs maximal sein?

Formel: _____

r_1 = _____ r_2 = _____

_____   _____

Antwort: _____

E-Niveau

Tom möchte anschließend Fußleisten anbringen.
Länge pro Stück: 240 cm.
Ein Paket mit 5 Leisten kostet 65,88 €.

a) Wie viele Pakete muss er kaufen, wenn er beim
Zusägen 5% Verschnitt hat?

U = _____

Zusätzlich benötigte Länge der Fußleiste:

%	m

Anzahl der zu kaufenden Fußleisten:

Kosten: _____

Restgeld: _____

Welche der Deckenleisten kann er sich anschließend noch leisten?

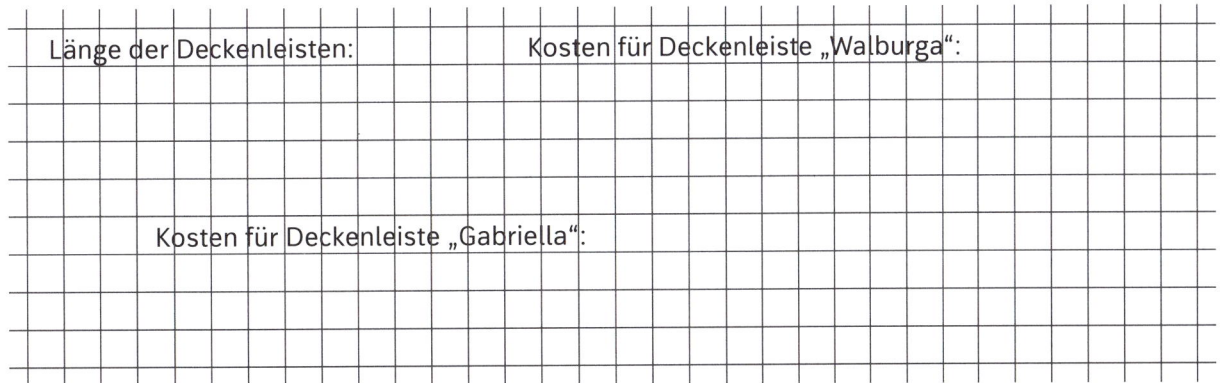

Länge der Deckenleisten: Kosten für Deckenleiste „Walburga":

Kosten für Deckenleiste „Gabriella":

Antwort: _____

b) Toms Mutter möchte ihm diesen Teppich aus 2 zusammengesetzten $\frac{3}{4}$-Kreisen schenken. Sie fragt
sich jedoch, ob der Teppich überhaupt in Toms Zimmer passt.

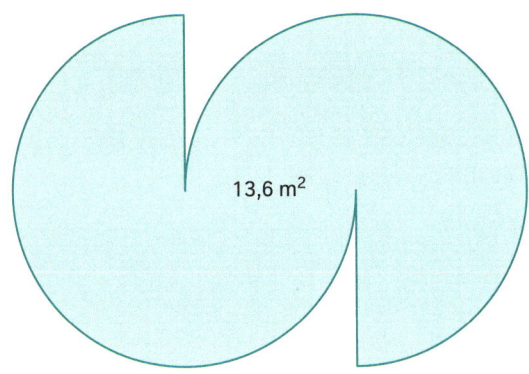

13,6 m²

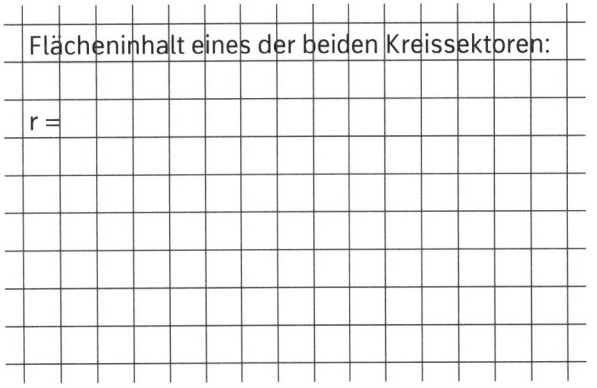

Flächeninhalt eines der beiden Kreissektoren:

r =

Antwort: _____

Bergfest

G-Niveau

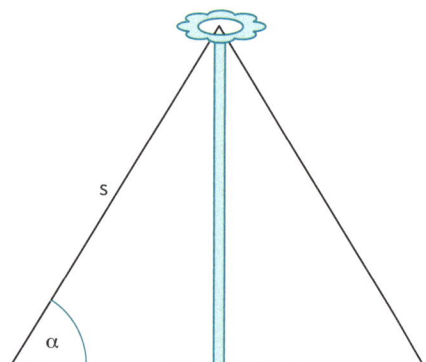

Die Betreiber einer Berghütte veranstalten ein Maifest. Sie haben einen 12 Meter hohen Maibaum neben der Terrasse der Hütte aufgestellt, dessen Befestigungsseile 17 Meter seitwärts zum Boden gespannt wurden.

a) Unter welchem Winkel α wurden die Seile befestigt?

_____

_____

b) In welchem Abstand zum Maibaum wurden die Seile am Boden befestigt?

_____

c) Auf der anderen Seite der Terrasse steht ein Baum, dessen Schatten 18 Meter lang ist, wenn die Sonnenstrahlen in einem Winkel von α = 45° einfallen. Wie hoch ist der Baum? Fertige zunächst eine Skizze an.

Skizze:

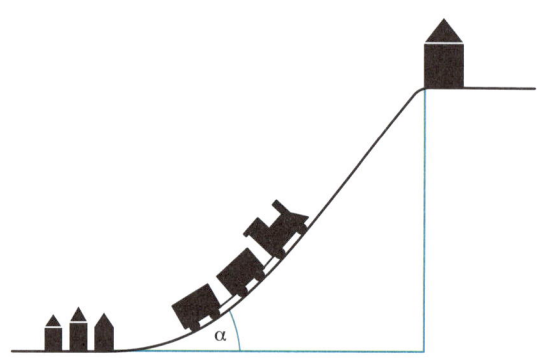

d) Es gibt eine Bahn, die Besucher aus dem Dorf im Tal nach oben zur Hütte fährt. Die Steigung beträgt 35 %. Die Hütte liegt 950 Meter über dem Dorf. Wie lang ist die Bahnstrecke, die steil nach oben führt?

Tipp zu d:
Steigung von 35 % bedeutet:

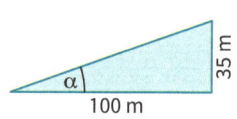

e) Wie lange dauert die Bahnfahrt, wenn die Bahn durchschnittlich 5 $\frac{km}{h}$ schnell ist?

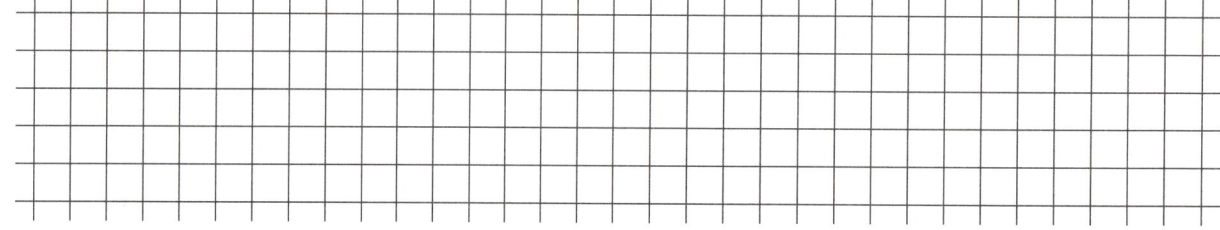

E-Niveau

Bei einer Berghütte findet alljährlich ein Maifest statt. Es gibt eine Bahn, die Besucher aus dem Dorf im Tal nach oben zur Hütte fährt.
Die Steigung beträgt 35 %. Die Hütte liegt 1200 Meter über Normalhöhennull, jedoch nur 950 Meter über dem Dorf.

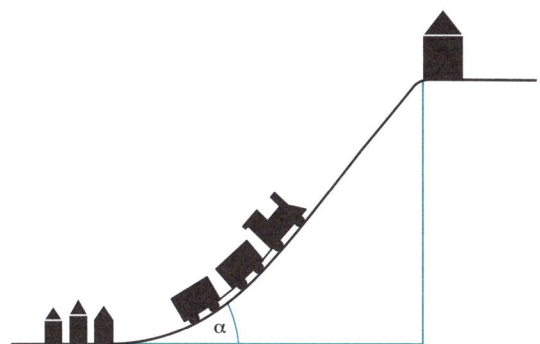

a) Die Betreiber der Berghütte überlegen, ob sie einen Aufzug im Berginneren senkrecht unter der Hütte einrichten lassen sollen. Wie viele Meter Bergmassiv müsste der Tunnel vom Dorf aus waagerecht in den Berg hineinführen, bis man zum Aufzug kommt?

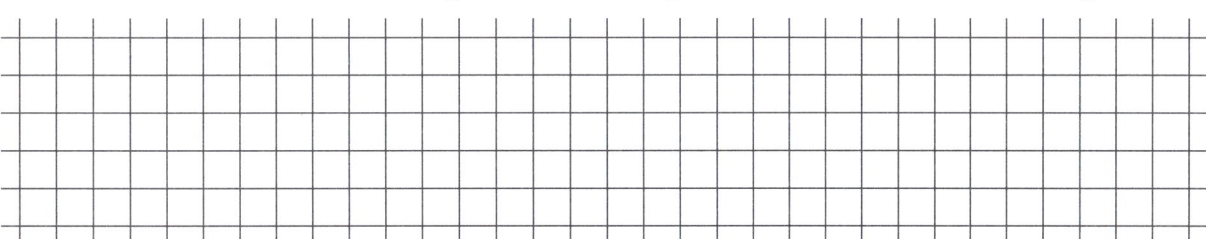

b) Die Betreiber der Berghütte haben einen 15,2 Meter hohen Maibaum neben der Terrasse der Hütte aufgestellt, dessen Befestigungsseile 20,35 Meter seitwärts zum Boden gespannt wurden. Unter welchem Winkel α wurden die Seile befestigt?

Skizze:

c) Um welchen Faktor verlängern sich die Seile, wenn man den Abstand der Seilverankerung am Boden einen Meter weiter vom Maibaum entfernt und der Baum außerdem einen Meter höher ist?

ursprünglicher Abstand: _____

neuer Abstand: _____

Faktor: _____

d) Am Nachbarberg gibt es auch ein Bergfest auf 1200 m Höhe, ein Dorf 950 m darunter und eine Bergbahn. Aber hier gibt es noch ein zweites Dorf, das unterhalb von Dorf 1 auf Normalhöhennull liegt.
Die Bergbahn fährt auch zu Dorf 2. Wie lang ist die Strecke von Dorf 1 zu Dorf 2?

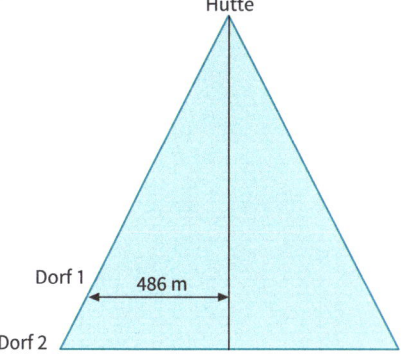

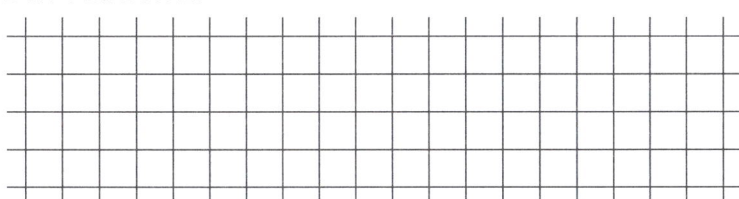

Tipp: Verwende die Strahlensätze.

65

Schwimmbecken

G-Niveau

Familie Munte will einen Swimmingpool bauen. Sie entscheiden sich für das abgebildete Modell in Quaderform mit Treppe.
Der Pool hat eine Gesamtlänge von 4,5 m, eine Breite von 2,5 m und eine Tiefe von 1,5 m. Jede Treppenstufe ist 50 cm lang.

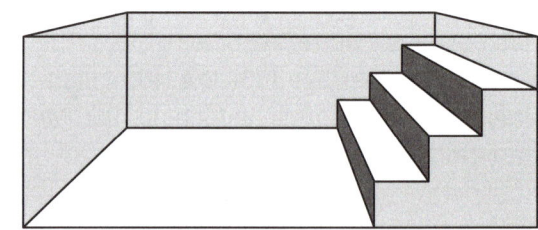

a) Trage diese Maße in die Zeichnung ein.

b) Alle Treppenstufen und der Rest der Wand darüber sind gleich hoch. Wie hoch ist jede einzelne Stufe?

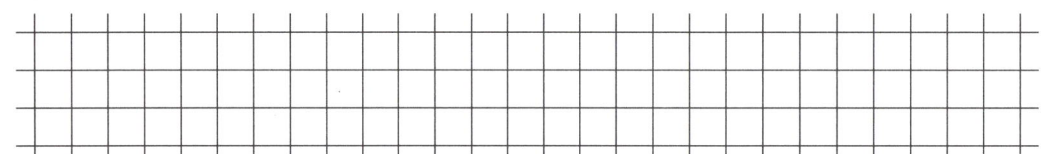

c) Nachdem der Beton ausgehärtet ist, wollen die Muntes die Wände, den Boden und die Treppenstufen blau streichen. Wie viele Liter Farbe müssen sie kaufen, wenn ein Liter Farbe für 7–9 m² Wand reicht?

Super-Blau

1ℓ für 7-9 m²

d) Familie Munte will den Pool am 27. Juli um 13 Uhr einweihen. Wann müssen sie spätestens mit dem Befüllen des Pools beginnen, wenn der Gartenschlauch eine Durchflussmenge von 18 Litern pro Minute hat?

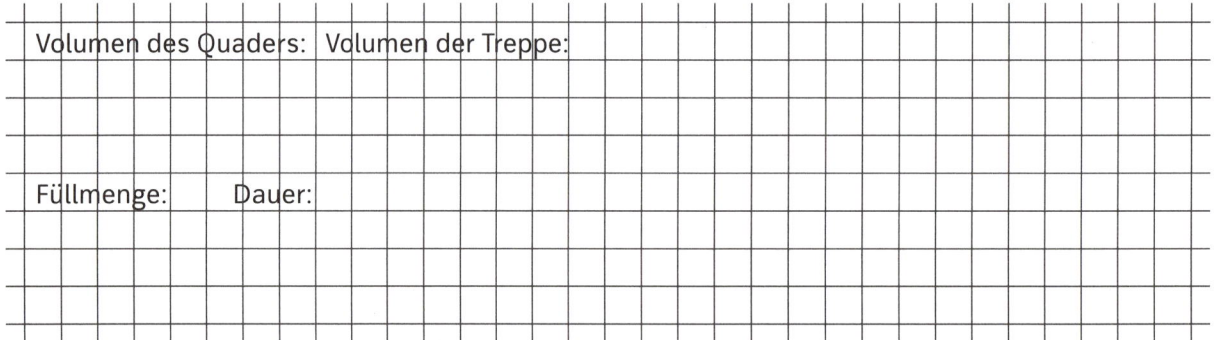

Volumen des Quaders: Volumen der Treppe:

Füllmenge: Dauer:

Tipp: In welche Einzelteile kann man die Treppe zerlegen?

e) Zeichne einen passenden Graphen dazu.

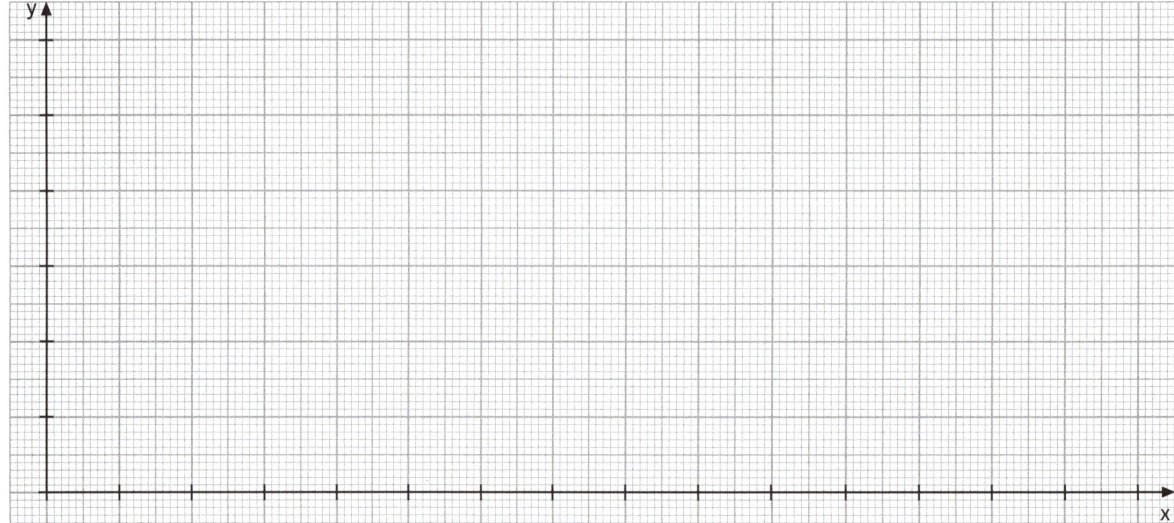

E-Niveau

Firma Sand bietet Pools an. Der abgebildete Pool „Kleo-
patra" ist in diesem Jahr besonders beliebt. Das Besondere daran ist das Viertel einer gleichseitigen Pyramide
mit quadratischer Grundfläche, auf dem man ins Wasser
rutschen kann.

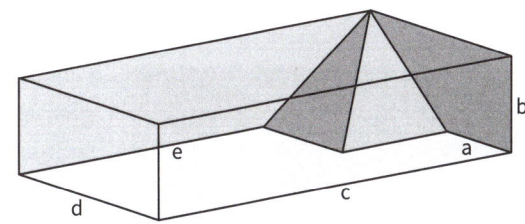

Der Pool hat eine Länge von 7 m, eine Breite von 4 m
und eine Tiefe von 1,8 m. Das Pyramiden-Viertel hat eine
Grundfläche von 2,5 m x 2,5 m.

a) Trage auf der Zeichnung die gesuchten Maße (a bis e) ein.

b) Zeichne das Schrägbild der gesamten
    Pyramide und beschrifte alle
    gegebenen Längen.

Tipp: Beginne mit der „Bodenplatte".

c) Eine Rolle Anti-Rutsch-Folie für 4 m² kostet 8,99 €. Welche Kosten muss Firma Sand für die Ver-
    siegelung in Rechnung stellen, wenn zwei Mitarbeiter 8 Stunden zu jeweils 25 € daran arbeiten
    und zusätzlich zu den anfallenden Gesamtkosten auch 20 % Gewinn gemacht werden soll?

Front:

Rückseite: (= Front ohne das innere Dreieck)

Linke Seite:

Rechte Seite: (= Linke Seite ohne das innere
Dreieck)

Boden:

die dreieckigen Pyramidenflächen:

Inneres Dreieck:

Anzahl der Rollen: _____   Preis der Rollen: _____

Arbeitskosten: _____   Rechnungsbetrag: _____

d) Firma Sand füllt den Pool gegen einen Aufpreis mit einer Pumpe mit einer Förderleistung von
    4200 Litern pro Stunde.
    Familie Wasserwanst will diesen Service nutzen, um den Pool pünktlich zur Poolparty um 13 Uhr
    zu füllen. Wann muss Firma Sand spätestens beginnen?

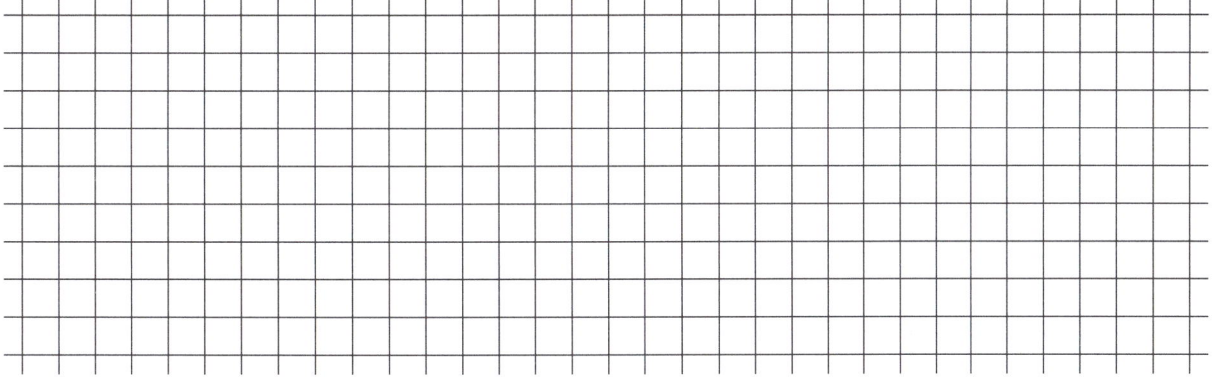

Japanische Tempel

G-Niveau

Diese Fässer mit Sake (Reiswein) wurden der Gottheit des Tempels gespendet.

Jedes Fass ist 60 Zentimeter hoch und hat einen Durchmesser von ebenfalls 60 Zentimetern. Mit der traditionellen Umwicklung aus Stroh beträgt die Wandstärke rundherum ungefähr 5 Zentimeter.

a) Berechne das Fassungsvermögen eines Fasses in Litern.

geg.: r = _____ h = _____

Formel: $V_{Zylinder}$ = _____

b) Die Fässer sind jeweils nur zu 73,3 % gefüllt. Berechne, wie viele Liter Sake sich im Innern eines Fasses befinden.

c) Spender des jüngsten Fasses ist eine Firma aus Osaka, die nun für die Dekoration einen besonders prunkvollen Stoff bei einer Künstlerin in Auftrag geben möchte. 1 m² kostet umgerechnet 300 €. Um Kosten zu sparen, will die Firma nur die vordere Hälfte dekorieren lassen. Zeichne ein maßstäbliches Körpernetz der Oberfläche eines ganzen Fasses. Wie teuer wird die Dekoration für die Firma?

Formel Mantelfläche: _____

Formel Boden&Deckel: _____

Oberfläche:

Kosten: _____

d) Die Reihen der vor dem Tempel aufgestellten Fässer sind voll (siehe Bild), doch es soll noch ein Stapel daneben aufgestellt werden.
Die Mönche zimmern daher eine Verlängerung der Unterkonstruktion. Berechne das Gewicht der gefüllten Fässer, das die Konstruktion tragen muss. Ein Fass wiegt leer 4,8 kg.
(Nimm an, dass 1 l Sake 1 kg wiegt.)

E-Niveau

Dieses Tor ist der Eingang zu einem Schrein. Eine in der Nähe für Touristen angebrachte Plakette verrät, dass es sich um das größte Holztor in diesem Stil in Japan handelt. Es wurde aus Zypressenholz hergestellt und hat eine Gesamthöhe von 12 m.

Das obere Querstück ist 17 m lang und 1,72 m hoch. Das untere Querstück ist 15,5 m lang und 86 cm hoch. Der Abstand zwischen den Säulen beträgt 9,1 m, jede Säule hat einen Durchmesser von 1,2 Metern und ist 10,29 m hoch. Der Abstand zwischen dem oberen und dem unteren Querstück beträgt 1,2 m.

Tipp: Zypressenholz wiegt 450kg/m³

a) Zeichne alle gegebenen Maße in die Skizze ein.

b) Wie weit ragt das Holz der beiden Querstücke jeweils links und rechts über die Säulen hinaus?

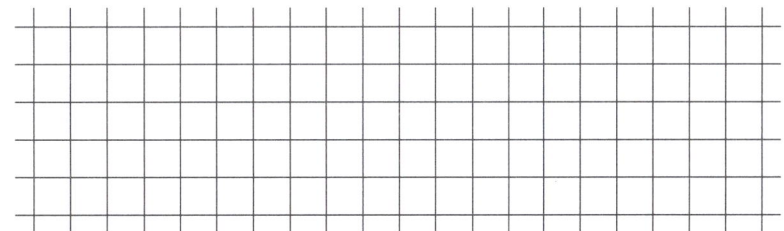

Tipp: Zerlege das Tor in Einzelteile.

c) Berechne näherungsweise das Volumen und das Gewicht des kompletten Tors. Nimm an, dass die oberen Querbalken einen quadratischen Querschnitt haben. Zypressenholz wiegt 450 kg pro m³.

d) An anderen Orten sind diese Tore rot angemalt. Berechne die Farbmenge, die bei dem oben abgebildeten Tor notwendig gewesen wäre, wenn 7 % Farbe durch Klecksereien verloren gehen. Die verdeckten Stellen kannst du vernachlässigen.
Berechne dann die Kosten in Euro. Ein Euro entspricht etwa 120 Yen.

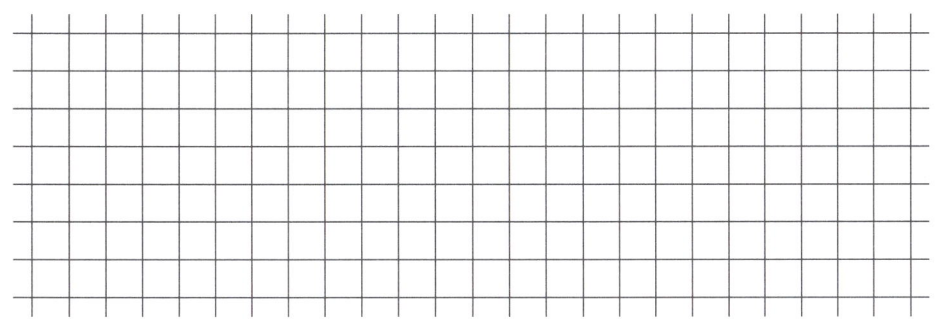

1661,21 Yen

Holzschutz-
farbe

750 ml für
etwa 6 m²

Winkel und Längen

1 Bei tief stehender Abendsonne wirft Emma, die 1,55 m groß ist, auf ebener Straße einen 12 m langen Schatten. Zeichne eine Skizze und berechne den Winkel, in dem die Sonne auf den Boden trifft.

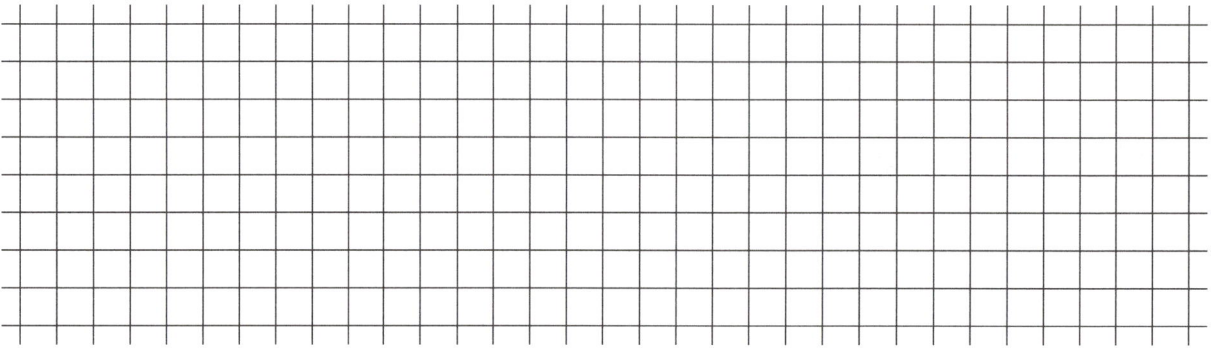

Antwort: Die Sonne trifft den Boden in einem Winkel von $\alpha = $ _____.

2 Berechne für die hier dargestellte Skaterrampe den Steigungswinkel α. Runde auf eine Nachkommastelle.

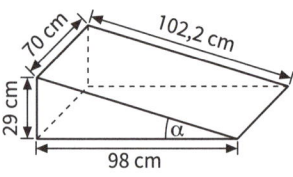

Der Steigungswinkel α beträgt: _____.

3 Eine Leiter mit 3,6 m langen Seiten hat einen Winkel von $\alpha = 45°$, wenn sie auf einer waagerechten Fläche steht.

a) Ermittle den Abstand zwischen den beiden Füßen der Leiter.

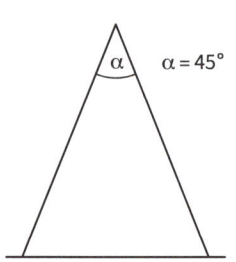
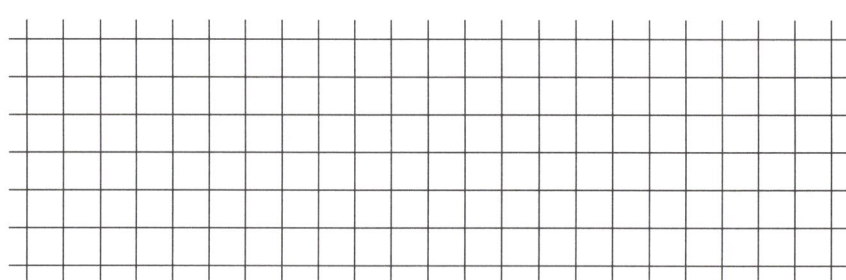

b) Berechne die Höhe der Leiter.

Gerüstelemente

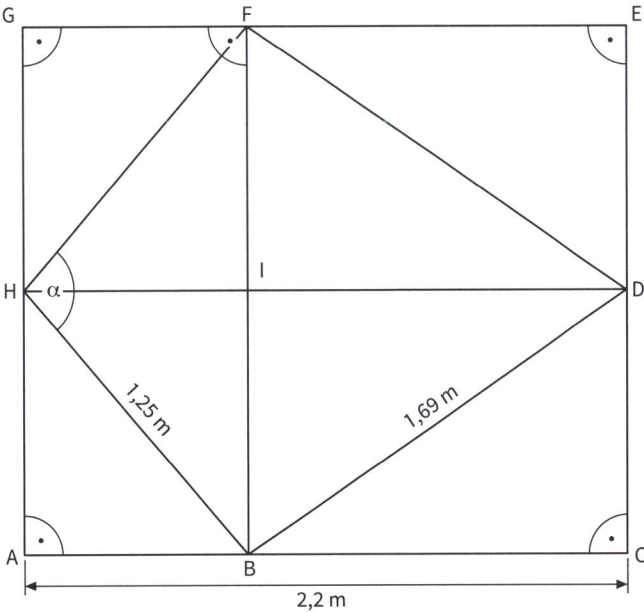

G-Niveau

Die Abbildung oben zeigt ein Gerüstelement.
Die Zeichnung ist nicht maßstabsgetreu.
Es gilt $\alpha = 100°$ und $\overline{BI} = \overline{IF}$.

a) Berechne die Gesamtlänge der Metallstangen, die gebraucht werden.
b) Erstelle eine Zeichnung im Maßstab 1:25 von diesem Gerüstelement.

E-Niveau

Die Abbildung oben zeigt ein Gerüstelement.
Die Zeichnung ist nicht maßstabsgetreu.
Es gilt $\alpha = 100°$ und $\overline{BI} = \overline{IF}$.

a) Berechne die Gesamtlänge aller Metallstangen, die gebraucht werden.
b) Berechne den Winkel γ am Punkt D.
c) Erstelle eine Zeichnung im Maßstab 1:25 von diesem Gerüstelement.

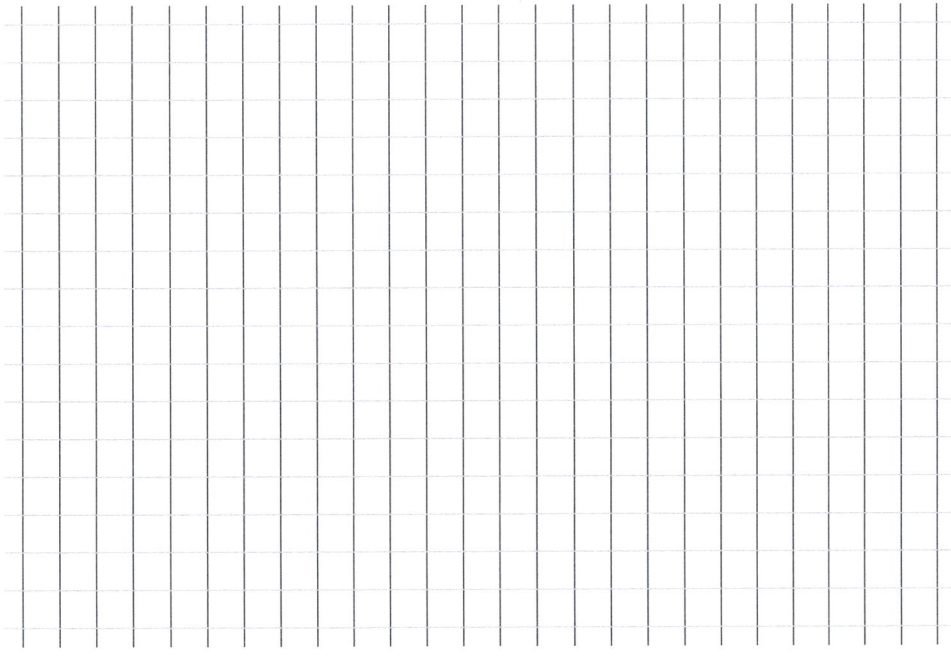

Tipp: Wichtige Formeln: $\tan \alpha = \frac{Ankathete}{Gegenkathete}$
Kosinussatz: $c^2 = a^2 + b^2 - 2ab \cdot \cos\gamma$
Satz des Pythagoras: $c^2 = a^2 + b^2$

71

Kugelkerzen

G- und E-Niveau

a) Wachs wird in Form einer Kugel mit 100 cm Durchmesser geliefert. Wie viele Kugelkerzen mit Radius 2 cm können aus dieser Wachskugel hergestellt werden?

b) Alle kleinen Kugelkerzen sollen komplett bemalt werden. Es werden für 5 m² jeweils ein Liter Farbe benötigt. Wie viele Liter Farbe müssen vorrätig sein?

c) Um Weihnachtsmarktstände zu dekorieren, bestellt eine Firma 20 000 der kleinen Kugelkerzen. Wie viel Wachs und Farbe wird für diese Bestellung verarbeitet?

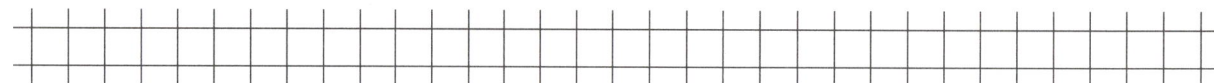

d) Jede der kleinen Kugelkerzen soll in einer quaderförmigen Dose verpackt werden. Welche Außen-maße hat die Dose, wenn das Material 1 mm dick ist?

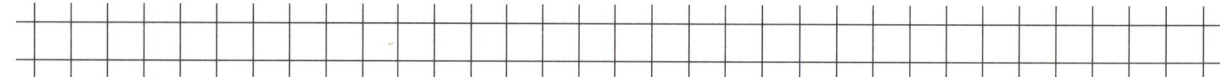

e) Die 20 000 Kugelkerzen sollen in den Dosen verpackt in möglichst wenigen Kisten unterge-bracht werden. Es gibt kleine und große Kisten mit den Innenmaßen 30 cm · 20 cm · 19 cm und 50 cm · 50 cm · 50 cm. Wie viele kleine und große Kisten werden benötigt?

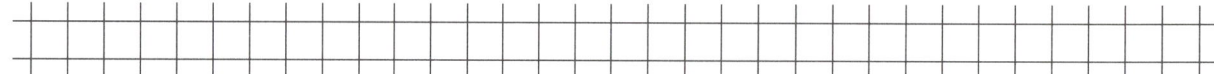

Bakterienwachstum

G-Niveau

Der Graph stellt die Entwicklung einer Bakterienpopulation dar.

a) Beschreibe in Worten den Zusammenhang zwischen x- und y-Werten im Kontext der Aufgabe.

   Für was stehen die Werte? _____

   Welcher Zusammenhang ist gegeben?_____

b) Bestimme die Funktionsgleichung des Graphen. Gehe von einer quadratischen Funktion aus.

c) Nach wie vielen Stunden würde die Population theoretisch über 1000 betragen?

Körpervergleich

E-Niveau

Eine Kugel, ein Zylinder und ein Kegel haben den gleichen Radius. Bei Zylinder und Kegel hat auch die Höhe die gleiche Länge wie der Radius. Welcher der drei Körper hat das größte Volumen, welcher das kleinste? Wie sieht es bei der Oberfläche aus?

Bakterienwachstum

E-Niveau

Eine Bakterienpopulation wächst in einer Petrischale täglich um 25 %. Zu Beginn waren es nur 10 Bakterien.

a) Bestimme eine Funktionsgleichung für diesen Vorgang.

b) Eine weitere Population ist mit 20 Bakterien gestartet. Nach 5 Tagen sind es bereits 50. Mit welchem Faktor wächst die zweite Population? Runde auf ganze Prozent.

c) Vergleiche beide Entwicklungen. Ab wann überholt die eine Bakterienkultur die andere? Löse zeichnerisch und rechnerisch.

d) Nach wie vielen Tagen hat die erste Population 1 000 000 Bakterien erreicht?

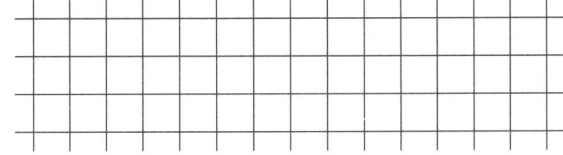

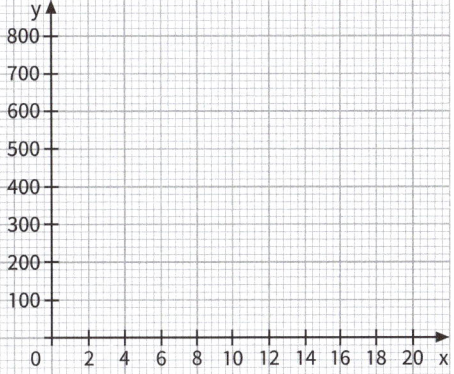

Brems- und Reaktionsweg

G-Niveau

Der Bremsweg auf trockener Straße lässt sich mit der Faustformel $s = \frac{v^2}{100}$ berechnen. (s ist der Bremsweg in m, v die Geschwindigkeit in $\frac{km}{h}$, die Formel wird ohne Einheiten verwendet.)

a) Zeichne einen Graphen, der die Bremswegentwicklung zwischen $30 \frac{km}{h}$ und $50 \frac{km}{h}$ gefahrener Geschwindigkeit darstellt.

b) Ein Autofahrer sieht plötzlich vor sich auf der Straße einen großen Hund. Bestimme den Mindestabstand des Wagens zum Tier, damit das Auto bei $50 \frac{km}{h}$ noch rechtzeitig zum Stehen kommt. Die Reaktionszeit wird erst einmal vernachlässigt.

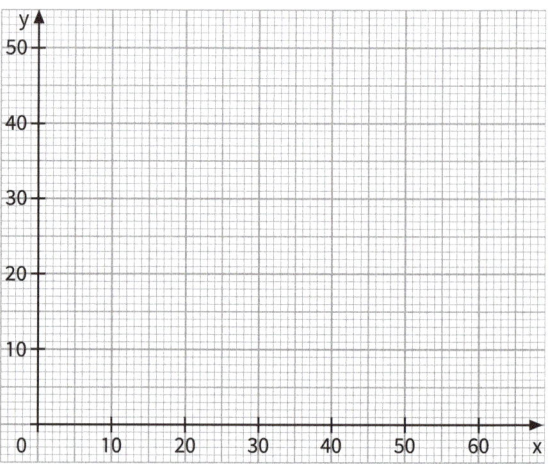

c) Der Reaktionsweg r kann mit der Formel $r = \frac{v}{10} \cdot 3$ abgeschätzt werden, v ist die Geschwindigkeit in $\frac{km}{h}$. Der Fahrer in b) benötigt 1 Sekunde, bis er bremst. Wie viel Prozent des insgesamt zurückgelegten Anhalteweges (Bremsweg + Reaktionsweg) macht der Reaktionsweg aus?

Social Media-Kettennachricht

G-Niveau

Auf einer Social Media-Plattform verbreitet sich eine Kettennachricht. Eine Person fängt an. Jeder Empfänger wird dazu aufgefordert, die Nachricht an 15 weitere Personen zu senden. Im ersten Durchgang werden also 15 Personen angeschrieben, die dann wieder 15 anschreiben und so weiter …

a) Bestimme die passende Funktionsgleichung

b) Nach wie vielen Durchgängen erhöht sich die Anzahl der Nachrichten auf über 150 000?

c) Stelle eine Prognose an: Wie viele Nachrichten wurden nach 8 Durchgängen versendet?

Staatsschulden

E-Niveau

Die deutsche Staatsverschuldung lag im Jahr 2000 bei etwa 1198 Milliarden Euro. 2010 war sie auf 2036 Milliarden Euro angestiegen.

a) Erläutere, ob hier grundsätzlich lineares oder exponentielles Wachstum vorliegt.

b) Bestimme eine Funktionsgleichung für die Schuldenentwicklung (runde beim Wachstumsfaktor auf 3 Stellen nach dem Komma).

c) Berechne mithilfe der Funktionsgleichung aus b), wie hoch die Schulden 2020 sein müssten.

d) Im Jahr 2016 betrugen die Staatsschulden etwa 2268 Milliarden Euro. Begründe, warum dies nicht zum Modell mit der Funktionsgleichung aus b) passt.

Tipp: Welche Voraussetzungen nehmen wir einfach an, wenn wir mit der Gleichung aus b) arbeiten? Wie ist die Realität?

Radioaktiver Zerfall

E-Niveau

Radioaktives Jod-131 hat eine Halbwertszeit von acht Tagen. Das bedeutet, dass es sich in acht Tagen jeweils halbiert.
Beim Reaktorunglück von Tschernobyl wurden etwa 380 Gramm radioaktives Jod-131 ausgestoßen.

a) Nenne die Funktionsgleichung für den Zerfall des Jod-131.

b) Beim Reaktorunglück von Fukushima nahmen einige Forscher zu Beginn an, dass der Ausstoß an radioaktivem Jod-131 in Tschernobyl um $\frac{1}{3}$ größer war.
Wie viel radioaktives Jod wurde nach dieser Schätzung in Fukushima freigesetzt?

c) Wie viel Gramm Jod-131 wären nach dieser Schätzung nach 10 Tagen und nach 25 Tagen noch vorhanden gewesen?

d) Wie lange hätte man – weiterhin nach dieser Schätzung – warten müssen, bis nur noch ein Milligramm vorhanden ist?

75

Baumwachstum

G- und E-Niveau

Familie Grothe pflanzt einen jungen Apfelbaum. Jedes Jahr messen sie seine Höhe und notieren sie in Zentimetern in einem Koordinatensystem.

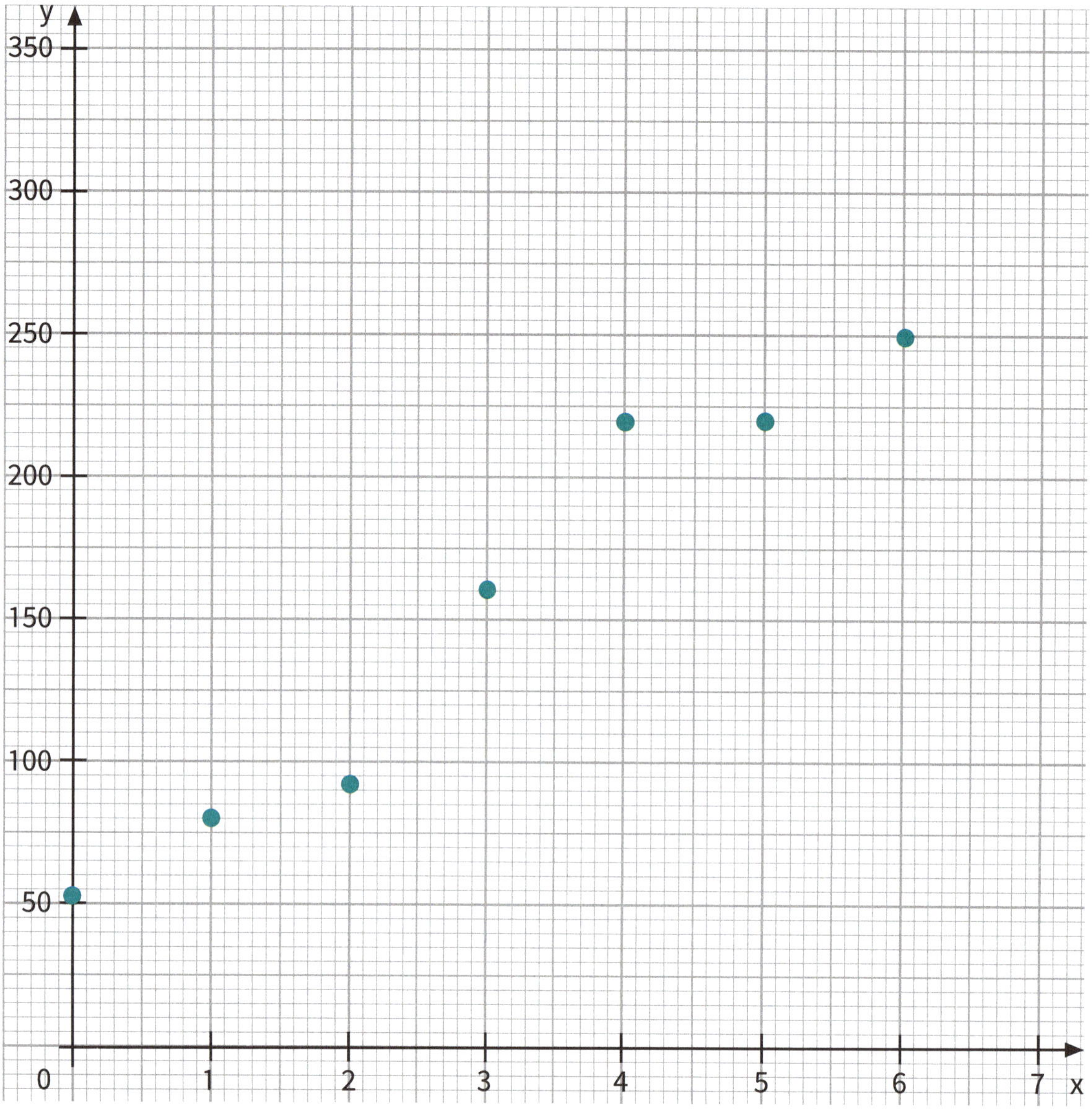

a) Beschrifte die x- und y-Achse mit den passenden Einheiten.
b) Zeichne eine Ausgleichsgerade, die das Wachstum darstellt.
c) Wie schnell wächst der Baum durchschnittlich pro Jahr?

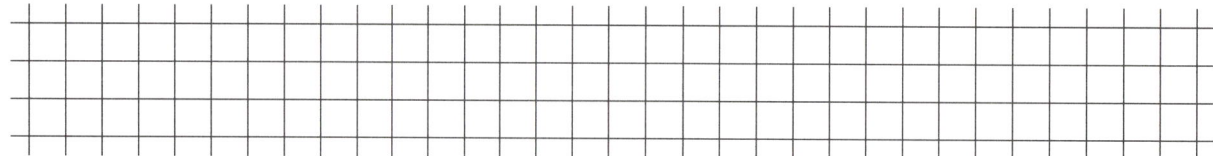

d) Ermittle, wie groß der Baum bei gleichbleibendem Wachstum nach 10 Jahren etwa sein wird.

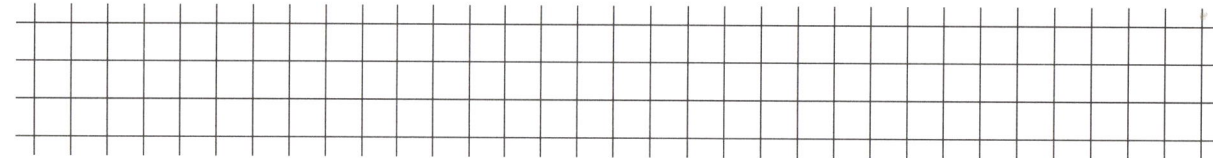

E-Niveau

Familie Grothe pflanzt einen neuen Apfelbaum. Jedes Jahr messen sie seine Höhe und notieren sie in cm in einem Koordinatensystem.

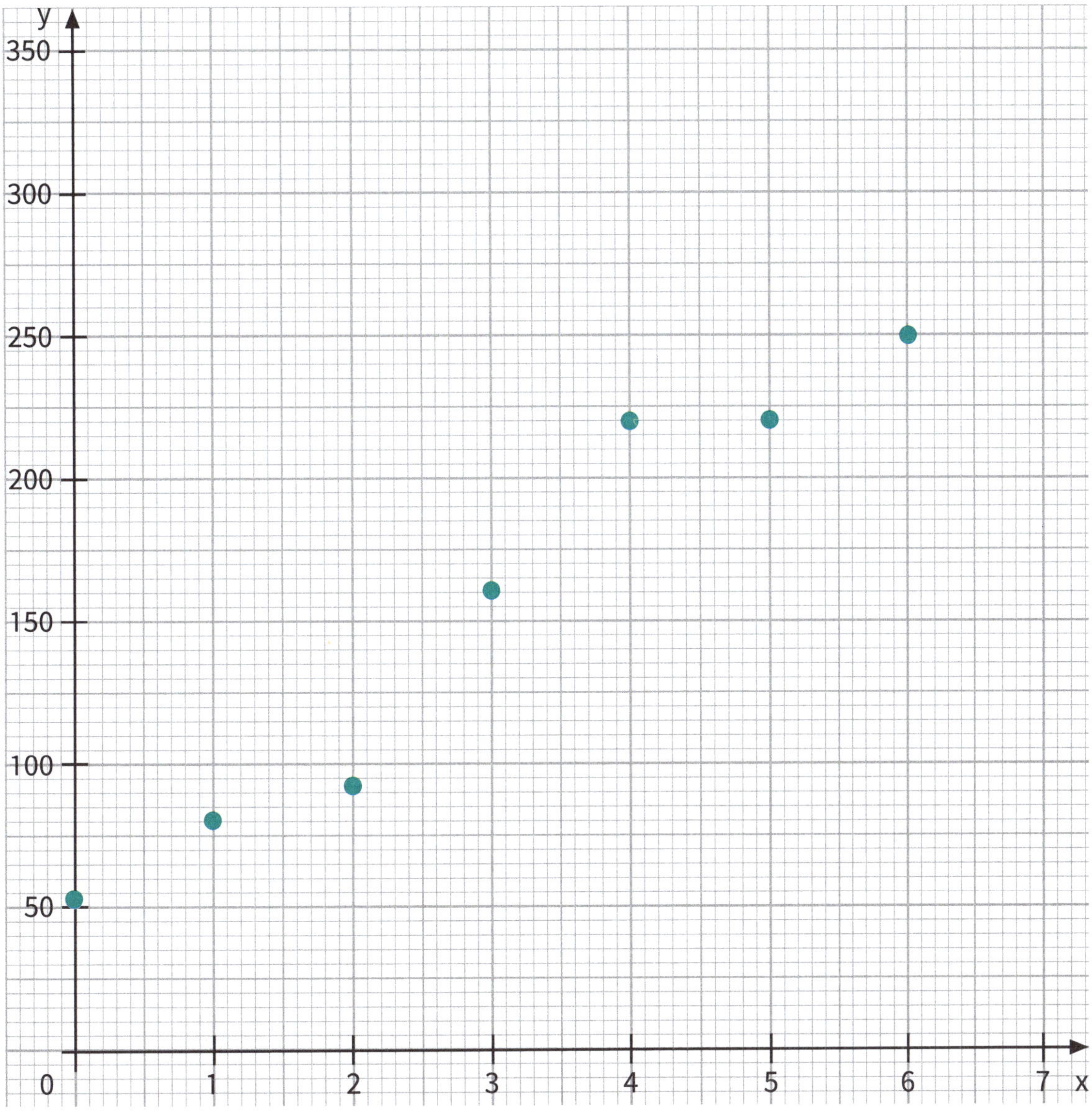

a) Beschrifte die x- und y-Achse mit den passenden Einheiten.
b) Zeichne eine Ausgleichsgerade, die das Wachstum darstellt.
c) Bestimme eine Funktionsgleichung, die zu der Ausgleichsgerade passt.

d) Wann wird der Baum eine Höhe von 100 m erreichen?

e) Ermittle, wie groß der Baum nach 100 Jahren etwa sein wird.

Schokolinsen

G- und E-Niveau

Paul isst gerne Schokolinsen. Die Linsen haben die Farben rot, blau, braun und gelb. Von allen Farben sind gleich viele in der Packung. Insgesamt gibt es 40 Schokolinsen. Paul greift immer ohne Hinzusehen in die Packung.

a) Wie hoch ist die Wahrscheinlichkeit, eine gelbe Schokolinse zu greifen?

P = _____

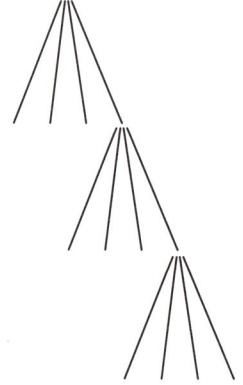

b) Paul greift insgesamt dreimal in die Packung. Er zieht zuerst rot, dann braun und zuletzt gelb. Beschrifte das Baumdiagramm so, dass es diese Abfolge darstellt.

c) Paul mag am liebsten rote und blaue Linsen. Berechne die Wahrscheinlichkeit, eine dieser zwei Farben zu ziehen.

d) Diesmal nimmt Paul zwei Schokolinsen auf einmal. Wie groß ist die Wahrscheinlichkeit zwei blaue zu erwischen?

e) Nimm an, dass alle roten Schokolinsen gegessen wurden. Wie viele Farben bleiben übrig und wie hoch ist die Wahrscheinlichkeit, eine der Farben zu ziehen?

Lose

G- und E-Niveau

Die Wahrscheinlichkeit, aus einer Losbox einen Gewinn zu ziehen, beträgt $\frac{3}{22}$.

a) Nenne drei unterschiedliche Möglichkeiten, wie viele Gewinne und wie viele Lose insgesamt in der Box sein können.

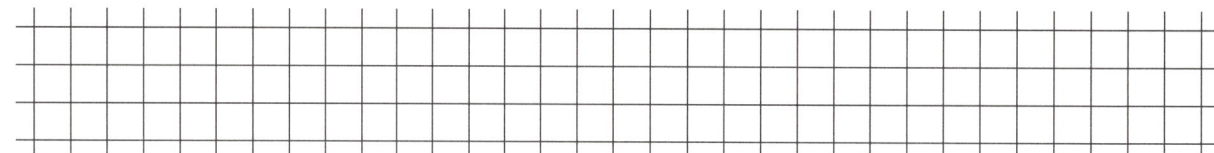

b) Wie hoch ist die Wahrscheinlichkeit, keinen Gewinn zu ziehen?

Baumdiagramm

G- und E-Niveau

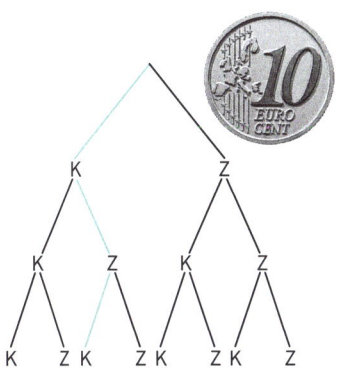

a) Welcher Zufallsversuch wird in dem Baumdiagramm dargestellt?

b) Wie viele Würfe wurden ausgeführt?

_____

c) Warum sind manche Linien blau gefärbt?

_____

© BM der Finanzen

d) Beschrifte das abgebildete Baumdiagramm mit den Wahrscheinlichkeiten.

Fahrradfahren

G-Niveau

Paul fährt mit dem Fahrrad zur Schule. Er überquert dabei zwei Kreuzungen mit Ampeln. In 70 % der Fälle kommt Paul bei Rot an eine Ampel. Wie wahrscheinlich ist es, dass Paul am Morgen zur Schule kommt und zumindest eine der Ampeln grün war? Beschrifte das Baumdiagramm und löse rechnerisch.

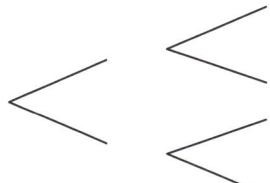

E-Niveau

Paul fährt mit dem Fahrrad zur Schule. Er überquert dabei drei Kreuzungen mit Ampeln. In 70 % der Fälle kommt Paul bei Rot an eine Ampel.

a) Wie wahrscheinlich ist es, dass Paul am Morgen zur Schule kommt und genau eine Ampeln grün war? Beschrifte das Baumdiagramm und löse rechnerisch.

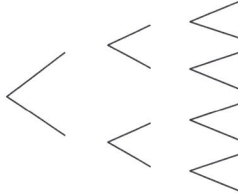

b) Welche Farbenkombination hat die höchste Wahrscheinlichkeit (die Reihenfolge spielt hier keine Rolle)? Begründe rechnerisch.

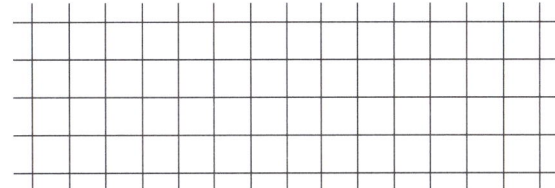

c) Schließe rückwärts: Wie müsste sich die Wahrscheinlichkeit an der ersten Ampel verändern, damit die Wahrscheinlichkeit, dass alle Ampeln rot sind, nur noch bei 10 % liegt?

79

Kugeln in Urnen

G- und E-Niveau

1 In einer Urne befinden sich 5 Kugeln mit den Zahlen 1 bis 5. Es werden nacheinander 2 Kugeln gezogen und ihr Wert notiert. Wie groß ist die Wahrscheinlichkeit erst eine 5, dann eine 1 zu ziehen,

   a) wenn man die Kugeln zurücklegt?

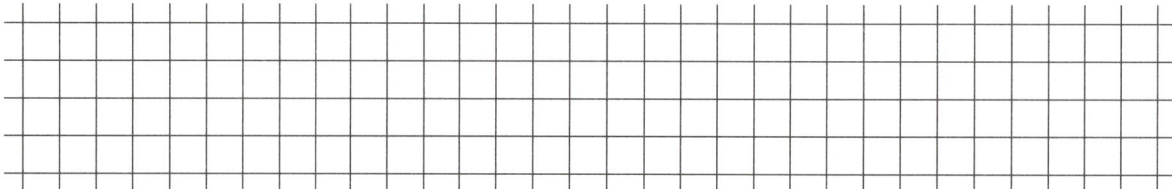

   b) wenn man die Kugeln nicht zurücklegt?

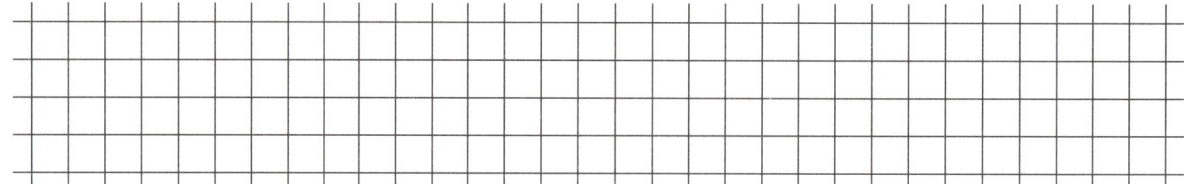

2 Die Klasse 10b betreibt ein Gewinnspiel auf dem Schulbasar. Es werden ungesehen blaue und schwarze Kugeln gezogen. Blau steht für Gewinnen, schwarz für Verlieren.

   a) Färbe die Kugeln in der Box so, dass durch einmaliges Ziehen eine Chance von 40 % zum Gewinnen entsteht.

   b) Nimm an, es wird zweimal nacheinander gezogen (mit Zurücklegen). Zeichne ein Baumdiagramm und bestimme die Wahrscheinlichkeit zu gewinnen, also 2 blaue Kugeln zu ziehen.

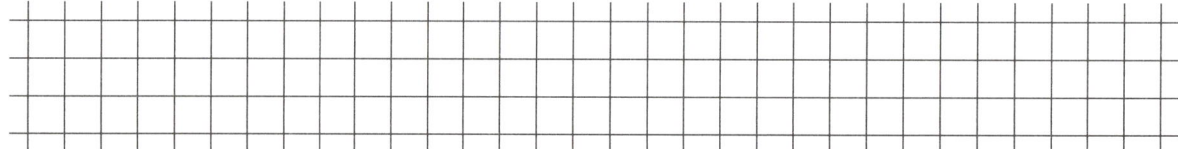

   c) Nimm an, es wird zweimal hintereinander ohne Zurücklegen gezogen. Wie wahrscheinlich ist nun der Gewinn des Spiels?

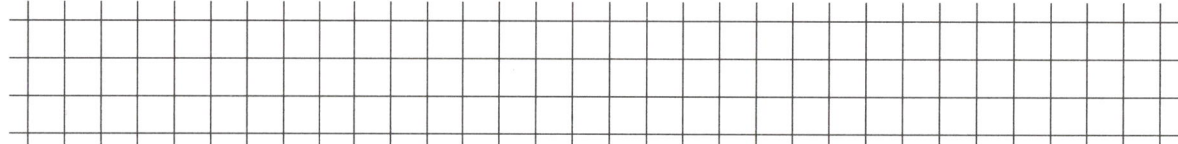

   d) Nimm c) an: Die Klasse nimmt pro Spiel 1 € und zahlt einem Gewinner einen Preis von 5 €. Wie sieht der erwartete Gewinn/ Verlust für die Klasse aus?

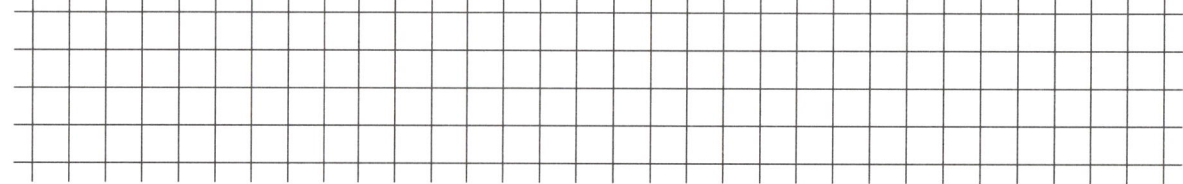

G-Niveau

3 Karina soll folgende Aufgabe lösen: „In einer Urne liegen 10 Kugeln. Davon sind 4 rot, 4 blau und 2 grün. Es wird zweimal mit Zurücklegen gezogen. Wie groß ist die Wahrscheinlichkeit, dass genau einmal grün gezogen wird?"

Karina überlegt:

„Es gibt die Kombinationen grün/blau und grün/rot. Für grün/blau muss ich $\frac{2}{10} \cdot \frac{4}{10} = \frac{8}{100}$ rechnen. Für grün/rot muss ich auch $\frac{2}{10} \cdot \frac{4}{10} = \frac{8}{100}$ rechnen. Zusammen macht das $\frac{16}{100}$ oder $\frac{4}{25}$."

Welche Fehler hat Karina gemacht? Begründe rechnerisch.

E-Niveau

3 Karina soll folgende Aufgabe lösen: „In einer Urne liegen 10 Kugeln. Davon sind 4 rot, 4 blau und 2 grün. Es wird zweimal mit Zurücklegen gezogen. Wie groß ist die Wahrscheinlichkeit, dass mindestens einmal grün gezogen wird?"

Karina überlegt:

„Es gibt die Kombinationen grün/blau, grün/rot und grün/grün. Für grün/blau muss ich $\frac{2}{10} \cdot \frac{4}{10} = \frac{8}{100}$ rechnen. Für grün/rot muss ich auch $\frac{2}{10} \cdot \frac{4}{10} = \frac{8}{100}$ rechnen; für grün/grün $\frac{2}{10} \cdot \frac{2}{10} = \frac{4}{100}$. Zusammen mach das $\frac{20}{100}$ oder $\frac{1}{5}$."

Welche Fehler hat Karina gemacht? Begründe rechnerisch.

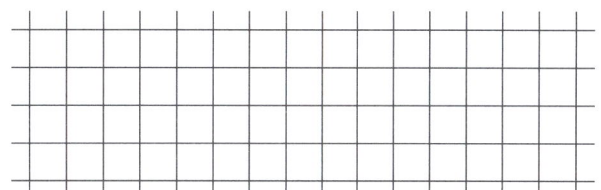

Zeitungsmeldungen

E-Niveau

Eine Zeitung hat die folgenden Daten erhalten. Sie macht daraus diese Meldungen:

a) „12 % der Autos, die in einen Unfall verwickelt sind, sind schwarz". Überprüfe die Aussage rechnerisch und korrigiere wenn nötig. Ergänze dazu die Vierfeldertafel.

	Unfall	Kein Unfall	
Rote Autos	40	500	
Schwarze Autos	120	1 000	

b) „Fast jedes 10. Auto verunfallt." Überprüfe die Aussage rechnerisch und korrigiere wenn nötig.

c) „12 % der Autos die schwarz sind, sind in einen Unfall verwickelt. Überprüfe die Aussage rechnerisch und korrigiere wenn nötig.

GEMISCHTE ÜBUNGSAUFGABEN

Mit den bisherigen Aufgaben konntest du gezielt die Themen üben, in denen du dir noch unsicher warst. Allerdings steht bei der Prüfung nicht über den Aufgaben, aus welchem Themengebiet sie stammen. Es folgen also ein paar gemischte Übungsaufgaben, die in diesem Punkt ähnlich sind – das Thema steht nicht dabei. Mit E gekennzeichnet sind die Aufgaben, die nur für den E-Kurs relevant sind.

1 Sind die Zuordnungen proportional, antiproportional oder keins von beidem? Kreuze die richtige Art an.

Zuordnung	proportional	antiproportional	keines von beiden
a) Anzahl der Fische – Menge an Fischfutter			
b) Pflanzenwachstum – Düngermenge			
c) Anzahl der Maurer – Dauer der Maurerarbeiten			
d) Anzahl der Viren – Anzahl der Erkrankungen			

2 a) Vervollständige die Wertetabelle dieser proportionalen Zuordnung.

x	1,5	3	4,5	6	7,5	
y	3	6	9			16

b) Ergänze zwei passende Wertepaare.

x	−2	−1	0	1	2		
y	6	4	2	0	−2		

3 Sechs Maschinen stellen in 5 Stunden 6480 Metallwinkel her. Berechne die Anzahl der Metallwinkel, die 9 solcher Maschinen in 8 Stunden herstellen.

4 Die Einnahmen einer Fähre betragen auf dem Hinweg mit 80 Autos 400 €. Auf dem Rückweg sind es 112 Autos. Wie hoch sind die Einnahmen insgesamt, hin und zurück?

5 Eine Parkanlage wird von 16 Gärtnern in 25 Tagen bei einer täglichen Arbeitszeit von 6 Stunden angelegt. Wie viele Gärtner braucht man bei den gleichen Bedingungen, um die Arbeit in 20 Tagen fertigzustellen?

6 Löse die Gleichungen nach y auf.
a) $x + y = 3$　　　　b) $3y = 6 − x$　　　　c) $2y + 4x = 6$
d) $2(y − 1) = 8 + 4 : 2$　　e) $4y − 8 = 0$　　　f) $3x + 4y = 2y − 1$

7 Bestimme x durch Umstellen der quadratischen Gleichung:
$x^2 + 4x − 10 = (8 − 5) \cdot (15 − 10) + 4x$

8 Bestimme für f und g die Art der Zuordnung und stelle die Funktionsgleichung auf.

f: Art der Zuordnung: _____

f(x) = _____

g: Art der Zuordnung: _____

g(x) = _____

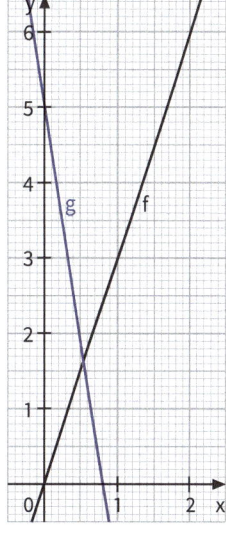

9 a) Ordne zu: $f(x) = -x^2 + 4$

$g(x) = 2x^2 - 5$

$h(x) = -\frac{1}{2}x^2 + 2x + 3$

$i(x) = x^2 - 2x - 2$

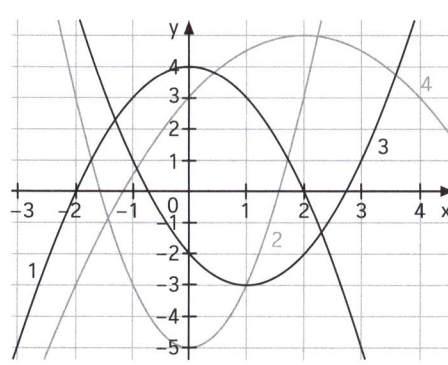

Betrachte nun die Graphen 1 und 2.

b) Lies den Scheitelpunkt und die Nullstellen von Graph 1 ab.

E c) Lies so gut wie möglich Scheitelpunkt und Nullstellen von Graph 2 ab. Überprüfe deine ungefähren Werte rechnerisch.

10 Bestimme x durch Umstellen der quadratischen Gleichung.

a) $-2x^2 = (1 - x)(1 + x) - 37$

b) $3x^2 + 2x + 1 = 11x + 1$

c) $-x^2 + 5 = -x \cdot (1 + 3)$

> Quadratische Gleichungen des Typs $y = ax^2 + bx + c$ sind nur für das E-Niveau relevant. Auf G-Niveau müssen quadratische Gleichungen des Typs $y = ax^2 + b$ gelöst werden können.

11 Niklas isst gerne Gummibärchen. In der Packung sind weiße, 20 % rote, 25 % grüne, 10 % gelbe und 30 % orangene Gummibärchen.

a) Wieviel Prozent weiße Gummibärchen sind in der Tüte?

b) Niklas greift ohne zu schauen in die Tüte. Wie groß ist die Wahrscheinlichkeit, ein grünes Gummibärchen zu ziehen?

c) Ermittle die Wahrscheinlichkeit für ein rotes Gummibärchen.

d) Berechne die Wahrscheinlichkeit, erst ein rotes und dann ein gelbes Gummibärchen zu ziehen.

e) Wie wahrscheinlich ist es, bei 5 Mal Ziehen jedes Mal rot zu bekommen?

12 Ordne die Funktionsgleichungen den Graphen zu.

$f(x) = 3x^2 + 1.$

$g(x) = -x^2 + 2x + 2$

$h(x) = -0,5\,x^2 - 2$

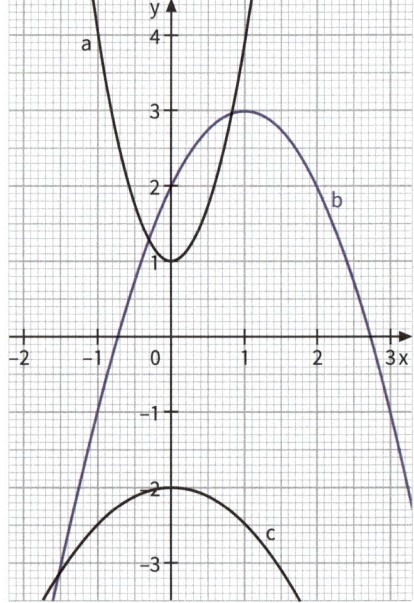

13 Zeichne einen Graphen zu den folgenden Zuordnungen.

a) Ein Auto benötigt eine Stunde für 100 km.

b) Die Klasse 10a wandert 1 km in 1,5 Stunden.

14 Im Urlaub hat Familie Kleist 700 € zur Verfügung. Sie geben jeden Tag 72 € aus. Wieviel Geld haben sie noch nach 7 Tagen übrig?

15 Eine Jugendfreizeit kostet bei 20 Teilnehmern 120 € pro Person. Es können nur 15 Jugendliche teilnehmen. Berechne die Fahrtkosten pro Teilnehmer.

16 Susanne und Mark planen eine Radtour durch Niedersachsen. Wenn sie täglich 50 km schaffen, brauchen sie 7 Tage. Am Ende benötigten sie 10 Tage. Wie viele Kilometer sind sie am Tag gefahren?

17 Ein Züchter kauft eine 10-kg-Packung Hundefutter. Diese soll bei 10 Hunden für 10 Tage reichen. Der Züchter hat 15 Hunde. Für wie viele ganze Tage reicht eine Packung?

18 Gegeben sind die folgenden Wertetabellen:

x	−2	0	2		
y	7	−5	7		

x	−2	0	2		
y	0	2	−5,6		

a) Ermittle mithilfe der drei Punkte, die durch die obere Wertetabelle gegeben sind, die zugrundeliegende Funktionsgleichung (Typ: $y = ax^2 + b$) und ergänze zwei weitere Punkte, die auf dem Graph dieser Funktion liegen.

b) Ermittle mithilfe der drei Punkte, die durch die untere Wertetabelle gegeben sind, die zugrundeliegende Funktionsgleichung (Typ: $y = ax^2 + bx + c$) und ergänze zwei weitere Punkte, die auf dem Graph dieser Funktion liegen.

c) Zeichne einen Ausschnitt des Graphen, der zur oberen (unteren) Tabelle gehört.

19 Die Glaserei Walter soll in einem Treppenhaus zwischen zwei Treppen eine aus vier Teilen bestehende dreieckige Glaswand einbauen. Die Glaswand soll so aussehen:

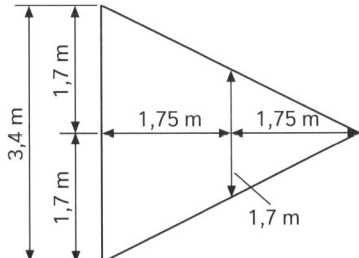

a) Berechne die Größe der vier Fenster.

b) Ein anderes Fenster des Hauses soll die Form eines Parallelogramms erhalten. Die untere Seite a soll 50 cm lang sein. Die Höhe von a (h_a) soll 27,713 cm und die Längsseite b soll 32 cm lang sein. Der Winkel α, der die Seite a mit der linken Längsseite b verbindet, soll 60° betragen.
Zeichne das Fenster und beschrifte die Zeichnung.
Berechne die Fläche des Fensters.

20 Löse das Gleichungssystem.
I. $x - 2y = 4$
II. $3x + y = 5$

21 Löse mit dem Gleichsetzungsverfahren.
I. $2x + 4y = 20$
II. $2x - 6y = -5$

22 Löse zeichnerisch.
I. $y = 2 + 2x$
II. $y = x + 3$

23 In einem Landschulheim gibt es sieben Zimmer mit insgesamt 41 Betten. Es handelt sich um Fünf- und Achtbettzimmer. Wie viele Fünfbettzimmer gibt es?

24 Ein Rechteck hat einen Umfang von 48 cm. Eine Seite ist 4 cm länger als die andere. Berechne die Seitenlängen (Länge und Breite).

25 Berechne x und y des quadratischen Gleichungssystems. Runde die Ergebnisse auf zwei Stellen nach dem Komma.
I. $y + x^2 = 10$
II. $5y - x^2 = 0$

26 Harry hat mit mehreren Freunden eine Tippgemeinschaft. Das gemeinsame Los hat tatsächlich gewonnen. 120 000 € sind auf die Gewinner je nach Einsatz aufzuteilen. Auf Harry entfallen 7,5 % des Gewinns. Wie viel Euro sind das?

27 Lea nimmt zwei Schokoriegel aus der Packung und hat somit 25 % der Riegel. Wie viele Schokoriegel waren in der Packung?

28 Ein rechtwinkliges Dreieck mit a = 3 cm und b = 5 cm ist gegeben. Berechne mithilfe des Satzes von Pythagoras die fehlende Seite c.

29 Wenn das Kapital 1200 € beträgt und der Zinssatz 3 % ist, wieviel Zinsen bekommt man pro Jahr?

30 Frau Steiner hat im Jahr 2018 450 € Zinsen für ihr angelegtes Geld bekommen.

    a) Der Zinssatz betrug 1,25 %. Berechne das Kapital.
    b) Das Kapital betrug 50 000 €. Wie hoch war der Zinssatz?

E **31** Ordne die folgenden Funktionsgleichungen den Graphen in der Abbildung zu:

$$f(x) = 2 \cdot 2^x$$
$$g(x) = -0,5 \cdot 4^x$$
$$h(x) = 1^{-x}$$

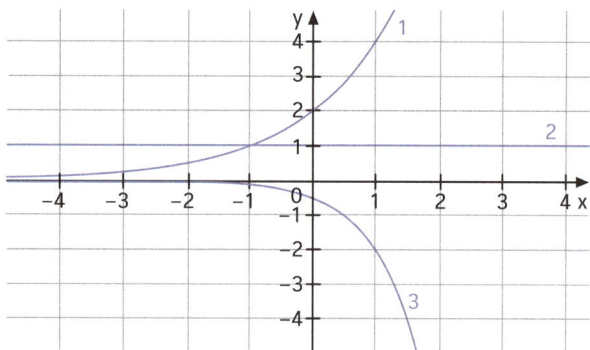

E **32** Bestimme den Wachstumsfaktor zu p % = 9 % und p % = −5 % sowie die Wachstumsprozentsätze zum Wachstumsfaktor a = 2,5 und a = 0,25

33 Ermittle anhand der vier Punkte aus der Wertetabelle die Funktionsgleichung (y = ax² + b) und ergänze zwei weitere Punkte in der Tabelle.

x	0	1	3	5		
y	2	4	20	52		

34 Marvin bietet auf dem Schulfest ein Glücksspiel an. Die Teilnehmer dürfen zwei Mal aus einem Korb mit 2 roten und 2 grünen Bällen (mit Zurücklegen) ziehen. Wer zwei Mal einen grünen Ball zieht, hat gewonnen. Bei allen anderen Kombinationen hat der Teilnehmer verloren.

    a) Marvin möchte Gewinne im Wert von 4 € anbieten. Wie viel Geld sollte Marvin für die Teilnahme nehmen? Begründe.
    b) Wie ändert sich die Gewinnchance, wenn Marvin die Teilnehmer die Bälle nach dem ersten Ziehen nicht zurücklegen lässt?
    c) Für welche der beiden Spielvarianten würdest du dich an Marvins Stelle entscheiden? Begründe.

35 Gegeben sind die Punkte: P(2|6) und Q(4|3). Bestimme die Funktionsgleichung der linearen Funktion, auf der diese beiden Punkte liegen.

E 36 Ein E-Book wird zum Preis von 5 € verkauft. In einem Monat kaufen 450 Menschen das Buch. Mithilfe einer Umfrage findet der Verlag heraus, dass man mit einer Senkung des Preises um 20 Cent etwa 75 weitere Bücher verkaufen würde. Mit einer Preiserhöhung um 20 Cent verliert man 75 Käufer.

a) Bestimme die Funktionsgleichung dieser linearen Funktion.
b) Berechne, was das Buch ohne Abzüge der Produktionskosten bei einem Preis von 1 €, 2 €, 3 €, 4 € und 5 € einspielen würde.
c) Welcher Preis wäre für das E-Book ideal?

37 Aus einer Umfrage geht hervor, dass jeder 4. Schüler des zehnten Jahrgangs der IGS Rübenheim noch nie Sushi gegessen hat. 60 % davon sind Jungen und 40 % sind Mädchen. Die IGS Rübenheim hat pro Jahrgang 180 Schülerinnen und Schüler.

a) Zeichne ein Baumdiagramm und trage die gegebenen Werte ein.
b) Wie viele Jungen und wie viele Mädchen haben noch nie Sushi gegessen?

38 Zeichne die Graphen zu den folgenden Funktionsgleichungen in ein Koordinatensystem. (x-Achse von − 5 bis + 5 und y-Achse von −5 bis +5)

a) $y_1 = \frac{1}{4}x^2 - 2$

b) $y_1 = -\frac{1}{2}x^2 + 4$

c) $y_1 = -x^2 - x + 3$

d) $y_1 = 0{,}7\,x^2 + x - 2$

> Achte auf abgerundete Formen beim Zeichnen von Parabeln

> Tipp: Erstelle zuerst eine geeignete Wertetabelle

39 Eine Firma stellt unter anderem Spielwürfel her. Welches Volumen besitzt ein Würfel der Kantenlänge 1,5 cm?

40 Aysun will einen halben Liter Wasser gleichmäßig auf zwei gleiche Vasen verteilen. Sie besitzt je zwei Vasen dieser drei Typen:

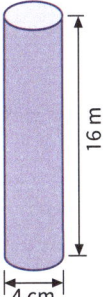
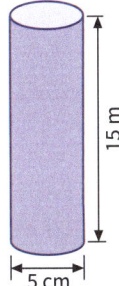
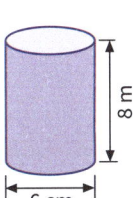

Von welcher Sorte sollte sie zwei Vasen aus dem Schrank nehmen, damit das Wasser hinein passt?

41 Die Firma Nonsense stellt besondere Schreibtischdekorationen her. Ein Artikel ist ein Glasprisma. Berechne das Volumen und die Oberfläche des Objekts.

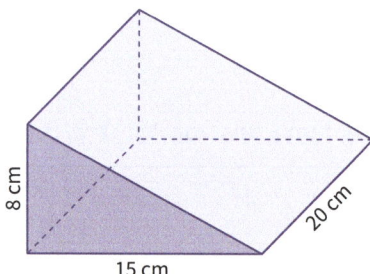

8 cm
15 cm
20 cm

42 Gegeben ist die folgende quadratische Gleichung. Bestimme den Scheitelpunkt und die Nullstellen.
$f(x) = -0,5x^2 + 3$

E **43** Überführe folgende Funktionsgleichung …
$f(x) = 0,4(x + 2)^2 + 4$ in Normalform,
$g(x) = 2x^2 - 9x + 17$ in Scheitelpunktform.

44 Maik soll in dem unten angegebenen Dreieck die Länge der Seite x berechnen. Finde seinen Fehler und korrigiere ihn.

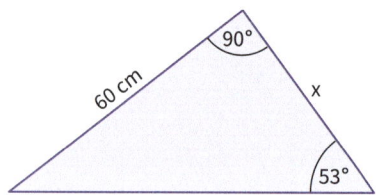

90°
60 cm
x
53°

$\sin(53°) = \frac{x}{60\,\text{cm}}$

$x = 47,92\,\text{cm}$

Die Seite x ist 47,92 Zentimeter lang.

45 Ein Lastwagen, der mit 1,2 t beladen ist, transportiert x Kisten zu je 40 kg und y Boxen zu 100 kg. Stelle den Zusammenhang zwischen x und y in einem Diagramm dar.

46 Berechne die fehlenden Werte.

Grundwert	90		15	3	
Prozentsatz		90		15	43
Prozentwert	12	40	90		15

47 Herr Marek legt ein Tabellendokument an, um aufzuschreiben, wie viel Geld er im Jahr für Geschenke für die Familie ausgibt.

	A	B	C
1	**Monat**	**Ausgabe**	
2	Januar	22,95 €	
3	Februar	17,99 €	
4	März	49,95 €	
5	April	9,99 €	
6	Mai	22,64 €	
7	Juni	12,59 €	
8	Juli	8,99 €	
9	August	150,00 €	
10	September	22,99 €	
11	Oktober	2,25 €	
12	November	69,25 €	
13	Dezember	215,99 €	
14			
15	Gesamtausgaben:		
16	Durchschnitt pro Monat:		
17			
18			

a) Gib die Formel an, mit der der die Gesamtausgaben in Zelle C15 berechnet werden können.

b) Mit welcher Formel kann der Durchschnitt in Zelle C16 berechnet werden?

48 Familie Jondler hat einen neuen Pool. Seine Grundfläche ist ein symmetrisches Trapez mit den Maßen a = 5 m, c = 2,36 m, h = 3,45 m.

a) Zeichne die Grundfläche maßstabsgerecht und beschrifte die Zeichnung.

b) Wie viel Wasser passt in den Pool, wenn er auf bis zu 1,75 m befüllt werden kann?

c) Am Ende des Sommers wird das Becken gereinigt und dazu das gesamte Wasser abgelassen. Pro Stunde können 5 m³ abgelassen werden. Erstelle eine Funktionsgleichung und berechne, wie viel Wasser nach 1, 2 und 3 Stunden noch im Pool ist.

d) Zeichne den passenden Graphen.

e) Familie Kowski hat ebenfalls einen Pool, der folgenden Querschnitt besitzt:

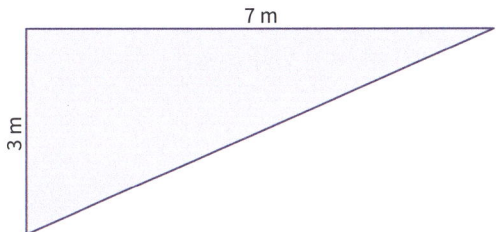

Der Pool hat eine Länge von 5 Metern. Begründe rechnerisch, ob mehr oder weniger Wasser in diesen Pool passt als in den Pool von Familie Jondler.

E **49** Eine Brücke sieht etwa so aus:

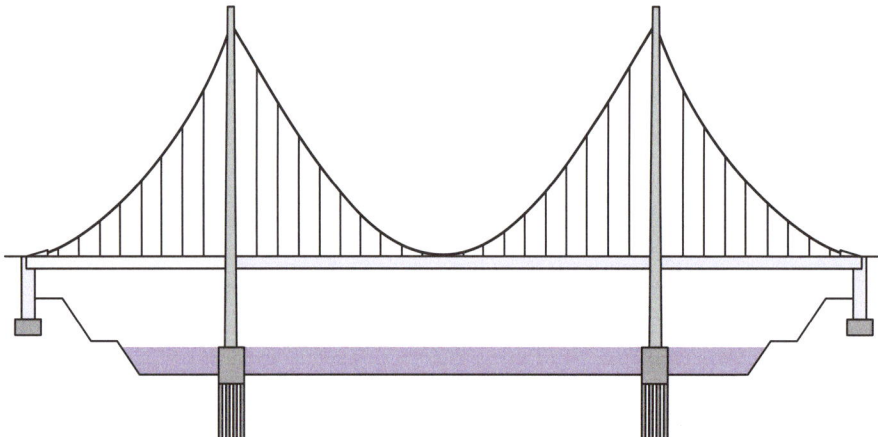

Die beiden Pylonen genannten Pfosten sind jeweils 75 Meter hoch und stehen 65 Meter vom Ufer entfernt im Wasser.

Die Straße, die über die Brücke führt, hat eine Länge von 200 Metern von Ufer zu Ufer. Sie befindet sich 25 Meter über dem Wasser. Das Kabel ist mit vielen Tragseilen mit der Straße verbunden und berührt am tiefsten Punkt die Fahrbahn.

Beschrifte die Zeichnung mit den gegebenen Maßen.

Die Form des Kabels zwischen den beiden Pylonen kann mit einer quadratischen Funktion beschrieben werden. Stelle die Funktionsgleichung auf. Berechne die Länge der Tragseile in 5 Metern Abstand zum ersten Pylon.

50 Marmelade wird oft aus Gelierzucker und Früchten hergestellt. Das Verhältnis von Früchten zu Gelierzucker hängt von der Art des Gelierzuckers ab. Üblich sind die Verhältnisse 1:1 oder 2:1 oder 3:1.

a) Hannah hat 7,5 kg Erdbeeren gepflückt. Sie möchte daraus Erdbeermarmelade kochen. Sie findet im Supermarkt nur noch 3:1 Gelierzucker. Wie viel muss sie davon kaufen?

b) Ein Erdbeermarmelade-Hersteller gibt an, den Zuckergehalt um 50 % reduziert zu haben. Ursprünglich waren 150 g Frucht und 60 g Zucker in den Gläsern. Berechne die neuen Mengen Frucht und Zucker. Wie ist das Verhältnis von Frucht zu Gelierzucker jetzt?

51 Otto gewinnt im Lotto und hat nun 350 000 €, die er mit 0,25 % Zinsen bei der Bank anlegt. Die Zinsen werden nach jeweils einem Jahr zum Kapital dazugerechnet.

a) Berechne, wie viel Geld er nach 250 Tagen insgesamt hat.

b) Bestimme, nach wie vielen Tagen Otto 400 € Zinsen bekommt.

c) Berechne, wie viel Geld nach 380 Tagen zusammenkommt.

E **52** Bei einer Exponentialfunktion sind zwei Punkte bekannt, P(3|6,75) und Q(7|34,172). Bestimme die passende Funktionsgleichung.

E **53** Die Population einer Insektenart wächst gemäß exponentiellem Wachstum. Während 2018 noch 2,9 Millionen Tiere vorhanden waren, sind es 2019 schon 3,4 Millionen Tiere.

a) Bestimme den Wachstumsfaktor a.

b) Stelle eine Funktionsgleichung auf und berechne die Anzahl der Tiere im Jahr 2022.

c) Zeichne einen Graphen, der die Entwicklung von 2018 bis 2023 darstellt.

E 54 Herr Skan legt 15 000 € zu einem Negativ-Zinssatz von −0,5 % p. a. an.

a) Berechne sein Guthaben nach 12 Jahren.
b) Wie viel wäre ihm berechnet worden, wenn er nur 1 € auf dem Konto gehabt hätte?
c) Welchen Betrag hätte er anlegen müssen, damit nach 5 Jahren noch 20 000 € vorhanden sind?
d) Ist es zu seinen Lebzeiten möglich, dass aus seinen 15 000 € (theoretisch) 1 € werden?

55 Der Benzintank von Yusufs Auto fasst 80 Liter. Sind nur noch 8 Liter im Tank, leuchtet die Tank-anzeige auf. Ramona sagt, dass ihr Tank nur 60 Liter Benzin fasse, doch die Prozentzahl, bei der ihre Tankanzeige aufleuchte, sei dieselbe wie die bei Yusuf.

a) Berechne bei wie viel Prozent die Tankanzeigen aufleuchten und wie viele Liter Ramona zu diesem Zeitpunkt noch im Tank hat.
b) Yusufs Auto hat nach 350 km noch 43,25 Liter im Tank. Bestimme den Benzinverbrauch auf 100 km.
c) Yusuf fährt mit halbvollem Tank zu Hause los, um zu einem Termin in 500 km Entfernung zu gelangen. Nach 200 km macht er eine Pause und tankt das Auto voll. An der Tankstelle erhält er einen Anruf, dass er eine Stunde früher beim Termin erscheinen soll. Er beeilt sich und fährt den Rest der Strecke ohne Pause. Sein Benzinverbrauch steigt durch die Raserei um 20 %.
Zeichne einen Graphen der verbrauchten Benzinmenge in Litern zur gefahrener Strecke in Kilo-metern zu dieser Geschichte.

56 Karim verkauft Lose auf dem Schulfest. Es gibt 5 große Gewinne, 80 Nieten und 15 kleine Gewinne. Mert zieht ein Los.

Bestimme, wie groß die Wahrscheinlichkeit ist …
… eine Niete zu ziehen.
… einen Gewinn zu ziehen.
… beim ersten Los eine Niete zu ziehen und beim zweiten Los einen großen Gewinn.

57 Paul macht eine Fahrradtour. In Diagramm ist zu sehen, zu welcher Uhrzeit er welchen Weg zurückgelegt hat.

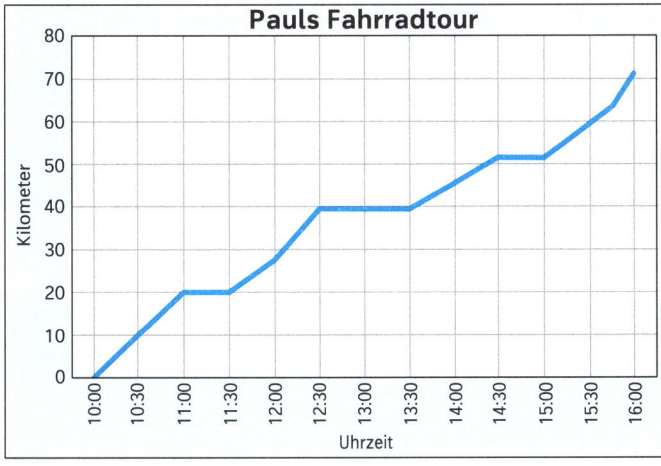

Beantworte mithilfe des Diagramms die folgenden Fragen.

a) Wie viele Kilometer fährt Paul insgesamt?
b) Wie viele Pausen macht Paul, wie viele Minuten pausiert er insgesamt?
c) Wann ist er am schnellstem, wann am langsamsten? Woran könnte das liegen?
d) Berechne die Durchschnittsgeschwindigkeit Pauls über den ganzen Tag und vergleiche mit den Geschwindigkeiten auf dem schnellsten und langsamsten Teilstück.

ZENTRALE AUFGABEN FÜR DEN G-KURS

Abschlussprüfung Mathematik 2022, Integrierte Gesamtschule, G-Kurs

Bearbeitungszeit: maximal 50 Minuten für den ersten, hilfsmittelfreien Teil, 100 Minuten für Pflicht- und Wahlaufgaben, zuzüglich 15 Minuten Auswahlzeit.

Hilfsmittel für den ersten Teil: Geodreieck und Zirkel

Hilfsmittel für den zweiten Teil: zusätzlich ein wissenschaftlicher (WTR) oder grafikfähiger Taschenrechner (GTR)

HILFSMITTELFREIER TEIL

Aufgabe 1

In einem Hotel kann man Fahrräder und E-Bikes ausleihen. Im Koordinatensystem ist der Verlauf der Fahrt eines Fahrradfahrers und eines E-Bikefahrers dargestellt. Sie fahren den gleichen Weg vom Hotel zum Ziel.

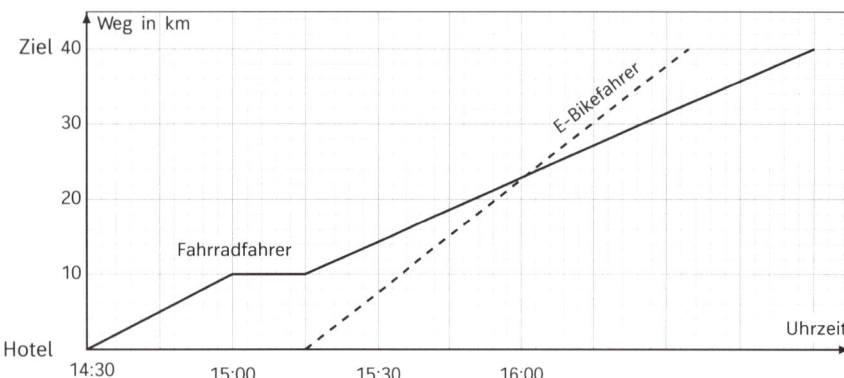

a) Fülle die Lücken aus:
   Der Fahrradfahrer startet um 14:30 am Hotel.

   Er legt eine Pause von _____ Uhr bis _____ Uhr ein.

   Der E-Bikefahrer startet um _____ Uhr. Er startet somit _____ Minuten später als der Fahrradfahrer.

   Der _____ ist als erstes im Ziel und hat eine Gesamtstrecke von _____ km zurückgelegt. (2 BE)

b) Nach 10 km befindet sich an der Strecke ein Kiosk. Markiere im Koordinatensystem, wann der Fahrradfahrer und wann der E-Bikefahrer den Kiosk erreichen. (1 BE)

c) Entscheide, ob der Fahrradfahrer vor oder nach der Pause schneller gefahren ist. Begründe deine Entscheidung. (1 BE)

d) Gib den ungefähren Schnittpunkt der beiden Graphen an und erkläre die Bedeutung im Sach- zusammenhang. (2 BE)

Quelle (Aufgaben): Niedersächsisches Kultusministerium, Hannover 2022

Aufgabe 2

Hier siehst du verschiedene Körper.

 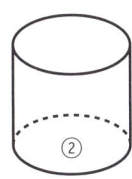 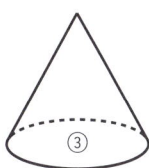 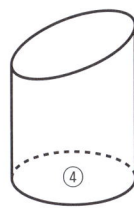 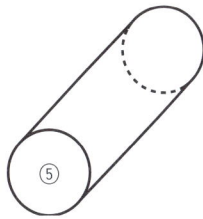

a) Trage die Nummern der Körper in die Tabelle ein.   (1 BE)

	Nummern der Körper
Zylinder	
Kein Zylinder	

Gegeben ist ein Zylinder mit folgenden Maßen: r = 2 cm; h = 6 cm; u = 12,6 cm.

b) Zeichen ein Netz für den Zylinder im Maßstab 1 : 1.   (2 BE)

c) Friederike hat die Formel für die Berechnung der Oberfläche des Zylinders aufgestellt.
    Erkläre, was sie falsch gemacht hat.
    Friederikes Formel: $O = \pi \cdot 2^2 + 2 \cdot \pi \cdot 2 \cdot 6$ (2 BE)

d) Im Folgenden siehst du vier Körper. Ordne jedem Körper das passende Netz zu, indem du sie mit
    Strichen verbindest. Benenne den übriggebliebenen Körper.   (2 BE)

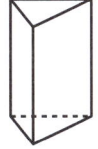 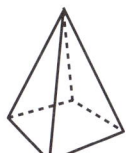 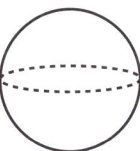 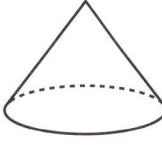

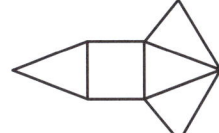  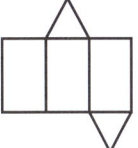

Netze verkleinert dargestellt

Aufgabe 3

Ralf, Yasmin und Martin werfen zwei Münzen.

Sie vereinbaren folgende Regel:
- – Ralf gewinnt, wenn beide Münzen Zahl zeigen.
- – Martin gewinnt, wenn beide Münzen Kopf zeigen.
- – Yasmin gewinnt in allen anderen Fällen.

Die Münzen werden 200-mal geworfen und die Ergebnisse in einer Tabelle notiert.

a) Vervollständige die Tabelle. (2 BE)

	Ralf „zweimal Zahl"	Martin „zweimal Kopf"	Yasmin „andere Fälle"
Anzahl	52	46	102
Relative Häufigkeit als Bruch		$\frac{46}{200} = \frac{23}{100}$	
Relative Häufigkeit in Prozent	26 %		

Martin möchte die Gewinnwahrscheinlichkeiten des Spiels untersuchen.

b) Trage die Wahrscheinlichkeiten für das Werfen der Münzen in das Baumdiagramm ein. (2 BE)

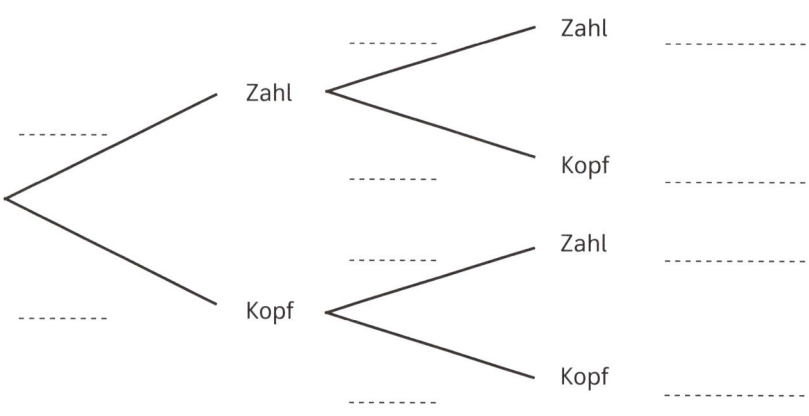

c) Färbe den Gewinnpfad für Martin im Baumdiagramm. (1 BE)

Martin meint: „Das Spiel ist unfair. Yasmins Wahrscheinlichkeit zu gewinnen ist doppelt so hoch wie meine."

d) Erkläre, warum Martin recht hat. (2 BE)

PFLICHTTEIL

Aufgabe 4

Ralf hat ein neues Gewächshaus im Garten gebaut.
Das Gewächshaus hat folgende Maße.

Breite: 300 cm

Länge: 480 cm

Höhe der Seiten: 150 cm

Gesamthöhe: 260 cm

a) Gib die Maße in Meter an. (1 BE)

Breite: _____ m

Länge: _____ m

Höhe der Seiten: _____ m

Gesamthöhe: _____ m

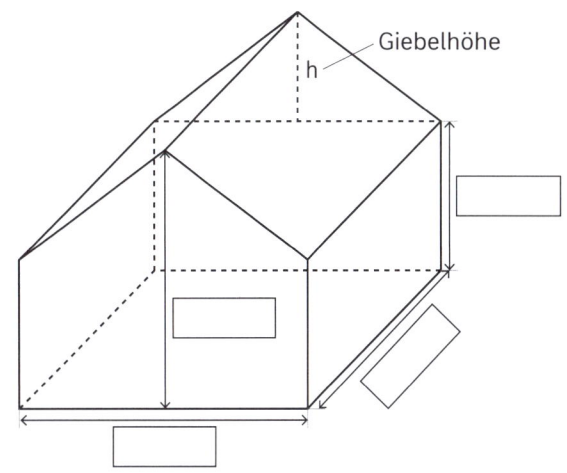

Giebelhöhe

(Skizze nicht maßstabsgerecht)

b) Übertrage die Maße des Gewächshauses in die nebenstehende Skizze. (1 BE)

c) Berechne die Giebelhöhe h des Gewächshauses. (1 BE)

d) Berechne die Länge einer der Dachkanten s. (2 BE)

(Wenn du c) nicht gelöst hast, verwende h = 0,95 m.)

e) Eine der Dachflächen soll mit einem Sonnenschutz aus grauem Stoff ausgestattet werden.

Bestimme den Flächeninhalt dieser Dachfläche in m². (3 BE)

(Wenn du d) nicht gelöst hast, verwende s = 210 cm.)

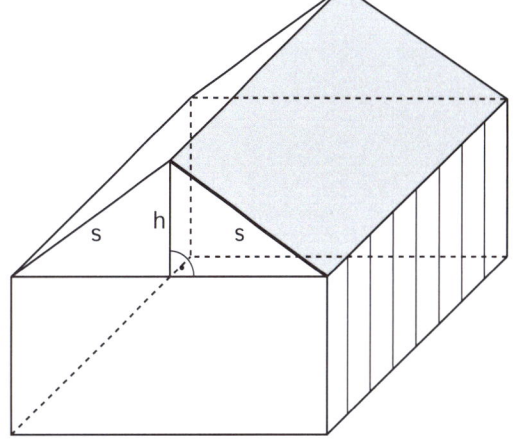

(Skizze nicht maßstabsgerecht)

Eine Seitenwand des Gewächshauses besteht aus acht gleichgroßen Glasscheiben.

f) Berechne die Breite einer Glasscheibe. (1 BE)

g) Ralf hat beim Aufbau des Gewächshauses eine der Scheiben zerbrochen.
Die Glasscheiben sind rechteckig und 1,50 m hoch. 1 m² Glas kostet 98 €.
Berechne die Kosten für eine neue Glasscheibe. (3 BE)

(Wenn du f) nicht gelöst hast, verwende 0,55 m für die Breite der Glasscheibe.)

In Niedersachsen braucht man keine Baugenehmigung, wenn das Volumen eines Gewächshauses kleiner als 40 m³ ist.

h) Überprüfe mithilfe einer Rechnung, ob das Gewächshaus ohne Baugenehmigung gebaut werden darf. (4 BE)

i) Ralf will das Gewächshaus für seine Modelleisenbahn verkleinert nachbauen.

Vervollständige das Netz im Maßstab 1 : 100. (4 BE)

WAHLTEIL

Eine der beiden Aufgaben 5 ist zu bearbeiten.

Aufgabe 5

Der online-Fotodienst *Foto Müller* bietet Fotos zu den nebenstehenden Preisen an.

Foto Müller

Preis pro Foto: 0,07 €
Versandkosten: 6,00 €

a) Fülle die Tabelle aus. (2 BE)

Anzahl Fotos	1	2	3		10
Gesamtkosten (inklusive Versandkosten)	6,07 €			6,35 €	

Im Koordinatensystem ist das Angebot von *Foto Müller* dargestellt.

b) Beschrifte die Achsen im Sachzusammenhang.   (2 BE)

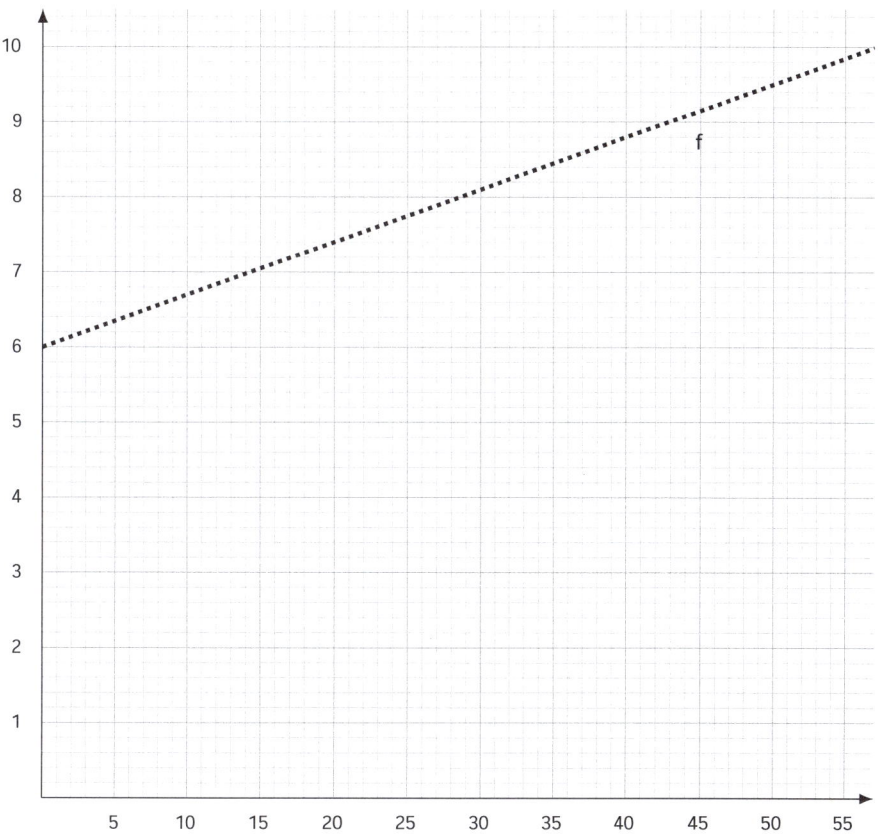

c) 15 Fotos kosten 7,05 €.
   Markiere diesen Punkt im Koordinatensystem.   (1 BE)

d) Stelle eine Funktionsgleichung auf, mit der die Gesamtkosten berechnet werden können.   (2 BE)

e) Berechne die Gesamtkosten für 62 Fotos.   (2 BE)

(Wenn du d) nicht gelöst hast, verwende f(x) = 0,08x + 5.)

f) Bestimme, wie viele Fotos für 23 € bestellt werden können.
   Dokumentiere dein Vorgehen.   (3 BE)

Yasmin hat ein anderes Angebot von *Foto Schneider* im Internet gefunden.

Sie hat dafür die folgende Funktionsgleichung aufgestellt: g(x) = 0,15x + 4.

g) Fülle mithilfe der Funktionsgleichung das Angebot aus.   (2 BE)

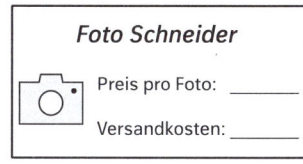

Foto Schneider

Preis pro Foto: _____

Versandkosten: _____

h) Ordne x und g(x) die richtige Bedeutung im Sachzusammenhang zu. (1 BE)

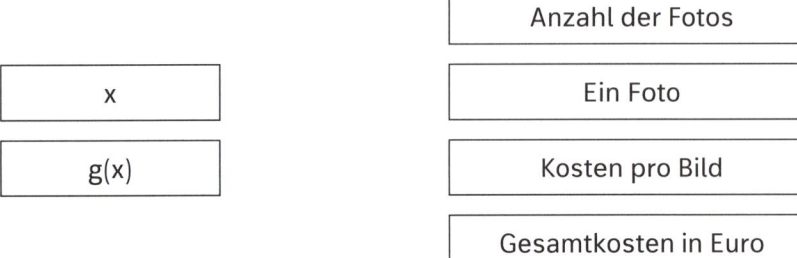

i) Yasmin möchte 20 Fotos bestellen.

   Entscheide, welches Angebot für Yasmin günstiger ist. Begründe deine Entscheidung. (3 BE)

Yasmin hat den Schnittpunkt der Graphen von f und g berechnet: (25|7,75).

j) Erläutere die Bedeutung des Schnittpunkts im Sachzusammenhang. (2 BE)

Aufgabe 5

Friederike will auf ihrer Party verschiedene Säfte anbieten.

Sie kauft eine Getränkekiste mit 12 Flaschen.

Sorte	Anzahl
Apfelsaft	3
Bananensaft	2
Kirschsaft	2
Orangensaft	
Maracujasaft	1
Limettensaft	1
	12

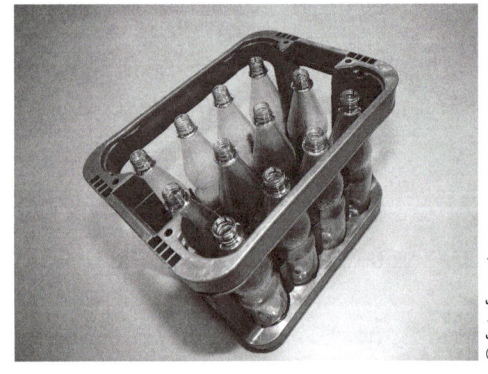

a) Vervollständige die Tabelle und das Diagramm. (4 BE)

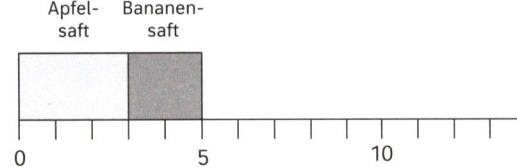

b) Ein Gast zieht, ohne hinzuschauen, eine Flasche aus der Getränkekiste.

Vervollständige die Tabelle. (4 BE)

Ereignis	Wahrscheinlichkeit als Bruch	Wahrscheinlichkeit in Prozent
Er greift Maracujasaft.		
Er greift Bananensaft oder Kirschsaft.		
		25 %
Er greift keinen Orangensaft.		

Friederike mag keinen Apfelsaft. Deswegen unterscheidet sie bei der Getränkekiste nur zwischen Apfel-saft und kein Apfelsaft.

c) Fülle die Tabelle aus. (1 BE)

Sorte	Anzahl
Apfelsaft	3
kein Apfelsaft	
	12

Ohne hinzuschauen zieht sie zwei Flaschen aus der Getränkekiste. Sie legt die Flaschen nicht wieder zurück.

d) Beschrifte das Baumdiagramm mit den Wahrscheinlichkeiten. (5 BE)

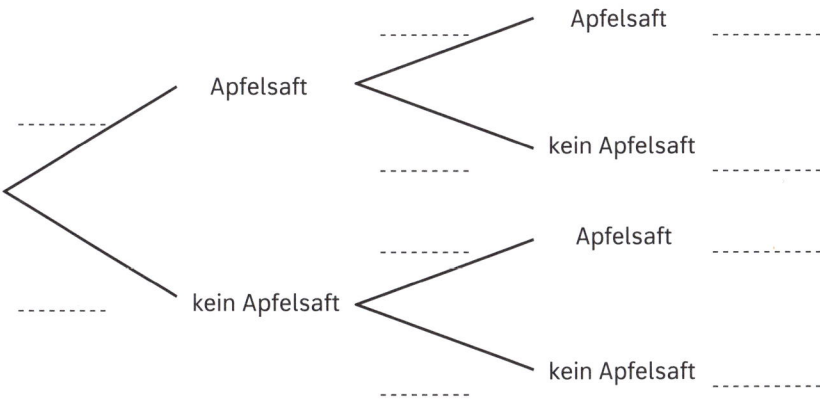

e) Bestimme die Wahrscheinlichkeit in Prozent, dass Friederike zwei Apfelsaftflaschen zieht. (2 BE)

f) Berechne die Wahrscheinlichkeit in Prozent, beim zweimaligen Ziehen genau eine Apfelsaftflasche zu ziehen. (2 BE)

g) Friederike stellt einen Term für die Wahrscheinlichkeit auf, dass sie mindestens eine Apfelsaftflasche zieht: $\frac{9}{12} \cdot \frac{3}{11} + \frac{3}{12} \cdot \frac{9}{11}$

Beschreibe, welchen Fehler sie gemacht hat. (2 BE)

ZENTRALE AUFGABEN FÜR DEN E-KURS

Abschlussprüfung Mathematik 2022, Integrierte Gesamtschule, E-Kurs

Bearbeitungszeit: maximal 50 Minuten für den ersten, hilfsmittelfreien Teil, 100 Minuten für Pflicht- und Wahrlaufgaben, zuzüglich 15 Minuten Auswahlzeit.

Hilfsmittel für den ersten Teil: Geodreieck und Zirkel

Hilfsmittel für den zweiten Teil: zusätzlich ein wissenschaftlicher (WTR) oder grafikfähiger Taschenrechner (GTR)

HILFSMITTELFREIER TEIL

Aufgabe 1

In der Abbildung siehst du einen Würfel mit einer Kantenlänge von 4 cm.
In der Grundfläche werden die Mittelpunkte der Kanten zu einem Quadrat verbunden.
Die Länge der Seite n beträgt $\sqrt{8}$ cm.

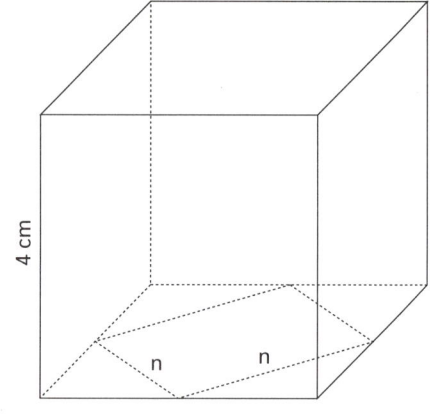

(Skizze nicht maßstabsgerecht)

a) Berechne das Volumen des Würfels. (1 BE)

b) Zeige durch eine Rechnung, dass die Länge der Seite n tatsächlich $\sqrt{8}$ cm beträgt. (2 BE)

Das Quadrat mit den Seitenlängen n wird zu einem Quader erweitert.

c) Berechne das Volumen dieses Quaders. (2 BE)

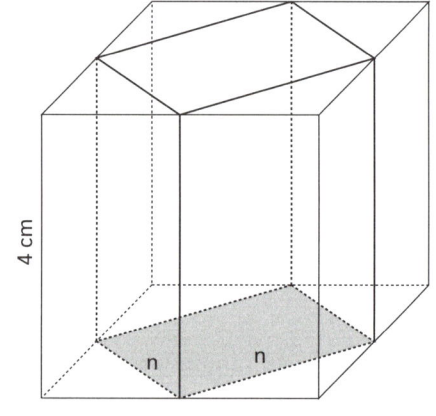

(Skizze nicht maßstabsgerecht)

Dirk fertigt eine Skizze der Grundfläche an und meint:

> Man kann auch ohne Rechnung erkennen, dass das Volumen des Quaders halb so groß ist wie das Volumen des Würfels.

d) Begründe, dass Dirk Recht hat. (2 BE)

Aufgabe 2

Du hast die Wahl zwischen zwei Zufallsversuchen.

Zufallsversuch A	**Zufallsversuch B**
einmal würfeln	einmal ein Glücksrad mit 20 Feldern drehen

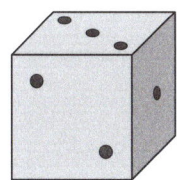

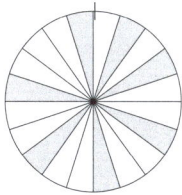

Du gewinnst bei einer 1 oder 2.	Du gewinnst bei einem grauen Feld.

a) Entscheide mithilfe von Rechnungen, bei welchem Zufallsversuch die Wahrscheinlichkeit zu gewinnen größer ist. (2 BE)

© Minkus Images

Ein Spielwürfel wird zweimal gewürfelt.

Es soll die Wahrscheinlichkeit für *zweimal eine Sechs* berechnet werden.

b) Kreuze alle Terme an, mit denen P(6,6) berechnet werden kann. Erkläre, warum deine angekreuzten Terme richtig sind. (3 BE)

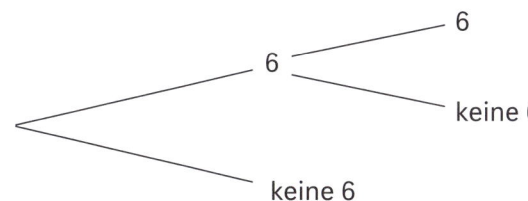

richtig:
☐   ☐   ☐   ☐   ☐

c) Dorothee zeichnet ein verkürztes Baumdiagramm und stellt einen Term zur Berechnung von P(6,6) auf:

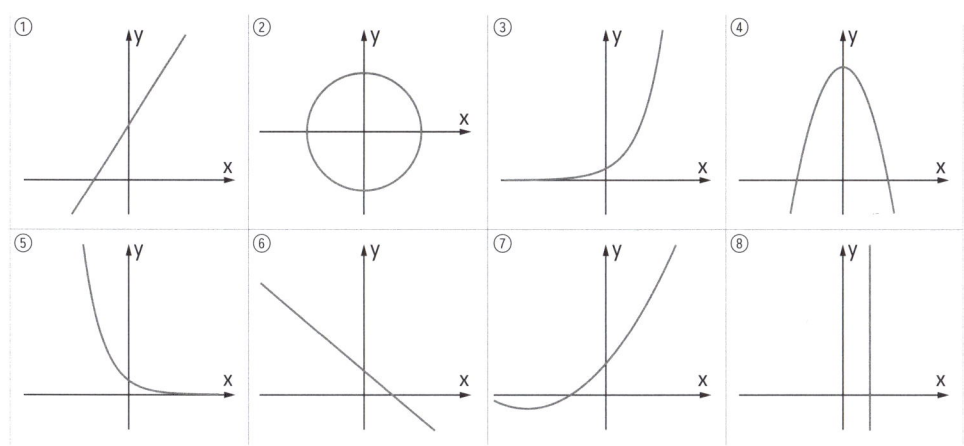

Erkläre, warum Dorothees Term auch richtig ist. (1 BE)

Aufgabe 3

Hier siehst du verschiedene Graphen.

a) Trage die Nummern der Graphen richtig in die Tabelle ein. (3 BE)

	Nummer des Graphen
Exponentialfunktion	
Quadratische Funktion	
Lineare Funktion	
keine der drei Funktionstypen	

b) Löse die Gleichung $x^2 + 1900 = 2800$ schriftlich. (2 BE)

c) Janina möchte die Gleichung $0{,}25x^2 - 1 = 0{,}5x + 1$ grafisch lösen.

Sie hat die Zeichnung rechts angefertigt.

Erkläre, warum mithilfe der Zeichnung die Gleichung gelöst werden kann und gib die Lösung an. (2 BE)

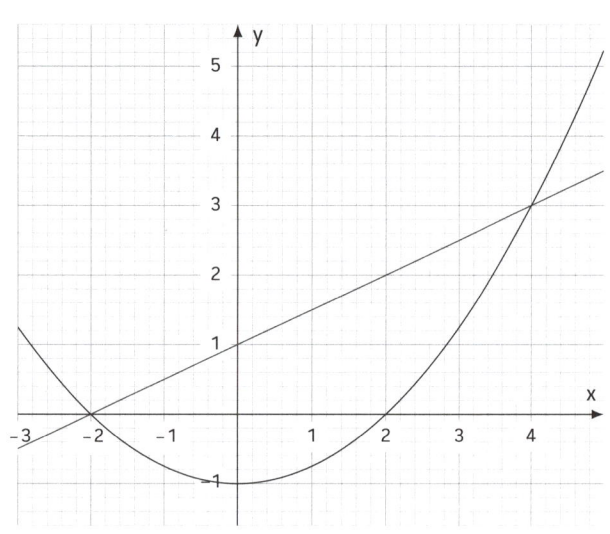

PFLICHTTEIL

Aufgabe 4

In dieser Aufgabe geht es um Kerzen unterschiedlicher Form.

Eine Kerze hat die Form einer Pyramide, bei der alle Kanten 6 cm lang sind.

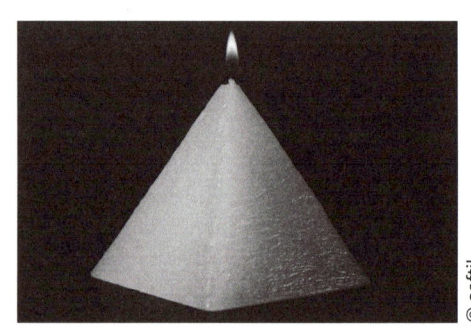
© softti

a) Zeichne ein Netz der Kerze im Maßstab 1 : 1. (3 BE)

b) Berechne die Höhe einer Dreiecksseite der Kerze. (2 BE)

c) Berechne das Volumen der Kerze. (4 BE)

(Wenn du b) nicht gelöst hast, verwende $h_{Dreiecksseite} = 5{,}4$ cm.)

(Skizze nicht maßstabsgerecht)

Es soll eine Kerze in Form einer Kugel mit dem gleichen Volumen produziert werden.

d) Berechne den Radius dieser Kerze. (3 BE)

(Wenn du c) nicht gelöst hast, verwende $V_{Pyramide}$ = 54 cm³.)

e) Obwohl beide Kerzen das gleiche Volumen haben, sind die Oberflächen unterschiedlich groß. Die Oberfläche der kugelförmigen Kerze ist kleiner als die der pyramidenförmigen Kerze.

   Berechne, um wie viel Prozent die Oberfläche der kugelförmigen Kerze kleiner ist. (4 BE)

(Wenn du d) nicht gelöst hast, verwende r = 2,4 cm.)

In der Mitte der kugelförmigen Kerze ist ein Docht.

f) Aus Erfahrung weiß der Hersteller, dass die Kerze nur rund um den Docht abbrennt. Das Kerzenwachs, das mehr als 1,6 cm vom Docht entfernt ist, bleibt stehen. Es sollte nicht mehr als $\frac{1}{10}$ der Kerze nach dem Abbrennen übrig bleiben. Überprüfe, ob bei der kugelförmigen Kerze die Vorgabe erfüllt wird. (4 BE)

WAHLTEIL

Eine der beiden Aufgaben 5 ist zu bearbeiten.

Aufgabe 5

Batterien für Elektroautos speichern unterschiedlich viel Energie. Um die Batteriepreise vergleichen zu können, wird der Preis in Euro pro Kilowattstunde (kWh) angegeben. Der Graph f beschreibt die Entwicklung des Batteriepreises.

Ralf hat eine Modellierung für die Preise von 2010 bis 2015 vorgenommen und folgende Funktionsgleichung aufgestellt.

f(x) = 1029,4 · 0,84ˣ.

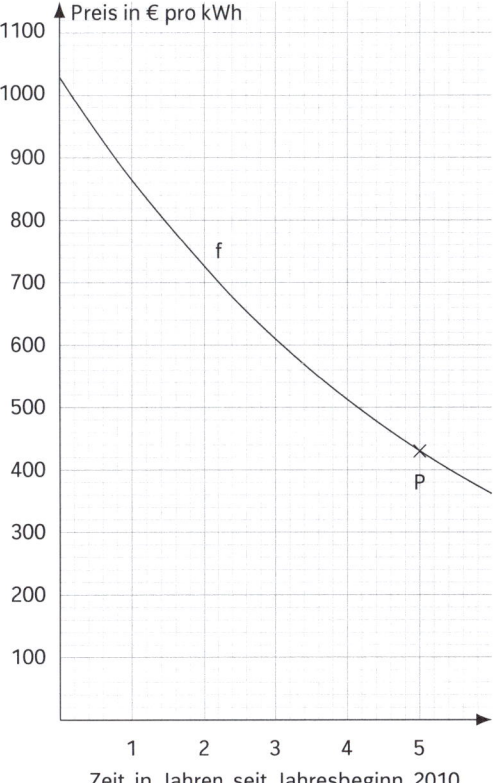

103

a) Erkläre die Bedeutung der Zahlen 1029,4 und 0,84 sowie von x und f(x) im Sachzusammenhang. (2 BE)

b) In der Abbildung ist der Punkt P(5|430,51) eingetragen.
   Erkläre die Bedeutung des Punktes im Sachzusammenhang. (1 BE)

c) Berechne mithilfe der Funktion f den voraussichtlichen Batteriepreis pro kWh zu Beginn des Jahres 2018. (2 BE)

d) Berechne mithilfe von Ralfs Modell den Batteriepreis pro kWh zu Beginn des Jahres 2008. (2 BE)

WTR	GTR
e) Die Kosten für die Batterie bestimmen stark die Kosten für das Elektroauto. Laut Experten werden Elektroautos günstiger als mit Benzin fahrende Autos, sobald der Batteriepreis unter 85 € pro kWh fällt. Bestimme, in welchem Jahr der Preis voraussichtlich erstmals unter 85 € liegt. Dokumentiere dein Vorgehen. (3 BE)	e) Die Kosten für die Batterie bestimmen stark die Kosten für das Elektroauto. Laut Experten werden Elektroautos günstiger als mit Benzin fahrende Autos, sobald der Batteriepreis unter 170 € pro kWh fällt. Bestimme, in welchem Jahr der Preis voraussichtlich erstmals unter 170 € liegt. (3 BE)

f) Ralf findet eine Abbildung zur Entwicklung des Batteriepreises. Überprüfe, ob die Funktion f zu dieser Abbildung passt. (3 BE)

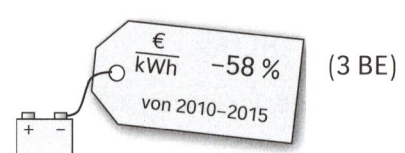

g) Zu Beginn des Jahres 2021 lag der tatsächliche Batteriepreis bei 95 € pro kWh. Yasmin stellt fest, dass der Preis nicht zu Ralfs Modellierung passt. Berechne, um wie viel Euro Ralfs Modellierung vom tatsächlichen Preis abweicht. (2 BE)

Im Koordinatensystem ist der Ladevorgang einer Batterie dargestellt.

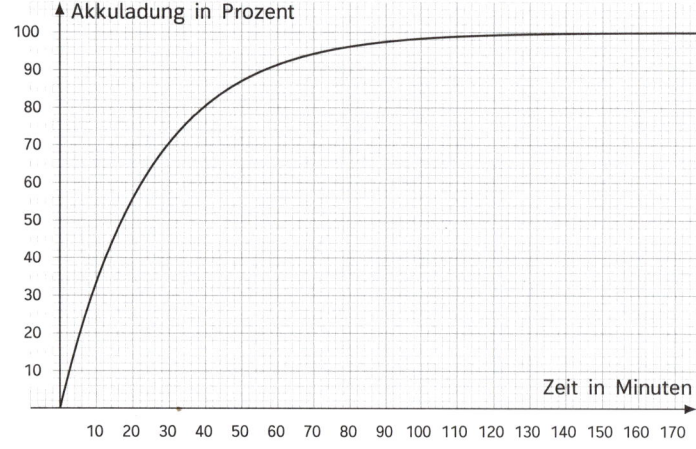

h) Beschreibe mithilfe des Graphen den Ladevorgang. (2 BE)

i) Begründe, warum es sich beim Ladevorgang um kein exponentielles Wachstum handelt. (1 BE)

Der Graph kann mit g(x) = 100 − 100 · 0,96^x beschrieben werden.

j) Begründe, dass die Funktion g nie den Wert 100 erreicht. (2 BE)

Aufgabe 5

In einer Studie wurde untersucht, wie viele Fernseher nach 10 Jahren Nutzung noch funktionsfähig waren. Dabei wurde zwischen Fernsehern bekannter Marken („Markenfernseher") und Fernsehern unbekannter Marken („No-Name-Fernseher") unterschieden.
3420 von 5500 Markenfernsehern waren nach 10 Jahren noch funktionsfähig.
Von den 7350 No-Name-Fernsehern waren nach 10 Jahren 44 % defekt.

a) Berechne wie viel Prozent der Markenfernseher nach 10 Jahren funktionsfähig waren. (1 BE)

b) Vervollständige die Vierfeldertafel. (3 BE)

	funktionsfähig	defekt	
Markenfernseher			
No-Name-Fernseher			
			12 850

Einer der untersuchten Fernseher wird zufällig ausgewählt.

c) Trage die Wahrscheinlichkeiten in das Baumdiagramm ein. (4 BE)

(Wenn du Aufgabe b) nicht lösen konntest, verwende die Vierfeldertafel unten auf der nächsten Seite.)

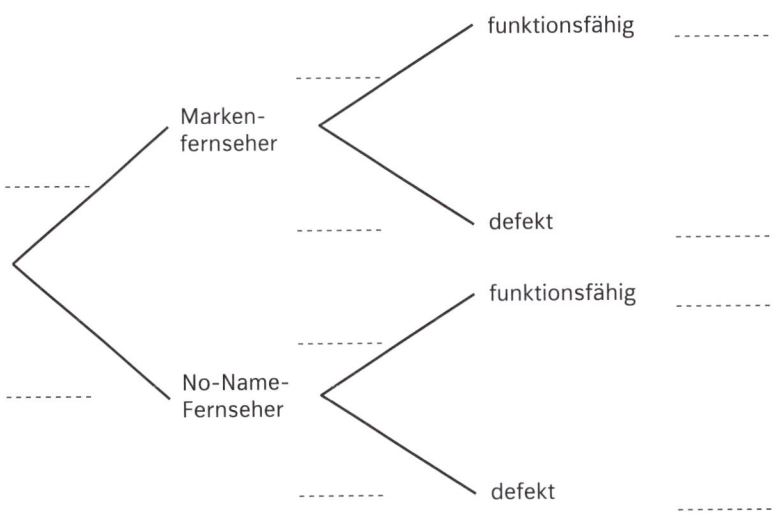

d) Gib die Wahrscheinlichkeit in Prozent an, dass ein zufällig ausgewählter Fernseher ein No-Name-Fernseher ist, der nach 10 Jahren noch funktionsfähig ist. (1 BE)

e) Gib die Wahrscheinlichkeit in Prozent an, dass ein zufällig ausgewählter Fernseher von einer bekannten Marke ist. (1 BE)

f) Gib die Wahrscheinlichkeit in Prozent an, mit der ein Markenfernseher nach 10 Jahren defekt ist. (1 BE)

g) Bestimme die Wahrscheinlichkeit in Prozent, dass ein zufällig ausgewählter Fernseher nach 10 Jahren defekt ist. (2 BE)

Yasmin sagt: „Nach 10 Jahren sind mehr No-Name-Fernseher als Markenfernseher noch funktionsfähig. Deswegen sind diese Fernseher zuverlässiger."
Dirk widerspricht: „Nein, die Markenfernseher sind zuverlässiger!"

h) Erkläre mithilfe der Daten, wie Yasmin und Dirk zu ihren Aussagen kommen. (2 BE)

_____

Falls du Aufgabe b) nicht lösen konntest, verwende für die folgenden Aufgaben:

	funktionsfähig	defekt	
Markenfernseher	2882	1118	4000
No-Name-Fernseher	5784	3066	8850
	8666	4184	12 850

Yasmin finde eine neue Studie zum gleichen Thema. Die Ergebnisse sind in einem Häufigkeitsnetz dargestellt.

Neue Studie zur Funktionsfähigkeit von Fernsehern nach 10 Jahren

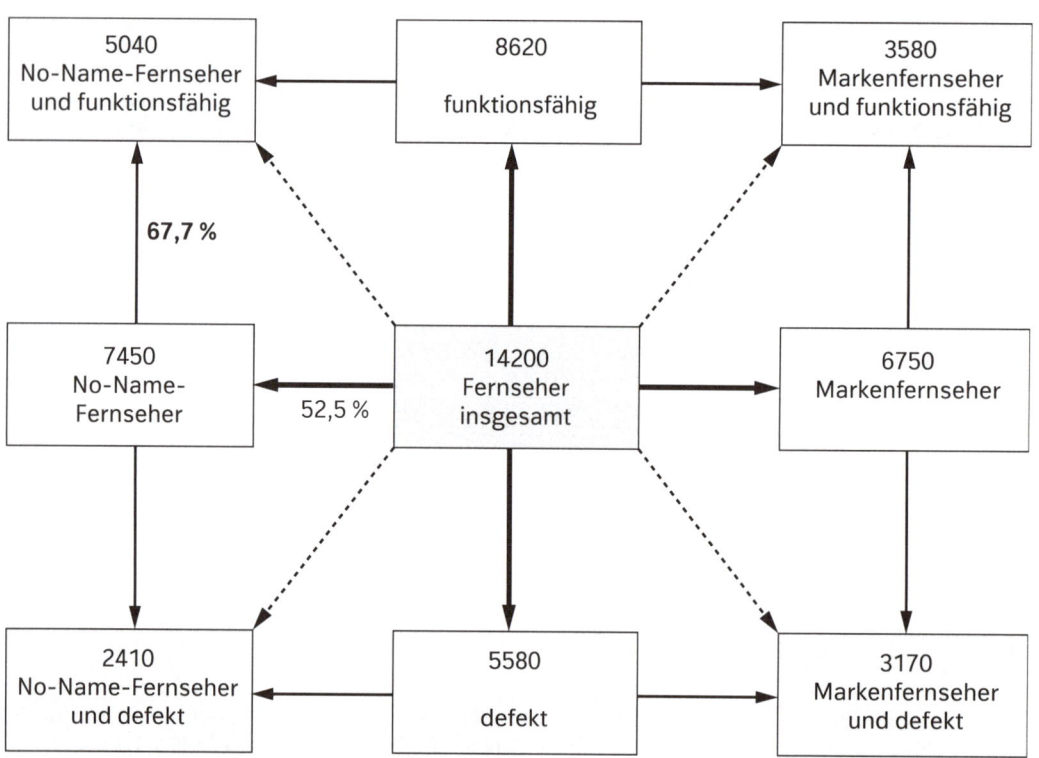

i) Gib an, wie viele defekte Fernseher es in der neuen Studie gibt. (1 BE)

j) Erkläre, wie der Wert „67,7 %" aus dem Häufigkeitsnetz berechnet werden kann. Gib die Bedeutung des Wertes im Sachzusammenhang an. (2 BE)

k) Yasmin sagt: „Nach dieser neuen Studie sind die No-Name-Fernseher zuverlässiger." Nimm Stellung zu Yasmins Aussage. (2 BE)

FORMELSAMMLUNG FÜR DEN G-KURS

Diese Formelsammlung wird bei der Prüfung im G-Kurs zur Verfügung gestellt.

Ebene Figuren (A: Flächeninhalt, u: Umfang)

Quadrat

$A = a^2$

$u = 4a$

Rechteck

$A = a \cdot b$

$u = 2a + 2b$

Dreieck

$A = \dfrac{g \cdot h_g}{2}$

$u = a + b + c$

Parallelogramm

$A = g \cdot h_g$

$u = 2a + 2b$

Satz des Pythagoras

Im rechtwinkligen Dreieck gilt:

$a^2 + b^2 = c^2$

Kreis

$d = 2r$

$A = \pi r^2$ oder $A = \dfrac{\pi d^2}{4}$

$u = 2\pi r$ oder $u = \pi d$

Körper (V: Volumen, O: Oberfläche, G: Grundfläche, M: Mantelfläche)

Würfel

$V = a^3$

$O = 6a^2$

Prisma

$V = G \cdot h$

$O = 2 \cdot G + M$

Quader

$V = a \cdot b \cdot c$

$O = 2ab + 2bc + 2ac$

Zylinder

$V = \pi r^2 \cdot h$

$O = 2\pi r^2 + 2\pi r \cdot h$

Quadratische Pyramide

$V = \dfrac{1}{3} a^2 \cdot h$

$O = a^2 + 2a \cdot h_s$

Pyramide

$V = \dfrac{1}{3} \cdot G \cdot h$

$O = G + M$

Kegel

$V = \dfrac{1}{3} \pi r^2 \cdot h$

$O = \pi r^2 + \pi r s$

Kugel

$V = \dfrac{4}{3} \pi r^3$

$O = 4\pi r^2$

Maßeinheiten

Länge

1 km = 1 000 m

1 m = 10 dm = 100 cm = 1 000 mm

1 dm = 10 cm = 100 mm

1 cm = 10 mm

Volumen

1 m³ = 1 000 dm³

1 dm³ = 1 000 cm³

1 cm³ = 1 000 mm³

1 Liter = 1 l = 1 dm³

1 Milliliter = 1 ml = 1 cm³

Fläche

1 m² = 100 dm²

1 dm² = 100 cm²

1 cm² = 100 mm²

1 a = 100 m²   1 ha = 10000 m²

Masse

1 t = 1 000 kg

1 kg = 1 000 g

1 g = 1 000 mg

Prozentrechnung

G: Grundwert

W: Prozentwert

p: Prozentsatz

p%: Prozentsatz in %

$$W = \dfrac{G \cdot p}{100} = G \cdot p\,\%$$

Lineare Funktionen:

$f(x) = mx + b$

m: Änderungsrate oder Steigung

b: Schnittstelle mit der y-Achse

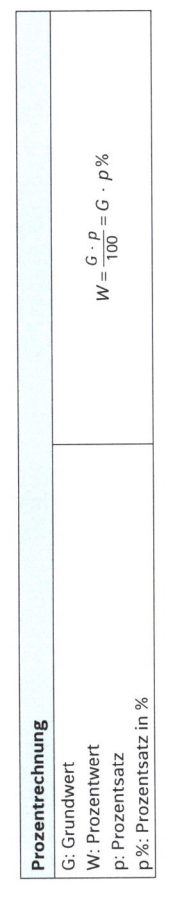

Quadratische Funktionen:

$f(x) = ax^2 + c$

a: Öffnung der Parabel

c: Schnittstelle mit der y-Achse

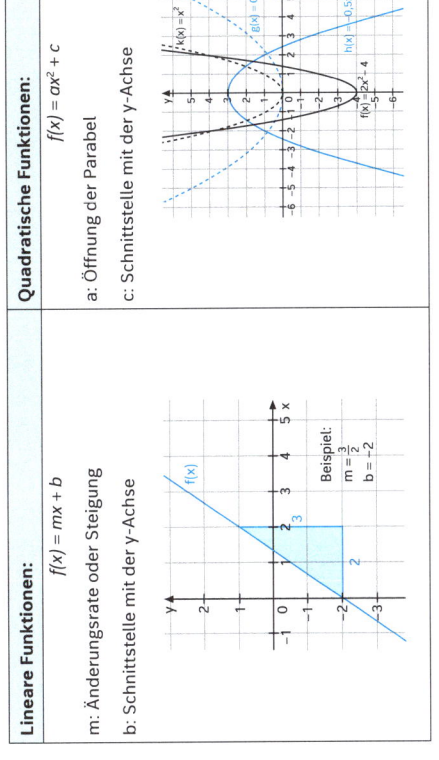

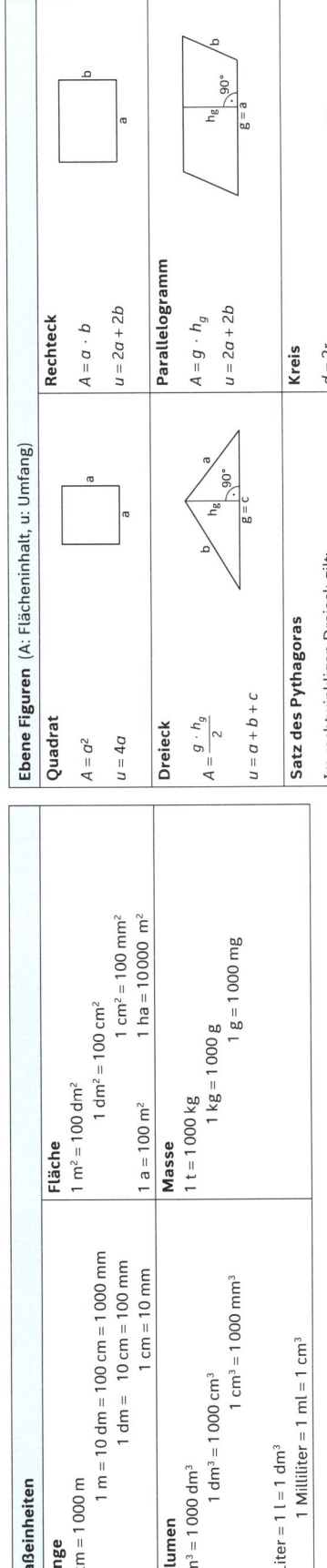

Trigonometrie

Im rechtwinkligen Dreieck gilt:

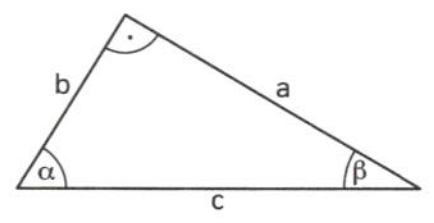

$$\sin \alpha = \frac{a}{c} = \frac{Gegenkathete}{Hypotenuse}$$

$$\cos \alpha = \frac{b}{c} = \frac{Ankathete}{Hypotenuse}$$

$$\tan \alpha = \frac{a}{b} = \frac{Gegenkathete}{Ankathete}$$

Wahrscheinlichkeitsrechnung

Laplace-Versuch

Zufallsversuch, bei dem alle Ergebnisse gleich wahrscheinlich sind. Die Wahrscheinlichkeit P für das Eintreten eines Ereignisses E berechnet man wie folgt:

$$P(E) = \frac{Anzahl\ der\ günstigen\ Ergebnisse}{Anzahl\ der\ möglichen\ Ergebnisse}$$

Mehrstufige Zufallsversuche lassen sich in einem Baumdiagramm darstellen. Dabei kann ein Ergebnis als Pfad veranschaulicht werden. Die Wahrscheinlichkeiten lassen sich mithilfe von Pfadregeln berechnen.

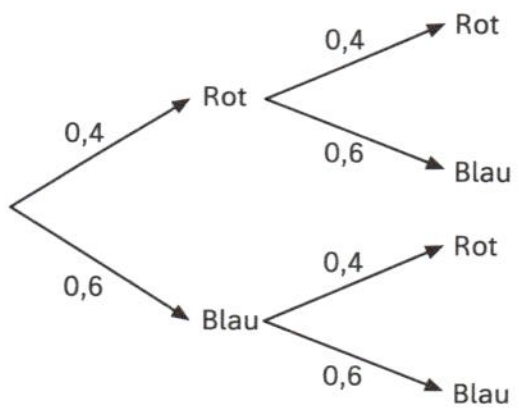

Pfadregeln:

Produktregel

Die Wahrscheinlichkeit eines Ergebnisses ergibt sich aus dem Produkt der Wahrscheinlichkeiten entlang des Pfades.

$$P(Rot,\ Rot) = 0{,}4 \cdot 0{,}4 = 0{,}16$$

$$P(Blau,\ Blau) = 0{,}6 \cdot 0{,}6 = 0{,}36$$

Summenregel

Die Wahrscheinlichkeit eines Ereignisses ist gleich der Summe der Einzelwahrscheinlichkeiten.

$$P(gleiche\ Farbe) = P(Rot,\ Rot) + P(Blau,\ Blau)$$

$$P(gleiche\ Farbe) = 0{,}16 + 0{,}36 = 0{,}52$$

108

FORMELSAMMLUNG FÜR DEN E-KURS

Diese Formelsammlung wird bei der Prüfung im E-Kurs zur Verfügung gestellt.

Ebene Figuren (A: Flächeninhalt, u: Umfang)

Quadrat

$A = a^2$

$u = 4a$

Dreieck

$A = \dfrac{g \cdot h_g}{2}$

$u = a + b + c$

Satz des Pythagoras

Im rechtwinkligen Dreieck gilt:

$a^2 + b^2 = c^2$

Trapez

$A = \dfrac{a+c}{2} \cdot h$

$u = a + b + c + d$

Kreissektor und Kreisbogen

$A = \pi r^2 \cdot \dfrac{\alpha}{360°}$

$b = 2\pi r \cdot \dfrac{\alpha}{360°}$

Rechteck

$A = a \cdot b$

$u = 2a + 2b$

Parallelogramm

$A = g \cdot h_g$

$u = 2a + 2b$

Höhen- und Kathetensatz

Im rechtwinkligen Dreieck gilt:

$h^2 = p \cdot q$

$a^2 = c \cdot p$

$b^2 = c \cdot q$

Kreis

$d = 2r$

$A = \pi r^2$ oder $A = \dfrac{\pi d^2}{4}$

$u = 2\pi r$ oder $u = \pi d$

Regelmäßiges n-Eck

α: Mittelpunktswinkel

n: Anzahl der Ecken

$\alpha = \dfrac{360°}{n}$

Summe der Innenwinkel $= (n - 2) \cdot 180°$

Ähnlichkeitsbeziehungen

Zwei Dreiecke sind ähnlich, wenn sie die gleichen Winkelgrößen haben.

Dann gelten folgende Längenverhältnisse:

$\dfrac{a}{b} = \dfrac{a'}{b'}, \dfrac{a}{c} = \dfrac{a'}{c'}, \dfrac{b}{c} = \dfrac{b'}{c'}$

Körper (V: Volumen, O: Oberfläche, G: Grundfläche, M: Mantelfläche)

Würfel

$V = a^3$

$O = 6a^2$

Prisma

$V = G \cdot h$

$O = 2 \cdot G + M$

Pyramide

$V = \dfrac{1}{3} \cdot G \cdot h$

$O = G + M$

Kegel

$V = \dfrac{1}{3} \pi r^2 \cdot h$

$O = \pi r^2 + \pi r s$

Quader

$V = a \cdot b \cdot c$

$O = 2ab + 2bc + 2ac$

Zylinder

$V = \pi r^2 \cdot h$

$O = 2\pi r^2 + 2\pi r \cdot h$

Kugel

$V = \dfrac{4}{3} \pi r^3$

$O = 4\pi r^2$

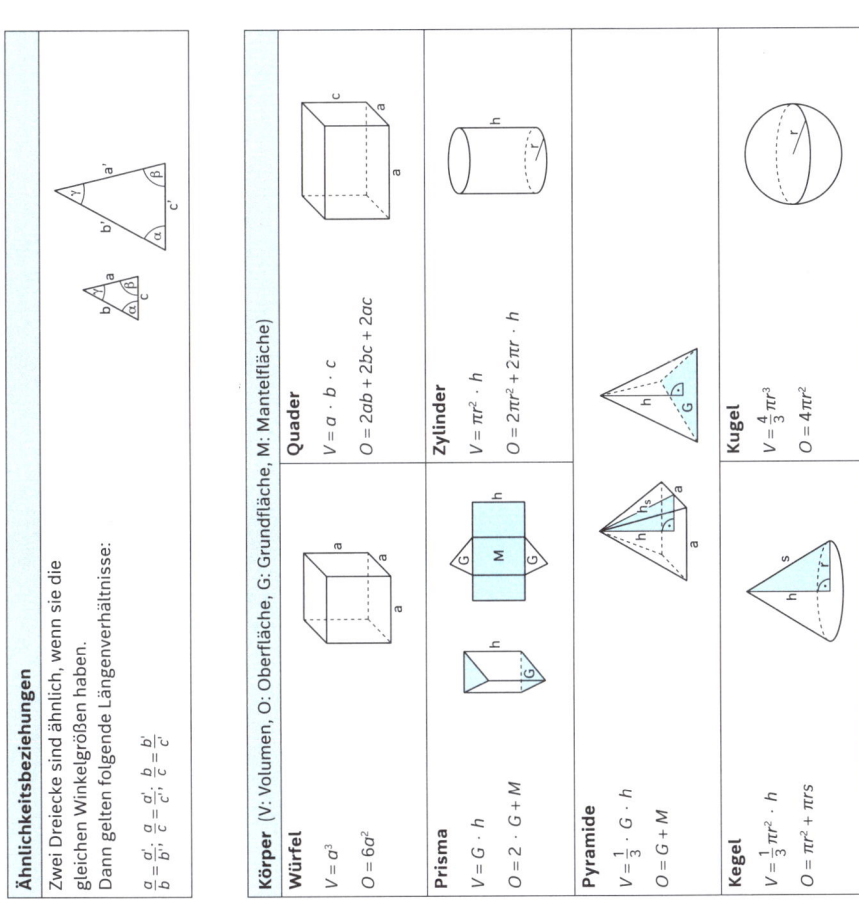

Lineare Funktionen:

$f(x) = mx + b$

m: Änderungsrate oder Steigung

b: Schnittstelle mit der y-Achse

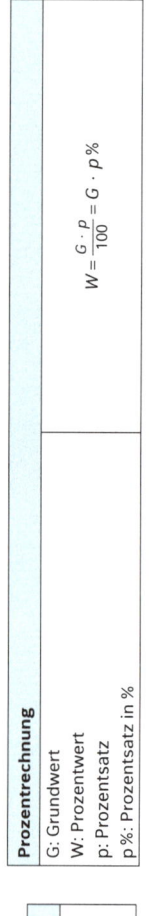

Quadratische Funktionen:

Allgemeine Form:

$f(x) = ax^2 + bx + c \quad (a \neq 0)$

Scheitelpunktform:

$f(x) = a(x - d)^2 + e \rightarrow S(d|e)$

Maßeinheiten

Länge

1 km = 1000 m

1 m = 10 dm = 100 cm = 1000 mm

1 dm = 10 cm = 100 mm

1 cm = 10 mm

Volumen

1 m³ = 1000 dm³

1 dm³ = 1000 cm³

1 cm³ = 1000 mm³

1 Liter = 1 l = 1 dm³

1 Milliliter = 1 ml = 1 cm³

Fläche

1 m² = 100 dm²

1 dm² = 100 cm²

1 cm² = 100 mm²

1 a = 100 m²   1 ha = 10000 m²

Masse

1 t = 1000 kg

1 kg = 1000 g

1 g = 1000 mg

Quadratische Gleichungen

Normalform:

$x^2 + px + q = 0$

Lösung:

$x_{1,2} = -\dfrac{p}{2} \pm \sqrt{\left(\dfrac{p}{2}\right)^2 - q}$

Prozentrechnung

G: Grundwert

W: Prozentwert

p: Prozentsatz

p %: Prozentsatz in %

$W = \dfrac{G \cdot p}{100} = G \cdot p\,\%$

Trigonometrie

Im rechtwinkligen Dreieck gilt:

$\sin \alpha = \dfrac{a}{c} = \dfrac{Gegenkathete}{Hypotenuse}$

$\cos \alpha = \dfrac{b}{c} = \dfrac{Ankathete}{Hypotenuse}$

$\tan \alpha = \dfrac{a}{b} = \dfrac{Gegenkathete}{Ankathete}$

In einem beliebigen Dreieck gilt:

Sinussatz

$\dfrac{a}{b} = \dfrac{\sin \alpha}{\sin \beta}, \quad \dfrac{a}{c} = \dfrac{\sin \alpha}{\sin \gamma}, \quad \dfrac{b}{c} = \dfrac{\sin \beta}{\sin \gamma}$

Kosinussatz

$a^2 = b^2 + c^2 - 2bc \cdot \cos \alpha$

$b^2 = a^2 + c^2 - 2ac \cdot \cos \beta$

$c^2 = a^2 + b^2 - 2ab \cdot \cos \gamma$

Exponentielles Wachstum

a: Wachstumsfaktor

p: Änderungsrate

p %: Änderungsrate in %

c: Anfangsgröße

$a = 1 + \dfrac{p}{100} = 1 + p\,\%$

$f(x) = c \cdot a^x$

Potenzgesetze

Für m, n ∈ ℕ bei positiven reelle Basen

$a^m \cdot a^n = a^{m+n}$

$\dfrac{a^m}{a^n} = a^{m-n}$

$a^n \cdot b^n = (a \cdot b)^n$

$\dfrac{a^n}{b^n} = \left(\dfrac{a}{b}\right)^n$

$(a^m)^n = a^{m \cdot n}$

$a^0 = 1$

$a^{-n} = \dfrac{1}{a^n} \quad (a \neq 0)$

Wurzelgesetze

Für a, b ≥ 0

$\sqrt[n]{a} \cdot \sqrt[n]{b} = \sqrt[n]{a \cdot b}$

$\dfrac{\sqrt[n]{a}}{\sqrt[n]{b}} = \sqrt[n]{\dfrac{a}{b}} \quad (b \neq 0)$

$\sqrt[n]{\sqrt[m]{a}} = \sqrt[n \cdot m]{a} = \sqrt[m]{\sqrt[n]{a}}$

$(\sqrt[n]{a})^m = \sqrt[n]{a^m}$

Wahrscheinlichkeitsrechnung

Laplace-Versuch

Zufallsversuch, bei dem alle Ergebnisse gleich wahrscheinlich sind. Die Wahrscheinlichkeit P für das Eintreten eines Ereignisses E berechnet man wie folgt:

$$P(E) = \frac{\text{Anzahl der günstigen Ergebnisse}}{\text{Anzahl der möglichen Ergebnisse}}$$

Mehrstufige Zufallsversuche lassen sich in einem Baumdiagramm darstellen. Dabei kann ein Ergebnis als Pfad veranschaulicht werden. Die Wahrscheinlichkeiten lassen sich mithilfe von Pfadregeln berechnen.

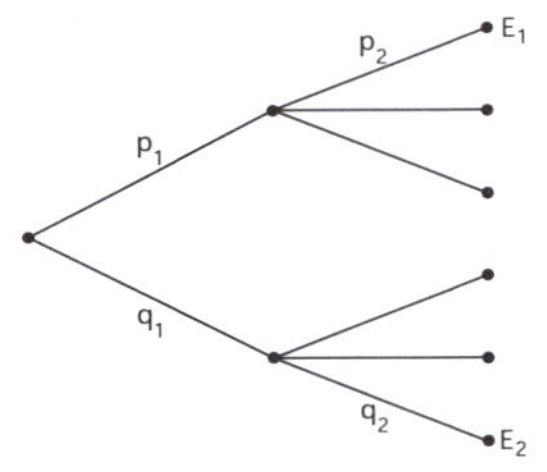

Pfadregeln:

Produktregel

Die Wahrscheinlichkeit eines Ergebnisses ergibt sich aus dem Produkt der Wahrscheinlichkeiten entlang des Pfades.

$$P(E_1) = p_1 \cdot p_2$$

Summenregel

Die Wahrscheinlichkeit eines Ereignisses ist gleich der Summe der Einzelwahrscheinlichkeiten.

$$P(E) = P(E_1) + P(E_2)$$

$$P(E) = p_1 \cdot p_2 + q_1 \cdot q_2$$

Stichwortverzeichnis